21 世纪高等职业教育财经类规划教材

市场营销类

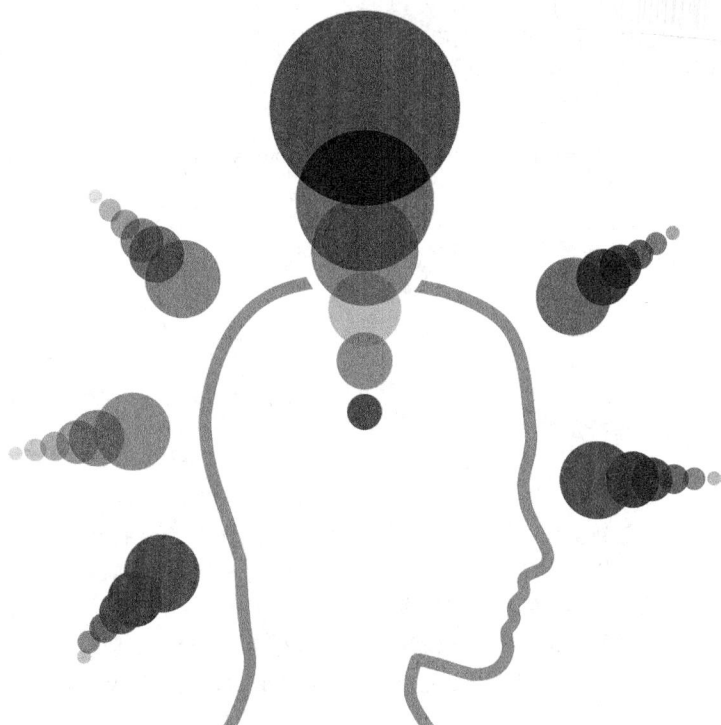

ADVERTISING
PLANNING
The 2edition

广告策划

理论、案例、实务

第2版

钟静／著

人民邮电出版社

北　京

图书在版编目（ＣＩＰ）数据

广告策划：理论、案例、实务 / 钟静著. -- 2版
. -- 北京：人民邮电出版社，2016.5
 21世纪高等职业教育财经类规划教材. 市场营销类
 ISBN 978-7-115-41906-4

Ⅰ. ①广… Ⅱ. ①钟… Ⅲ. ①广告学－高等职业教育
－教材 Ⅳ. ①F713.81

中国版本图书馆CIP数据核字(2016)第059154号

内 容 提 要

本书以项目式和模块化学习的方式来组织理论知识学习和技能训练。全书结构简明，按照广告策划步骤将全书分为重新认识广告、了解广告策划、了解目标受众、制定广告策略、形成创意作品、到达目标受众和整合营销传播 7 个模块，每个模块由情境导入、提出问题、理论介绍、案例分析、相关知识补充、能力培养和训练等环节构成。

本书能满足广告策划学习过程中各层次读者对广告策划理论、策划技巧等多方面的需求，既适合作为高职高专广告专业、营销管理专业及相关专业的教材，还可作为企业广告策划人员的培训和参考用书。

♦ 著   钟 静
　　责任编辑　刘 琦
　　责任印制　焦志炜

♦ 人民邮电出版社出版发行　　北京市丰台区成寿寺路11号
　　邮编　100164　电子邮件　315@ptpress.com.cn
　　网址　http://www.ptpress.com.cn
　　固安县铭成印刷有限公司印刷

♦ 开本：787×1092　1/16
　　印张：12.5　　　　　　　2016 年 5 月第 2 版
　　字数：329 千字　　　　　2025 年 7 月河北第 19 次印刷

定价：36.00 元

读者服务热线：(010)81055256　印装质量热线：(010)81055316
反盗版热线：(010)81055315

本书以实用、好用为主旨，希望通过全新的编辑体例和简明适用的写作风格，将复杂的广告策划过程解释清楚。全书内容以广告策划的重点理论和核心技能为主，按照广告策划流程的步骤和顺序，通过设置情境和项目完成等方式聚焦重要内容，通过项目式思维、模块化学习方式体现相关理论和知识的应用。本书在撰写过程中，特别注重通过丰富的案例、活泼的编写体例与理论实践相结合的风格，让本书能够更好地适应各层次读者。

在本书第 2 版的修订过程中，依然保留了第 1 版的结构和主要观点，同时更换了大部分案例，更新了部分过时的数据，增加了和新媒体广告有关的内容和章节。由于两次出版时间相隔 5 年，广告行业已发生了新的变化，如以手机为代表的移动新媒体的广泛使用、新广告法的出台等，这都使得本书的修订工作迫在眉睫。

本书主要理论知识点的学习和主要技能的训练，都是通过具体的操作模块完成的。具体到每一章节里，均由情境导入、提出问题、理论介绍、案例分析、相关知识补充、能力培养和训练等环节构成。全书图文并茂，资料丰富，结构简洁、重点突出，操作性强，适用性好，能更好地满足广告策划学习过程中各层次读者对广告策划理论、策划技巧等多方面的需求。

全书结构简明，按照广告策划步骤共分为 7 章，每章均由 3~4 个学习内容组成，相关内容都按照以下 3 个层次进行组织。

第一，设置任务。通过规定具体的项目任务，把全书或者某一章节最终达成学习的目的以项目要求的形式提出来。教材中只设置任务模式，具体应用过程中，可自行填充产品、市场、企业要求等信息。设置任务的过程强调的是情境导入，即通过具体事件进入本章探讨的主题，具体事件可以是完成一半的案例，可以是新近发生的新闻事件，还可以是一句富有深意的名人名言……通过各种简单、直接的方式，引导读者快速进入本章的理论情境，最后通过提出一系列现阶段读者可能不懂或者还解决不了的问题，激发读者学习本章知识的兴趣。

第二，展开学习。这部分是整章内容的主体，即核心理论部分。根据学习者的认知特点，这部分内容的编写风格主要体现在：① 简单直接，只讲重要论点，不呈现复杂论证过程；② 重点突出，主要介绍重点概念，弱化次要概念和边缘概念；③ 图文配合，本书特点之一就是精心挑选了数百张图片，并逐一配上文字说明，每一张图片都和所学内容紧密配合，用丰富的图文案例配合理论介绍，增强了全书的可读性，避免单纯的理论介绍带来的枯燥和乏味感。部分围绕核心理论的外延知识，如背景知识、理论延伸、相关资料等，以知识链接和附录的形式呈现在书中，这部分知识不要求所有读者都能够了解和掌握，但从知识的完整性角度考虑，还是适当选取了一部分穿插在各章节中间，供学有余力的读者在进一步深入阅读和学习时参考。

第三，能力培养与训练。这部分内容类似于传统的思考练习等题目，但不同的是，本书注重的是能力培养和训练，因此这些名为"广告探索"的题目，除了帮助读者复习学过的内容外，还要检验读者能力的变化。因此，这些题目多具有探索性和实践性，并且不是集中出现在一章内容的末尾，而是根据知识点出现的位置分散在一章内容的开头、中间或结尾部分，有些需要读者以小组或团队的形式集体完成某项任务，有些则是要求读者帮助某家企业解决某个特定问题。

通过学习本书系统介绍的概念和精心选取的案例，跟随本书设计的能力训练环节进行学习，读者一方面可以通过模拟真实运作的方式了解和学习广告策划过程中所涉及的大部分核心概念和基本技能，同时也能真正领会到广告世界的精彩。正如研究大众传播媒介的加拿大学者马歇尔·麦克卢汉

（Marshal McLuhan）所说："历史学家与考古学家最终会发现，我们这个时代的广告才是丰富多彩的日常生活最真实的再现，而这是任何社会中的一切其他活动所不能体现的。"书中对于各类新出现的广告现象、广告形式等也给予了充分的重视和介绍，如互联网广告、手机广告等，各种数据也都注意采用最新的研究成果。

从选题到成书到再版，本书得到了许多人的帮助：感谢北京联合大学广告学院广告系的刘丽和张立梅老师为本书修订提供了许多有益的建议；感谢北京联合大学广告学院广告系的师生们在本书编写过程中贡献出部分资料及观点；最后还要感谢我的家人。没有上述人们的倾力帮助，也就没有这本书的再版改进。当然，也要感谢那些经典的广告理论和精彩的广告图片背后默默无闻的广告人，没有他们的思考归纳和富有创意的广告作品，本书必将黯然失色。

深感遗憾的是，由于时间、精力的限制，还有许多精彩的观点和案例未能及时纳入本书的研究视野。另外，由于编者能力有限，书中难免存在一些不足之处，希望能够得到大家的批评指正。

北京联合大学广告学院

钟 静

2015 年 12 月

第1章

广告策划开篇：重新认识广告

"正确的看，广告完全与人有关。广告是如何使用文字与图片去说服人们做事、去感受事物与相信事物。而人又是不可思议的、疯狂的、理性的与非理性的各色杂陈。广告也涉及人们的欲求、人们的希望、人们的口味、人们的癖好、人们的渴望，以及风俗与禁忌。或者以学术的语言讲，就是涉及哲学、人类学、社会学、心理学以及经济学。"

——美国著名广告人詹姆斯·韦伯·扬（James Webb Young）

学习目标

通过本章学习，你将能够：
☑ 了解广告的基本概念及重要作用
☑ 掌握从营销和传播的角度理解广告的独特视角
☑ 了解广告传播的一般过程
☑ 了解作为营销工具的一种，广告是如何发挥作用的
☑ 掌握理解现代广告发展的基本问题

本章任务

假设你计划应聘一家隶属于全球6大广告集团的广告公司，希望在这家公司获得一份适合自己的广告策划工作。你应该提前做好哪些准备，才能够在应聘面试时更有把握呢？

除了向公司展示丰富的广告接触经验和富有创意的作品集之外，你还需要对自己的广告观拥有足够的自信。那么，在准备好什么是广告？广告公司主要是做什么的？工作流程如何等基础问题之后，进一步提出你对广告本质的、个人的理解，显得非常重要。历史上曾发生过一件和面试有关的故事。当约翰·肯尼迪（John Kenndy）还是位不出名的广告撰稿人时，曾前往当时最著名的广告公司——洛托广告（Lord&Thomas）寻找新的工作机会。当时公司已经下班，公司总裁

即著名广告人拉斯克尔还在办公室，聪明的肯尼迪先生仅凭借一张写有 3 个字的有关广告定义的小纸条 "Salesmanship in print"（广告是印刷形式的推销术）就敲开了公司大门。两人会面后于那个傍晚就广告的问题展开了深入交流，并由此开始缔结了广告史上的一段合作佳话。后来，在两人的共同努力下，洛托公司将这一广告概念在实践中发挥到极致，达到了广告发展史上的顶峰。（具体故事情节参见《拉斯克尔的广告历程》一书）

面试官在面试交谈过程中，会非常注意你是否熟悉广告的业务流程，是否能抓住广告的本质，你的广告观是否新颖、有吸引力，是否能和应聘公司的价值观相吻合等。广告策划是具体的工作，应先思而后行，一个人乃至一家公司对广告的理解，将会贯穿在整个广告策划的行动中。

那么，接下来你将如何在短时间内形成一套对广告全面而独特的理解，为面试做好充足的准备呢？

任务提示：

（1）首先，可以具体了解一下这家公司，将任务中提到的这家公司进一步具体化，如确定为李奥贝纳广告公司北京公司或奥美广告上海公司等，具体名单可以参考本章中的知名广告公司一览表。然后，通过互联网访问这家公司的主页，了解该公司目前主要服务的客户、部门设置、工作流程、公司理念等内容。

（2）整理手头现成的可利用资源，如广告书籍、报刊、网络搜索结果、相关论坛、专业人士的博客或咨询从事相关行业的朋友等，与上述信息来源接触并获得有关广告的有益见解。

（3）以小组讨论的形式鼓励同学发表对广告的个人看法，总结大家的意见并尝试用自己的语言概括广告的定义，提炼对广告内涵的理解。

（4）可以就近拜访一家中小型广告公司，感受广告公司的氛围，了解工作流程和业务特点。

（5）仔细阅读并理解本章所有内容和附带资料。

（6）所有准备工作完成后，可以通过角色扮演的方式模拟整个应聘过程，锻炼现场应变和自我表达等能力。

本章案例

雷克萨斯 "ES" 汽车——用广告诠释品牌的含义

雷克萨斯（LEXUS）是日本丰田汽车公司生产的一款中大型豪华行政轿车品牌，该公司一直坚持以高端品质设计为核心的品牌路线。近年来，汽车行业竞争激烈，竞争对手层出不穷，中国的汽车市场发展尤其迅速，来自美国、韩国和欧洲一些国家的汽车品牌分别推出适合中国市场的高中低档车型，且各具优势。因此，雷克萨斯汽车迫切需要加强品牌吸引力，为品牌注入活力，全方位加深与消费者的情感沟通和品牌体验，增强消费者的品牌偏好度。

针对高档车型的成熟的消费群体，雷克萨斯在广告策略中将产品的特点结合中国传统文化，以"道法自然"来囊括自己的品牌主张。

雷克萨斯在广告创意上采取了将富含中国传统智慧的自然画面与汽车设计相关联的方法，细腻地体现出雷克萨斯汽车的设计源于自然，同时回报自然的科技思想。

图 1-1 和图 1-2 所示为雷克萨斯 2015 年的广告表现。在这些精心设计的广告背后，是丰田汽车公司在充分研究产品、品牌和消费者的基础上找到的一条发展之路。

图 1-1　雷克萨斯新款 "ES" 汽车 "道法自然" 电视广告

广告文案：山川潜藏力量，大地孕育华美，流水润泽典雅。以匠心取法万物，以科技回报自然。雷克萨斯全新混动科技，让天地有大美。新 "ES"，道法自然。Lexus。

图 1-2　雷克萨斯 "感谢自然" 系列平面广告设计

学习内容

　　如今，人们的工作和生活无处不受到广告的影响，谈到广告，几乎人人都可以发表几句观点。俗话说 "外行看热闹，内行看门道"，作为一个有志于从事广告策划工作的专业人士，对于广告你能否比普通人看出更多的内容？除了简单评论，你是否能更准确地评价一则广告的好坏？你是否能更清楚客观地认识广告在整个社会经济环节中扮演的角色？因此，在正式开始广告策划的学习之前，你需要去重新认识广告。

在众多传播形式中，广告传播引起人们的情绪反应最为复杂：人们依赖广告传播中的信息指导日常消费，却又因为广告无所不在的重复而心生厌烦；喜欢广告影片或画面中传达的美感与幽默，却又厌恶广告中泛滥的虚伪和夸张；人们批判广告中的过度消费倾向和投其所好的功利主义，却又不自觉地受各种广告潜移默化的影响；消费者讨厌广告，但各种媒体机构都无比青睐广告，因为它是媒介运转的重要资金来源；产品制造者也特别依赖广告，如果没有广告产品就很难卖出去。对消费者来说，广告是侵犯，也是教育；对企业来说，广告是支出，更是投资。如此种种复杂的情形错综交织在一起，从侧面反映出了广告对人们生活介入的程度之深。借助商品经济和大众媒体的发展，广告对人们生活的影响，无论从广度还是力度上，都明显超出其他传播形式。

在如今的社会，既然很难摆脱广告的影响，人们对广告规律和价值的研究，也理所当然地日益重要起来。早在 1917 年，英国人诺曼·道格拉斯（Norman Douglas）就曾说过："通过广告，你可以发现一个国家的理想"[1]。他说这句话的时候，媒体空间还非常简单，仅仅是以印刷媒介为主，连广播都还没有出现。如今进入 21 世纪，整个世界已经大为改观，这使得当今的广告传播比以往任何时候都显得更为普遍和重要。广告集中体现了人们的需求与欲望，因此在很早的时候就被发现其身上的"理想主义"特性。但所有广告的终极目的都是为了促进销售，因而究其本质，广告是商业、传播技术与多种艺术形式等众多因素交织在一起的综合体，广告传播服务于商品销售的功利目标，但在传播过程中又往往独立地发挥其价值观导向等作用。可以说，广告传播本身确实具有许多独特之处，这也令广告传播过程更加复杂和充满挑战。

随着经济、技术、媒介、消费大众等的发展，广告传播的样式发生了天翻地覆的变化，但有效的广告总能取悦消费者，同时赢得市场。创作出更多优秀的广告，既是广告主和广告代理公司永恒的追求，也是很多普通大众的期望。广告创作过程并不神秘，遵循一定的原则，同时有效地融合生活中闪现出的创意灵光，一个独特的广告就能诞生。如图 1-3 所示。

标题："如果没有广告，人人都会认为 Ronald 只是前任美国总统的名字。"

图片说明：迈克·昆兰（左）麦当劳主席 CEO。

文案：重要的是，一想到麦当劳，你就会想到一群人——一群友好的人，包括一名快乐的小丑罗纳德，他在欢迎孩子们以及爸爸妈妈们来麦当劳度过愉快的时光。你头脑中的这些联想正是广告在发生作用。我们的广告是以人来面对人——是麦当劳全体员工亲切、友好，最重要的是真诚地邀请我们的顾客光临麦当劳。我知道商业界有些人不相信广告的作用。对此我想列举两个事实：第一，麦当劳是世界上最乐于做广告的公司；第二，麦当劳是"500 强"公司评比中唯一一家自 1965 年以来在营业额、收入、盈利率连续 100 多个季度保持增长的公司。老实说，罗纳德和我本人都得承认二者之间的联系。

标志：AAAA 美国广告代理公司协会。

底边小字：如想了解更多关于广告作用的问题，请来信至如下地址并附 5 美元，4～6 周后我们将给您邮寄《广告投资收到奇效》一书。本广告由 Leo Burnett 公司制作。

图 1-3　美国广告公司协会 1992 年发布的一则广告

[1]（美）威廉·阿伦斯，丁俊杰、程坪等译. 当代广告学（第 8 版）. 北京：人民邮电出版社，2005.

下面我们将从广告的基本概念、发展历程、广告流程以及广告发展趋势等几个方面，揭开广告传播的神秘面纱，帮助我们重新认识广告。

1.1　广告的基本概念：是营销，也是传播

现代企业为了吸引顾客，包括现有顾客和潜在顾客，经常会采用各种各样的手段与他们保持联系。在学习广告的基本概念之前，请同学们先找一份居住地区最新一期的晚报，如《北京晚报》或《羊城晚报》，仔细查看报纸上出现的内容中，哪些是明确的广告，哪些是含糊的广告？然后再仔细辨认表 1-1 中，企业常用的传播手段中，哪些属于广告，哪些不属于广告。

表 1-1　　　　　　　　　　　　　企业常用的传播手段一览表

❖ 报纸广告	❖ 有奖销售或抽奖
❖ 促销信函	❖ 电话员销售
❖ 赞助活动	❖ 入户派发试用装
❖ 新闻宣传报道	❖ 免费入会员俱乐部
❖ 产品说明书	❖ 提供免费售后服务
❖ 促销优惠券	❖ 参与公益捐赠

通过这个练习你会发现，无论在大众传播媒介上还是营销实践中，有很多东西都像是广告，又好像不是广告。严格意义上讲，所有这些不同的工具都应统称为营销传播工具（Marketing Communication Tools），而广告只是其中一种。广告之所以如此似是而非，跟它的性质有关。若想很好地界定广告，必须有一个清楚而且可以执行的概念。

1.1.1　历史概念

英语中的广告（Advertising）一词，源于法语"Avertir"一词，意思是"引起注意"和"告知"[1]，而"将某事告知公众"便是广告最初的含义。今天对广告定义的雏形，可以追溯到 20 世纪初，被称为近代广告之父的著名广告人阿尔伯特·拉斯克尔（Albert Lasker）在 1894 年正式提出广告是"印刷形式的推销术"（Salesmanship in Print）这一概念。正如开篇任务中提到的，这一概念并非拉斯克尔原创，主要是通过他的认可并在广告实践中进一步发扬光大，进而对广告界产生了重要的影响。广告发展史上对于这个定义评价很高，因为它明确了广告概念中最实质的两个部分，即广告的传播功能和营销功能。

另一位广告大师詹姆斯·韦伯·扬（Jame Webb Young）曾对上述定义有过如下评论："过去广告的定义今天需要加以修正，在印刷术之外应加上电波（or on the air），而推销术也一定要比原始的商业赋予更广泛的含义。""推销术是把自己的主张，向他人以诉求的方式来影响任何人类行为的艺术。当广告日益证明它在推销财货的同时还是一种有效的影响人类行为的方法时，用上述扩展的推销术的含义来作为广告的定义是再好不过的了"[2]。正如韦伯·扬所说，这个古老而简明的广告概念，唯一的局限性在于它对广告媒体的内涵规定得太小。后来人们都注意到了这个问题，所以韦伯·扬又加上一个能涵盖电波媒介的词来修正这个概念。

[1]（法）雅克·郎德维、阿尔诺·德·贝纳斯特，綦玉宁译. 广告金典. 北京：中国人民大学出版社，2006：3.
[2]（美）朱丽安·西沃卡. 肥皂剧、性、香烟——美国广告 200 年经典范例. 周向民、田力男译. 北京：光明日报出版社，1999：71.

但是这个概念之所以能保留至今，主要还是它对广告的本质做出了高度准确的概括。很明显的一个事实是，今天在各所大学里普遍开设的广告专业或广告课程，大都挂靠在营销或传播两类专业下面。这是因为广告同时具备说服与销售的功能，其中传播信息达成说服的功能属于传播层面，而推广产品促进销售的功能则属于营销管理层面。重新理解广告，需要建立的两个最基本的视角就是营销与传播，这一点在很早以前就被广告研究者们发现了。直到今天，我们还有必要予以重视。

1.1.2　定义解读

美国市场营销协会1948年时提出了一个相对比较完整和复杂的广告定义，并于1963年进行了修改。该定义如下：广告是由可识别的出资人通过各种媒介进行的有关产品（商品、服务、观点）的、有偿的、有组织的、综合的、劝服性的非人员的信息传播活动[1]。

定义中"可识别的出资人"指的是广告主，这是广告很明显的一个不同于其他传播方式的特征。能否辨认谁花钱在做某个广告，是区分广告和一些具有广告宣传效果的新闻报道等活动的一个重要依据。既然是广告主付费的，广告信息就必然和利益密切相关，而且具有很强的主观性。

定义中"通过各种媒介发布的""非人员的"传播活动，是指在传播广告信息时必须借助大众媒介或有一定受众规模的介质来进行，而一些如人员销售、电话销售等特别依赖人员组织的模式，均不属于广告范畴。还有产品包装、使用手册、宣传页之类的东西，都是企业设计制作免费发送的，不符合广告"媒介性"特征，因此也不属于广告范畴。

广告定义中的每一个限定语都是一个排除条件。在了解广告的基本定义后，再回到开头的小练习中去，不难发现，除了报纸广告，其他的都与定义不能完全符合。

随着时代的发展，该定义还可进行进一步的修订。例如，越来越多的公益广告就是另一种广告类型，发布公益广告的组织或机构大都出于保护环境、促进社会和谐发展等公益目的，它不一定适用广告的"有偿性"原则，但依然是广告。而"媒介"的概念一度专指报刊、广播、电视、户外广告、互联网等不同阶段的主流媒介，它们是不同程度的广告载体，既相互竞争又相互补充。但现在，广告媒介的内涵已经发生了很大的改变，如病毒视频、游戏植入、电梯媒体等，广告的形式已经非常多样化了。

图1-4　在网络游戏中植入广告是一种新型广告形式

图1-4中的FarmVille是Zynga公司旗下的一款热门社交游戏，拥有18万在线游戏玩家。麦当劳将其品牌植入到游戏当中，创建麦当劳农场，用户可以拜访麦当劳农场并帮助番茄等作物成长，获得的奖励可

[1]（美）威廉·阿伦斯. 当代广告学（第8版）. 丁俊杰、程坪等译. 北京：人民邮电出版社，2005：3.

让玩家速度加倍。与麦当劳农场互动还可获得麦当劳热气球道具装点自己的农场。通过在游戏中植入品牌，麦当劳获得了更多的曝光率。

1.2　广告发展简介：与媒介密切相关

广告由古至今走过漫长的道路，从最初的实物陈列、叫卖、招牌等原始形式，一步步发展到今天的互联网广告、电子路牌等充斥先进技术的新型广告形态，广告一直伴随着世界各地人们年复一年、日复一日的生活。广告的发展演变明显地体现在广告形式的演变上。由于传播媒体的限制，广告的样式总是和媒体的形式紧密相关。因此，一部广告传播发展史，就相当于一部浓缩的媒介发展史。

1.2.1　早期广告的传播形式

在印刷术和造纸术被发明出来以前，广告传播所能依赖的媒体非常有限，主要有两种，即户外媒体和声音媒体，包括实物展示、招牌、旗帜、墙壁上书写或绘画的信息等各式各样的户外媒体，都承担了传播信息的使命。这些户外媒体的类型存在时间非常久远，并且在世界各地发展出各具特色的多样化类型。但万变不离其宗，不管怎样变化，户外媒体由于其位置是固定的，加上当时交通工具并不发达，广告信息所能传播的范围非常有限。即便有些广告形式，如中国唐代兴盛的酒旗、灯笼等户外广告，在形式上力求创新，努力让店家的信息突破山峦树木、夜幕等视觉屏障传播到很远，但是户外媒体与生俱来的局限性，导致其传播范围不可能绝对突破视觉空间的限制。因此，户外媒体的主要作用体现在某一特定街道或集市内。如何有效吸引路人的目光，如何巧妙和准确地传达店内经营的信息等，都是户外广告创意和制作时需要特别注意的东西。

图 1-5　中国古代的户外广告

图 1-5 所示从左至右分别为茶庄、醋酱油、饭店和药铺的招幌。

声音媒体是以人的声音或者器物发出的响声为载体传播某种信息的特定媒介。声音媒体具有很强的可塑性，并且具有流动性，因此深受人们青睐。以人声为媒体的广告形式自古就有，例如，古希腊雅典街头叫卖化妆品的诗句也很有意思，"为了两眸晶莹，为了两颊绯红，为了人老珠不黄，也为了合理的价钱，每一个在行的女人都会选择埃斯克里普托化妆品"（For eyes that are shining, for cheeks like the dawn, For beautify that lasts after girlhood has gone, For prices in reason the woman who knows, Will buy her cosmetics of Aesclyptoe ）。在西方，叫卖逐渐发展成为一种专门的职业，被称为"叫喊人"（Crier），中世纪时期这种职业曾发展到辉煌时期。叫卖发展到极致便成为一种艺术。如同今天的老北京叫卖声已经成为了一种正在消逝的艺术，同样的现象也出现在西方，如图1-6所示。

除了户外广告和声音媒体的广告之外，聪明的商人还善于挖掘日常生活中任何可以加以利用的信息载体，发明了许多新颖别致的广告形式。例如，古埃及的船主曾雇人穿上前后都写有商船到岸时间和船舱内装载货物名称的背心，让他们在街上来回走动。根据 F·普勒斯利（Frank·Pressbrey）的说法，夹身广告员就是从这时开始的。还有古希腊海滨城市的妇女们为了招徕过往船只的客人，特意穿着特制钉鞋，每当走过沙滩就会留下"跟我来"的字样，也可谓是一种别致的广告形式。还有一些葡萄酒产地特意在葡萄酒栓上刻有产地和酿造者名字的，这都是一些原始广告时期人们创造性使用广告传播媒体的例证。

图1-6　16世纪法国巴黎的叫喊人和老北京的叫卖糖葫芦的形象

1.2.2　印刷广告黄金时期

几项重大发明促成了现代广告的诞生——中国人发明了纸；1275年欧洲人创办了第一家造纸厂；15世纪40年代约翰内斯·谷登堡在德国发明了金属活字印刷术。活字印刷术的出现不仅对广告的发展产生了重要的作用，也使人们的生活方式和工作方式发生了革命性的变化。

印刷术的出现，给广告传播带来的革命性的变化，主要体现在以下几点。首先，印刷术提供了一种把事实和重要信息记录在纸张上的技术方法，可以低成本地批量复制信息，方便迅捷地传播到更远的地方。其次，纸张上的信息具有轻便清晰，便于携带、保存和方便人们选择有闲暇的时间阅读的特点。从更深的社会效用上看，印刷术使数量广大的穷人也有机会接触到文字，打破了文化知识的阶层限制。更多的人学会了阅读和写作，各种思想见解传播速度加快，整体文明程度提高。因此可以说，文字和印刷术赋予人们力量来摆脱愚昧，迎接文明。从广告表现形式上看，新技术的发明促使印刷传单、招贴标语和商业名片等初级广告形式的发展，诞生了与以往完全不同的一类全新的广告形式——印刷广告（Print Ad），而且最终直接促进了现代报纸的产生，广告形式也因此产生了巨大飞跃，正式进入印刷广告的黄金时期。广告的身形开始变得轻巧、灵活、便携，并且随处可见。

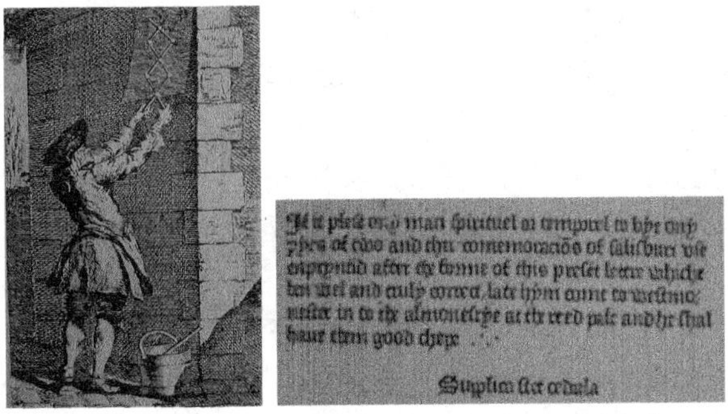

图 1-7　印刷术的发明使得各种告示得以长久保存

图 1-7 所示中，左图为专门的海报张贴者，到 17 世纪时海报业已经成熟；右图为现存最早的印刷广告，印制于 1477 年，内容为推销新印刷出版的宗教书籍。

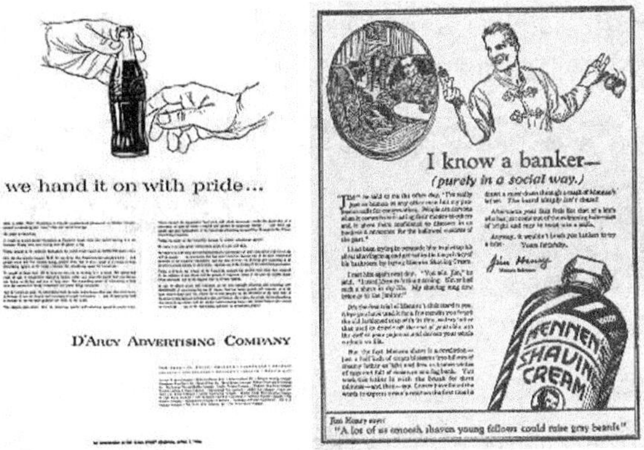

图 1-8　早期报纸广告喜爱用插画的形式表现广告信息

图 1-8 所示的左图为达尔西广告公司号称自己代理可口可乐的广告，右图为男士剃须霜的广告。

图 1-9　可口可乐的两幅彩色广告招贴画

图 1-9 所示的左图为 1974 年的手绘作品，标题为"全体美国人，向上看"，旨在励志；右图为计算机制作出的北极熊形象，造型逼真、毫发毕现，深受消费者喜爱。

1.2.3　广播电视广告主导时期

纸质广告风行了很长一段时间后，一项新技术的发明再次改变了全世界的传播形态，那就是广播技术。无线电技术把古老的声音媒体和现代技术有机结合在一起，使得声音这种古老的转瞬即逝的媒体发挥出新的光彩。声音的即时传播，使得全国性广告可以在很短时间内传达给大批受众，传播的范围瞬间被扩大了。广播广告的优势显而易见，它制作简单、传播速度快、覆盖范围广、效果显著。从此以后广告传播的家族又多了一员干将。最早投资广播广告的行业当属日用品行业了，许多肥皂商争先恐后地赞助广播剧，导致"肥皂剧"成为了专门针对家庭妇女群体播出的广播连续剧的代名词。

直到 1941 年电视机诞生之后，所有媒介才得到了空前的发展。广播失去了往日全国性媒体的主导地位，不得不改变其形态，从联网模式转向专业模式，基本上成为了地方性媒介。电视的出现将广告传播带入了一个前所未有的广阔天地，它不但改变了人们的视听习惯和生活方式，更成为广告业发展的重要领域。声光影音的综合效果使得广告大放异彩。第二次世界大战后到 1960 年，已经有 90%的美国家庭中至少拥有一台电视机。电视广告飞速发展，很快便成为广告收入最多的广告媒介。新技术的开发，对电视广告产生了极大的影响。随着有线电视和卫星接收器的出现，电视观众可以收看专门播放某一类节目的频道，如新闻频道、家庭购物频道、体育或电影频道等。这使得电视由传播最广的大众媒介转而成为一种更有针对性的"窄播"媒介，电视的传统特性被改变。

图 1-10　可口可乐经典的"山顶篇"电视广告

图 1-10 为可口可乐经典的"山顶篇"电视广告。该广告中史无前例地运用歌声传达出四海一家的品牌情感，成功地塑造了可口可乐的国际化品牌形象。广告制作精良，深受全世界观众的喜爱。

1.2.4　新媒体广告传播时期

互联网是广告发展的又一个全新平台，它的出现颠覆了广告以往的原则和规律，把现代广告往前推进了一大步。新技术意味着新媒介，这一原则最能体现在互联网里，互联网为广告主的广告展示提供了新的途径。计算机技术对广告产生了巨大影响，即个人计算机、互联网、电子邮件和电子公告牌，都为广告主提供了到达潜在顾客的新媒介。随着全球信息高速公路以及随之而来的互联革命，在配置了个人计算机、网络连接装置、CD-ROMs 和有线电视之后，广告便进入了一个双向媒介时代。

图 1-11　新型的互联网广告

图 1-11 的左图为必胜客（Pizza Hut）网站，顾客可以在网站上订购比萨饼，了解正在供应的菜单，食物的营养成分以及离自己最近的店址，同时还能够获得电子折扣券和礼品卡；右图为李宁在互联网上制作的背投广告，整个广告是作为浏览页面的背景存在的。

各种各样的户外广告就更不用说了。虽说户外广告是一种最古老的广告形式，但在今天，尤其是人群聚集的大都市中，户外广告的发展依然势头迅猛。图1-12为各种新颖的富有创意的户外广告形式。

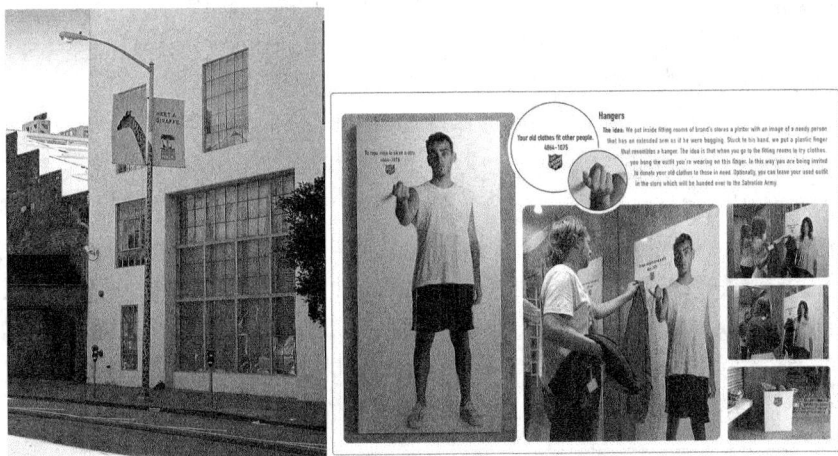

图1-12 最为古老的户外广告已经发展到和媒体所处环境融为一体的地步

从酒铺门口悬挂酒旗的简单标志到现在，广告走过了一条漫长的道路。如今，广告已发展成为宣传产品及其购买地点、描绘产品品质与价值、树立品牌个性、标明买主个性的有力工具。过去的广告要借助媒介平台发布信息，而现在的媒介要依赖广告费来维持运转。广告不仅利用媒体，还参与创造媒体，正是广告用来传递信息的那些媒介和技术造就了今天的广告。过去的广告总是一言堂，如今的广告已发展成了对话，可见媒介与信息实际上已经不可分割。广告不仅反映社会及其欲望，也开创或结束了某种时尚、潮流和信条，某种程度上，广告本身也成为社会整体表达的一种媒介了。

中国的广告业近年来也呈现出高速增长的势头。自1978年以来，从最初年经营额人民币几百万元，增加到2009年的2 041亿元，占GDP的0.62%，在市场成熟国家所占的GDP为1.5%~2.5%，这说明中国的广告市场增长还有巨大的空间。目前，中国的广告公司有17万家，其中外资779家，从业人员为110万人，广告经营媒体1.1万余家，从业人员为13万人，其他从事广告的单位2.5万家，11万人，已经开办广告专业的大学300余所[1]。广告业已经列入中国文化发展重点领域和服务业中的鼓励性发展行业。

1.3 广告工作流程

广告的英文词汇表达有两个，即Advertisement和Advertising。这两个词的概念含义均不相同，其中Advertisement是名词"广告作品"的意思，指的是广告片、平面广告等设计作品，其内涵比较固定；Advertising是动名词"广告活动"的意思，指的是整个广告活动过程。别看两个词很接近，但在实际运用中却有天壤之别。广告作品，是指直接提供给广告媒介发布的广告实体，是消费者能够直接接触到的那部分广告内容；而广告活动，则是指广告主为了实现特定目标在特定时期内，按照一定的广告策略开展的各项广告活动的总称。广告作品是广告活动的组成部分，是广告活动中的一个环节，而广告活动则是指整个广告的工作流程。

---

[1] 以上数字摘自中国广告协会秘书长李方午的讲话，http://www.adquan.com。

有一个"冰山理论"很形象地说明了广告作品和广告活动之间的关系：广告活动好像是飘浮在大海中的冰山，露出水面的那一部分是人们能够看得见的，而众多的广告作品，就好像是沉没在水中的冰山的主要部分，如图 1-13 所示。水中那一部分冰山所占的比例很大，是一般人所看不见的，但却决定着露出水面的这一部分到底有多大？能在海上漂浮多久？会不会短时间沉没？漂向何方？广告作品是不是成功，往往取决于消费者看不见的广告活动背后的那部分内容。那么，一个广告活动中到底应该包含哪些环节呢？

通过这座冰山示意图可以看出，消费者在日常生活中看到的哪怕很普通的一则广告，都需要经过至少 8 个步骤的工序才能产生出来。这些步骤就是最一般的广告流程，基本上就是前期要做一些最基础的市场研究和分析，然后在科学决策的基础上形成具体的广告策略，随后以创意制作的形式把策略性的思考表现出来，以媒介刊播的方式把广告作品散播出去，最后才能把源于市场分析的策略性思考的结果，以广告的形式托举出海平面，与普通的消费者见面。因此，广告通常是一个集体创作，是众人智慧和努力的结晶；广告还是一个匿名创作，哪怕一个很有名气的广告，消费者也不知道创作者姓甚名谁；广告还是一种流程性非常强的工作，哪一步先做哪一步随后，都有严密的程序，通常不会有先媒体后创意的情形或是先创意后策略的行为。

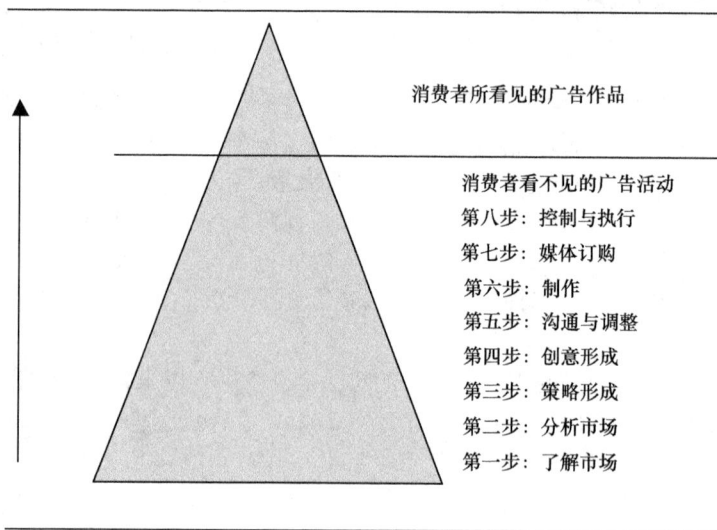

图 1-13 "冰山理论"示意图——广告作品与广告活动之间的关系

需要注意的是，贯穿广告活动中的两条主线：一个是广告信息的提取、制作与传播，这是广告活动的基本内容；另一个是人员协作，其实质就是内外部人员之间的不断沟通，保证策略的准确传达和执行。广告这种"活动"的性质决定了广告活动不是个人就能完成的，它必须依赖人与人，甚至各种组织之间良好的合作才能完成。因此，也有人说广告是一种有组织的、应用型的传播活动。由于广告是企业市场营销众多手段中的一个，可以帮助企业实现自己的营销目标，因而广告隶属于营销，广告活动在诸多方面也受制于企业的营销策略。通常都要先研究好企业的整体营销战略之后，再决定广告的目标受众、发布范围、广告媒介、广告任务以及广告技巧和广告预算等具体工作内容。

知识链接　广告集团

20 世纪 80 年代以后，广告开始在全世界各地发展起来，广告业发展比较成熟的美国，不再是唯一的广告中心，欧洲与亚洲的广告已赶超美国。例如，很长一段时间内都是由来自纽约的扬·卢必肯（Young & Rubicam）公司和日本的电通（Dentsu）公司轮流占据世界广告业的第一把交椅。后来，伦敦的萨奇·萨奇（Saatchi& Saatchi）公司[1]开始在世界各地收购广告公司，许多美国的老牌广告公司如百帝（Bates）、上博（Sample）等都被萨奇公司收归旗下，萨奇公司很快就成为世界上最大的广告代理公司。随后，为了能与萨奇集团抗衡与竞争，欧洲国家、美国和日本的大公司之间也展开了并购攻势。历史上那些最负盛名的广告人用自己名字创办的广告公司，如李奥贝纳、奥美等都开始消失在一些字母缩写或字头组合的大型广告集团里，如 WWP 集团、RSCG、TBWA、FCA、DDBNeedham 和 FCB/Publicis 等。如今这些大型广告集团几乎占据了绝大部分的广告市场份额，如图 1-14 所示，4 大广告集团就占据了美国50%以上的广告市场。在中国也不例外，根据《服务贸易减让表》的规定，中国加入世界贸易组织2 年之后，即 2003 年年底，允许设立外资控股的广告公司；4 年之后，即 2005 年年底前，允许设立外资独资广告子公司。这样中国市场也成为各大广告集团争夺广告市场的热门地带。图1-15 显示了各大广告集团在中国市场上数量众多、类型多样的广告公司、公关公司以及媒介公司，而且这个数字和规模还有继续扩大的趋势。大型广告集团的出现，将整个广告行业的竞争推向了更加激烈的局面。

广告集团	下属公司			
	广告公司	公关公司	媒体购买公司	其他专业服务公司
WPP 集团	上海奥美广告公司 智威汤逊中券广告 锐得整合传播有限公司 百帝广告（新加坡） 扬·罗比凯广告公司 精立（Grey Global Group）	上海奥美公关 传达公关 西岸奥美公关 21 世纪公关 广告博雅公关	传立媒体 （MediaShare） mediacom worldwide	广东华南市场调查 奥美直销行销 奥美互动
奥姆尼康集团 （Omnicom Group）	天联广告（BBDO） 恒美广告（DDB） 李岱艾（TBWA）		油腾媒体中国公司（OMD）	
IPG 集团 （Interpublic Group）	麦肯·光明广告 上海灵狮广告 博达大桥	万博宣伟公关 高诚公关	盟诺公司（Magna） 优势麦肯媒体	
阳狮集团 （Publicis Group）	阳狮中国 盛世长城 李奥贝纳		实力传播 （Zenithmedia） 星传媒体 （Starecom）	
电通集团 （Dentsu）	北京电通广告 北京东方日海 上海东派		电通传媒 （MediaPalette）	
哈瓦斯 （Havas）	灵智精实广告有限公司 （Euro RSCG WorldWide） Aruold StarEast Communications（上海）			

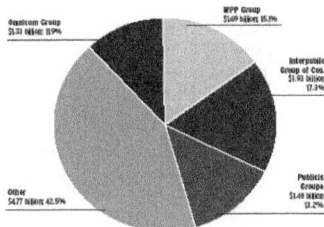

U.S. ADVERTISING AND MEDIA
TOTALS FOR THE WORLD'S BIG FOUR

图 1-14　世界 6 大广告集团所占比例　　　图 1-15　世界 6 大广告集团在中国的所属公司

广告探索

电视广告文案分析

请你花 3～5 分钟的时间浏览本地电视台任意频道的广告。仔细观看，从中选择一条你认为在策略制定和传播沟通方面表现很优秀的广告。通常电视台某个时段播出的广告片都会反复重播，可以利用重播机会多看几次，或是借助数码相机、手机摄像等手段把广告录下来。整理好这则广告的所有文字内容，包括画面上出现的文字、字幕、对话、旁白等，用以下格式记录下来，与全班同学分享，并给出你的评价。

---

[1] 在中国称盛世长城公司。

通过这个活动感受一则普通的广告作品在广告信息设计方面的考虑，分析该广告信息预计产生的营销作用，争取做一个生活中的有心人，学习从生活中汲取广告学习素材的习惯，从而更好地理解本节讲述的广告作品和广告活动之间的关系。

电视广告文案 记录纸（CF Copy Record）

客户（Client）	
品牌（Brand）	
时长（Length）	_____秒（seconds）
情节简述（Story）	
文案（记录）（Copy Record）	（画面字幕/旁白/影片主角对话）
广告语（Slogan）	
评价（Evaluation）	目标市场： 广告诉求： 广告效果：

第 2 章

广告策划第一步：了解广告策划

"如果广告公司希望能在未来的营销新世纪里继续保有自己的客户的话，他们必须策略性地思考，而不只会在创意上玩花样。"

——WPP 集团总裁马丁·席瑞尔

学习目标

通过对本章的学习，你将能够：

- ☑ 了解广告策划的基本概念、特点和作用
- ☑ 树立对广告策划的基本认识
- ☑ 掌握广告策划的一般程序
- ☑ 了解广告策划的内容和过程
- ☑ 了解广告策划方案的基本内容和结构

本章任务

假设你已经顺利通过面试，目前在一家中等规模、部门设置齐全、能够提供全面代理服务的广告公司的客户部门工作。该公司服务的客户之一是加多宝品牌，目前客户部的主要任务是负责为其制订并实施下一年度的广告计划。在制订计划之前，该品牌客户需要广告公司首先提供一份有针对性的广告策划方案，以便更好地解决所面临的现实市场问题。客户的需求首先反映到你所在的客户部，那么，接下来你该怎么做才能在短时间内拿出一套各个方面都令人满意的广告策划方案呢？

任务提示：

（1）加多宝是一个什么样的品牌？它目前的市场地位和要解决的问题是什么？

（2）目前该品牌广告策划还欠缺哪些资料？可以从哪些方面获得这些资料？

（3）你的这份广告策划建议如何去做？都包含哪些内容？

（4）公司内外有谁可以帮助你完成这项工作？与他们接触。

（5）与同学或同事、指导教师成立一个项目小组。

本章案例

加多宝——基于品牌定位的成功广告策划

加多宝这个品牌原来只是凉茶生产厂家的名字，后来借用了凉茶始祖"王老吉"的品牌，才使得凉茶成为广受欢迎的一种功能性饮料。

当加多宝还是"王老吉"的时候，花费了近10年才在中国市场上摸索出一条竞争出路。这其中广告策划、市场分析、品牌定位等营销决策等都是该品牌取得成功的重要因素。图2-1和图2-2所示分别为王老吉电视广告和王老吉户外广告。

图2-1　加多宝公司的王老吉凉茶电视广告

画面分别是吃火锅、熬夜、吃炸制食品和烧烤等场景，最后打出广告语"怕上火，喝王老吉"

图2-2　加多宝公司的王老吉户外广告

凉茶是广东、广西地区盛行的一种由中草药熬制，具有清热去湿等功效的"药茶"。在众多老字号凉茶品牌中以王老吉最为著名，被公认为凉茶始祖。加多宝集团是位于东莞的一家港资公司，经王老吉药业特许，由香港王氏后人提供配方，在中国内地独家生产、经营王老吉罐装凉茶。2002 年之前，红色罐装王老吉（以下简称"红罐王老吉"）在广东、浙南地区销量稳定，盈利状况良好，有比较固定的消费群，销售业绩连年维持在 1 亿元左右。发展到这个规模后，加多宝管理层发现，要把企业做大，走向全国，就必须克服一连串的问题，甚至是原本的一些优势也成为了困扰企业继续成长的障碍。

问题表现之一，红罐王老吉的销售受区域限制严重。在两广以外，人们对凉茶没有概念。内地消费者的"降火"需求通常通过牛黄解毒片之类的药物来完成，推广凉茶困难重重。问题表现之二，广东、浙南消费者对红罐王老吉认知混乱。广东消费者觉得红罐王老吉是凉茶始祖品牌，却长着一副饮料化的面孔，"好像是凉茶，又好像是饮料"，因此陷入认知混乱之中。消费者认知上存在极大的混乱，企业急需通过广告提供一个强势引导，明确红罐王老吉的核心价值，并与竞争对手区别开来。问题表现之三，推广概念模糊。如果用"凉茶"概念推广，公司担心其销量受限制；如果作为"饮料"推广，又没有找到合适的区隔。因此，红罐王老吉的广告宣传上一直都模棱两可，广告本身并不能体现红罐王老吉的独特价值。在前几年的推广中，消费者不知道为什么要买它，企业也不知道怎么去卖它。由于这个产品本身具有一种不可替代性，刚好能够填补市场这个位置的空白，因此销售业绩一直维持在不错的水平。但在发展到一定规模之后，企业要想做大，就必须搞清楚一个问题，即消费者为什么买我的产品？上述所有问题中，最核心的问题，也是企业一直拖而不决的难题——红罐王老吉当"凉茶"卖，还是当"饮料"卖？王老吉面临着一个重新定位的决策。

红罐王老吉虽然销售了 7 年，其品牌却从未经过系统、严谨的定位，企业自己都无法回答红罐王老吉究竟是什么，消费者更是完全不清楚为什么要买它——这是红罐王老吉缺乏品牌定位所致。这个根本问题不解决，拍摄什么样"有创意"的广告片都无济于事。正如广告大师大卫·奥格威所说："一个广告运动的效果更多的是取决于产品的定位，而不是怎样写广告创意。"2002 年年底，加多宝集团决定先对红罐王老吉进行品牌定位。那么，红罐王老吉到底应该定位成什么，人们才能毫无障碍地接受呢？公司又是经过什么渠道、借助什么方法发现了"怕上火，喝王老吉"这一简单而明确的诉求呢？有了清晰的品牌定位，接下来的广告策划是不是就很好做了呢？这些问题都需要大家认真思考。在本章后面 3 节即将学习的内容中，我们还会提到这个案例，上述问题的答案也会在下面的内容中逐渐明朗。

当红罐王老吉取得市场成功之后，王老吉品牌的拥有者开始索要品牌的归属权。最后的结果是加多宝集团不得不放弃经营多年的王老吉品牌，开始考虑一个新的品牌战略，既要消除失去王老吉品牌的负面影响，同时还要重塑加多宝在凉茶市场的地位。围绕着这一核心思想，加多宝一方面要延续以往的广告诉求和风格；另一方面继续增大市场营销的投入，彻底将王老吉品牌压制住。事实证明，精于营销传播与广告策划的加多宝，成功地经历了一系列品牌过渡，从红罐王老吉到红罐加多宝又到后来全新推出的金罐加多宝，彻底摆脱了王老吉品牌的历史，成为一个完全独立的新品牌，但是消费者心里很清楚，今天的加多宝就是昨天的王老吉。加多宝还有一个策划非常成功，那就是最初以 1 亿元冠名费大手笔赞助中国最热门的音乐选秀类节目"中国好声音"。事实证明，最后加多宝正是借助节目内容的广泛传播，大打"正宗牌"——"正宗好声音，正宗好凉茶"，成功界定了自己的品牌地位。正因为持续的多重的强有力的品牌传播战，极大地遏制了王老吉品牌的翻身。加多宝顺利地占据在凉茶市场的霸主地位。

图 2-3　加多宝红罐凉茶广告

图 2-3 为加多宝新推出的红罐凉茶广告，一方面延续以前的红罐王老吉广告风格，一方面又要撇清自己和王老吉品牌的旧关系，同时还要暗示自己的品牌才是最棒的。这种广告策划的含义和目的都非常复杂，从中既能看到品牌广告的延续性，又能看到品牌的新主张等内容。

策划思想或是策划活动自古有之，大至一个国家想要在一场战争中取胜，小到一个人想要顺利通过一次考试，总有一些事情需要动脑筋——制定适当决策、采取必要手段才能达到预定的目的。所谓广告策划，就是将类似的思考和活动限定在广告范围内，为了达到特定的广告传播或营销目的而制定相关决策的思考活动。正如开篇 WPP 总裁的话中提到的，"策略性的思考"是广告公司安身立命的根本，所有的创意和服务都必须以"策略"为出发点。广告公司的广告活动过程，首先必须制定周密而详尽的广告传播策略，就如同战争打响之前需要制订好作战计划一样。然而，策略究竟是从何而来的？这就要看广告策划人员的经验和智慧了。

关于广告策划的定义众说纷纭，了解都有哪些说法以及具体采用哪一种定义并不重要。重要的是，必须弄清楚广告策划到底是干什么用的？由谁制定？为谁服务？怎样才能取得实际效果。带着这些问题，能让后边的学习更加有的放矢。

为了营造学习的真切感和代入感，我们首先要设置一个情境，让读者进入到即将完成的角色和任务中去，设身处地地面对问题、解决问题，从而更好地理解问题。假设你就是本章任务中提到的那位广告公司客户部的工作人员，你的部门经理要求由你来负责撰写这份广告策划案，接下来你需要干些什么事情呢？要做的事情很多，用千头万绪来形容也不为过。根据任务提示，你可以着手收集一些最基本的资料，然后把基本的市场策略思路整理清楚。本书接下来的所有内容将会告诉你具体怎么去做。在着手做具体工作之前，需要在理念上弄清楚这份符合客户要求的策划到底是一个什么样的东西。

2.1 树立正确的广告策划理念

首先，广告策划不是一份计划。策划与计划很相似，但二者有本质上的区别。策划（Strategy）是为实现目标而进行的大的方向性设计；计划（Plan）是为实现特定目标而制定的时间安排表和行动方案。前者要求创造性地解决问题，回答的是"做什么"的问题，具有很强的挑战性，要求能用创新的方法解决问题；后者是一种计划性的工作安排，主要回答"怎么做"的问题，重点在于处理程序和细节，不要求一定有创新点。因此，策划的目的在于达成客户的市场需求，而计划通常在策划完毕之后施行，目的是达成策划所提出的要求。策划中可能包含着一部分计划，但计划绝对不能取代策划，二者之间的关系非常清楚。在本次任务中，很显然，客户让你制定的是一个"策划方案"，而不是一份简单的"工作计划"，因此，在这份策划方案中，你应该告诉客户下一年度的广告重点是什么。

艾森豪威尔曾说过"计划没有价值，但策划却是一切"[1]。这句话强调决策的重要性。在广告策划中也是一样，选择并确定一个合适的战略，其价值远远大于制订一份周详的计划，尤其是考虑如何在给定条件下选择最好的方案以及如何运用战略和战术决策去实现广告目标方面，策划所要求的思想含金量也更高。

那么，客户既然答应把下一年度广告业务和预算都交付公司，为什么还需要策划方案呢？这样一份写在纸面上的东西到底有什么用处呢？回答这个问题，需要了解一下广告策划的特点。

广告策划的第一个特点就是目标性。所有广告策划的目的性都非常明确，如前所述，策划的目的在于达成客户的市场需求。好的广告策划就像是一个经验丰富的医生开具的处方，若想处方

[1]（美）Rajeev Batra John G.Myers David A.Aaker，广告管理（第五版）. 赵平，洪靖，潘越译. 北京：清华大学出版社，1999：24.

有效，就必须建立在对患者体质和病症全面详细了解的基础上。只不过在广告策划中，广告公司代表着市场传播经验丰富的沟通专家，依据自身经验给客户号脉就诊，下判断、开处方。不同的公司所处行业不同、营销阶段不同、产品不同等，都会影响到下一阶段的广告活动重心。例如，有的企业要推出新产品，那么提高知名度就非常重要；有的企业想要抢占市场，那么快速促销推广就非常重要；有的企业想要塑造良好的企业形象，那么广告策划的重点在于品牌形象塑造和公益宣传。如此种种，不一而足。广告公司不是为了策划而策划，而是为了帮助客户实现现阶段特定目的而做的有针对性的策划方案。它要求目标必须十分明确，那种目标含混或者目标错误的策划都注定会失败。因此，广告策划顺利进行的关键是目标明确。

广告策划的第二个特点是系统性。广告活动涉及的部门、人员、资源等方方面面非常多。每一个广告策划，无论是单项的还是整体的，都是一项复杂的综合性的系统工程，涉及市场、企业、产品、消费者、媒体、社会现实等多个方面。一旦策划方案通过，接下来的实施过程会持续相当长的一段时间，而且头绪繁多。广告策划方案其实是一个脚本，在里面精心论证了广告活动的形式、内容和预期结果，是得到充分论证和客户签字认同的。它的存在保证了后续的工作系统能够有序地开展，而不会因为头绪复杂乱了阵脚。系统性的特点保证了广告策划活动有序整合地展开。

广告策划的第三个特点是操作性。广告策划不是天马行空的想象，策划书里的每一个数据、每一个发现、每一个结论和每一个设计都是有理有据、行之有效的。策划书中提到的做法都是具有可操作性的，绝对不存在一份无法执行的策划方案。策划书为后续的广告活动设定了清晰的目标，因此，是富有指导性的。

除此以外，广告策划还有创新性、预见性、变化性等特点。不管怎么说，广告策划所有的特性都是为客户服务的，如何帮助客户有效整合各类资源获得良好的市场收益，是广告策划的根本任务。

不可否认，有些广告活动事先并没有经过精心的策划，最终也取得了成功。但是必须承认，仅仅依靠直觉绝对不是永久之计。如果想要保持整个广告传播活动的协调一致，就必须建立一个框架，明确制定目标和程序。广告策划是对根本性选择的一种深思熟虑的表述，是制订各种传播计划和行动的基础。

结合本章案例来看，加多宝的成功主要依赖于周密的营销和广告策划，尤其是广告策划背后准确的市场分析。而竞争对手王老吉后来的广告之所以不够有效，很重要的原因就是它的广告策划没有把对脉。由此可见，成功的广告策划通常都是"功夫在诗外"。"广告策划"虽然包含有"广告"二字，其实是一个"泛广告"的含义，基本上所有营销、市场、传播等范畴的内容都在广告策划所要思考的内容之列。如果不这样去理解广告策划，做出来的东西非常局限，而且不能从根本上解决问题的。一份"广告策划"和另一份"广告策划"也许从表面形式上看差别不大，但如果不是基于大量市场现实分析和在对消费者全面深入理解基础上提出来的策划思路，差别就非常大。因此，树立较广的广告观非常重要，这决定了在一开始看问题的时候就不只是盯着某个局部的表征点在看，能看得宽、广、深、透，这样更容易看清问题的本质。爱因斯坦曾说过"提出正确的问题，即解决了一半的问题"。尽管这个道理很明显，现在每年仍然有不少企业由于缺乏前期周密的策划，而浪费大笔的资金做一眼看上去"很有创意"实际上却是无效广告。

前期工作准备得越是扎实，广告策划就越容易取得成功。实际操作中的广告策划有宏观和微观之分：宏观的广告策划涉及企业的整体营销规划；微观的广告策划可能只是针对某阶段内某项具体的广告活动。但不管宏观还是微观，正确的市场分析才是策划方向的指南针，否则，策划就成了无本之木，无源之水。许多广告公司都会有自己的市场分析工具，如奥美广告的"360°品牌管家"、李奥贝纳广告的"品牌足迹"等。这些工具大同小异，基本出发点都是为了更好地了解市场需求。表 2-1 是一组由美国营销专家提出的品牌资产评分表。该表格要求每一位开始做广告的人，先对所服务的客户进行一次关于该品牌的总体评价，目的就是让接下来的广告策划能更大限度地符合企业现阶段的品牌现状，更有效地解决问题。这份表格，也是广告策划人员需要事前全面深入地了解客户信息的佐证。

表 2-1   由美国营销专家总结出的品牌资产评分表

品牌资产评分表		
品牌资产项目	评分范围	得分
1. 品牌名称		
A. 内在价值	0~5 分	_____
B. 消费者认可度	0~10 分	_____
2. 包装	0~10 分	_____
3. 到达率和频度		
A. 消费者心智的市场占有率	0~10 分	_____
B. SOV（媒介投放份额）	1、2 或 3 分	_____
4. 广告内容		
A. 你在广告里表达了什么	0~10 分	_____
B. 你是怎样表达的	0~10 分	_____
C.（4A+4B）×SOV	0~60 分	_____
5. 促销		
A. 计划正确的促销政策	0~5 分	_____
B.（减少折价券的使用）	0~-12 分	_____
6. 一致性	0~5 分	_____
7. 分销		
A. 地理上的广泛性	0~6 分	_____
B. 分销深度和成本	0~6 分	_____
8. 新闻价值/公共关系	0~5 分	_____
9. 亲和度	0~5 分	_____
10. 贸易支持	0~5 分	_____
11. 销售团队	0~10 分	_____
12. 对使用者详情的了解	0~5 分	_____
13. 产品（真实的）表现	0~5 分	_____
顾客对产品的感知	0~5 分	_____
14. 重复购买频率	0~5 分	_____
15. 可行的市场研究	0~5 分	_____
（减少无用的市场研究）	0~-5 分	_____
16. 价值/定价	0~10 分	_____
	总计	_____

供策划人员在策划之初对品牌进行总结

表 2-1 指标说明以下内容。

（1）品牌名称：品牌名称本身就是最有价值的资产的一部分。有些名称正好展示了产品或服务的特性，因此天生就具有销售力，它的内在价值就比较高。消费者认可度是指消费者对该品牌的首次提及率，即10个人中有多少人第一个就提到该品牌名称。

（2）包装：有效的包装能使产品从货架上脱颖而出。如果产品是服务或环境的话，包装的含义就要发生一些变化，如销售方式或店面气氛等。

（3）到达率和频度：SOV（媒介投放份额）用3级打分。1表示小于竞争对手，2表示与竞争对手持平，3表示高于竞争对手。

（4）广告内容：说什么和如何说同样重要。打分之后，将这两个分数相加，然后和前面的SOV等级相乘，该乘积表示广告的影响力和媒介投放比重的综合指数，是品牌资产的重要部分。

（5）促销：有设计的促销能够增加品牌资产，盲目的折价促销只会损害品牌资产。过去12个月中每用过1次折价券促销，就减去1分。

（6）一致性：指时间上的一致性和不同渠道的整合一致性。稳定不变的品牌策略和统一的品牌声音就能得到更高的分数。

（7）分销：宽度是指你是否到达了想到的市场，深度和成本是指你是否为了保持地区市场超支。

（8）新闻价值/公共关系：是否很好利用了与社会时事保持步调一致的"免费广告"机会。

（9）亲和度：指人们是否喜欢你所传递的信息。记住！人们只愿意从他喜欢的人（品牌）那里购买商品。

（10）贸易支持：与竞争对手相比，你多大程度上得到了分销商的支持。

（11）销售团队：销售团队和分销渠道关系密切，他们是否有活力有积极性，后果将直接而明显。

（12）对使用者详情的了解：是否有足够多和足够深入的调研来了解你的消费者。

（13）产品表现：产品的真实表现取决于产品设计，消费者对产品表现的认知则取决于广告、促销、包装等与消费者沟通的行为当中。分别对二者进行评分。

（14）重复购买频率：为了提高重购率都采取了哪些活动和措施来增加产品使用机会？

（15）市场研究：如果不做任何市场研究就得0分，如果只是做一些无意义的研究，就得负分数，如果调研得到了有用的结论和发现，就得正分数。

（16）价值/定价：价格不等于价值。价值是感知质量除以实际价格。感知质量来自于其他资产的建立。

[表格资料来源：（美）弗雷德·汉恩、汤姆·戴维斯、鲍博·克里安、肯·麦基尔著. 叶巍岭等译. 广告我来做，上海：世纪出版集团上海人民出版社，2007]

📢 广告探索

"品牌资产评分"练习

在着手进行具体的广告策划之前，对所服务企业和品牌的状况进行全面的评估和审核非常必要。在此我们将介绍一种由美国营销学者总结出来的品牌资产评分审核表，请按照以下指示完成本次广告探索练习。

（1）阅读表2-1及表后对相关指标的解释性文字，另外还有知识链接中关于"品牌和品牌资产"的内容，必要时可阅读更多相关文章和资料。

（2）根据本章任务中提到的王老吉品牌，结合对该品牌的认知情况填写该表内容，可讨论得出集体意见。必要时查找更多资料。

（3）如果有个别地方不知道该怎么评价，可以尝试查找更多资料、咨询相关专家或通过询问指导教师等来解决。

（4）比较其他同学的评分结果，对差异点的原因进行讨论，最后达成统一。

（5）通过你们制作的评分结果，发现并总结该品牌存在的问题。

此环节可分小组进行。每学习小组 3～5 人，共同商讨完成。要求查询包含"王老吉品牌和品牌资产"等关键词及核心概念的相关资料。此环节的目的在于：第一，锻炼读者团结协作能力；第二，对抽象概念的理解和概括能力；第三，开阔学术视野，树立广告策划必须服务品牌全局的观念；第四，加深对关键概念的理解，明白客户培育公司的终极目的就是培育品牌的事实和理念。

知识链接　*品牌和品牌资产*

关于品牌（Brand）的基本概念非常多，如品牌名称（Brand Name）、品牌特性（Brand Character）、品牌效用（Brand Utility）、品牌个性（Brand Personality）等。还有很多与品牌有关的学说和理论，如广告大师大卫·奥格威的品牌形象论（Brand Image）等。一提到品牌，人们很容易联想到产品的商标和名字，如可口可乐、耐克、雀巢、宝马等著名品牌，其实品牌包含的内容还有很多。例如，奥格威 1955 年时曾说过，"品牌是错综复杂的象征"。的确，品牌可以分成具体和抽象两个部分。具体的部分，指的是色彩、质地、重量、通路、价格、包括工作人员身上穿的制服、接线员说话的声音等，所有能够与他人区别开来的东西，这部分通常也是人们最容易理解的地方；抽象的部分，是指消费者如何接近品牌，他对品牌的经验、感受、想法、态度、欲求等态度和心理层面的东西，这一部分品牌内容经常被人忽略，而广告策划主要影响的还是这些抽象层面的东西。所以说，广告是众多营销工具中塑造品牌形象最有力的工具。品牌通常由品牌标记和品牌名称组成。品牌标记则指常说的商标，它是品牌的一部分，一般都获得专用权并受到法律的保护，图 2-4 所示为世界几个知名品牌的标识。商标保护销售者使用品牌名称和品牌标记的专用权。具象的品牌是名称、名词、标记、符号、设计等的组合运用，其目的是用以辨认某个销售者或某群销售者的产品或劳务，并使之同竞争对手的产品和劳务区别开来。产品品牌化可以增加产品的价值。

图 2-4　世界知名品牌的标识

图 2-4 中的标识你都知道哪些？需要注意的是，以上这些标识设计本身也都处于不断变化中。

那么，什么是品牌资产？品牌资产都包括哪些东西？而品牌资产概念的提出，又对广告策划而言有何意义呢？品牌资产的概念，最早由美国人 Aaker（1991）定义——一组与某一品牌的名字及符号相连的品牌的资产或负债的总和，它能增加或扣减某产品、服务所带给该企业或其顾客的价值。品牌资产的核心要素包括品牌忠诚度（Brand Loyalty）、品牌知名度（Brand Awareness）、感知质量（Percieved Quality）、品牌联想（Brand Association）以及其他专属性品牌资产（Other Proprietary Brand Assets）。如今，这些核心要素都可以在广告中找到相对应的作用位置。最初人们做广告只是为了推销产品，后来又发现广告具有无以比拟的塑造形象与感觉的优势，形象与感觉正是建立品牌时最为倚重的东西，而品牌资产的概念，又让人们发现了广告的另外的价值，有助于品牌进行无形资产的积累。因此，越来越多的广告策划将广告创意与品牌建设目标联系起来，让广告策划的目光更长远，作用期都更为长久。

2.2 广告策划的内容和程序

任何形式的策划，包括广告策划（Advertising Plan）都包括战略和战术两个层面。其中，战略（Strategy）指的是为实现目标应该采取的大的方向性道路，如是采用正面竞争还是侧面竞争，主动进攻还是积极防御等，统一战略的制定可以让整体策划保持步调一致，达到最终效益最大化；战术（Tactics）指的是为实现目标而制订的具体的行动计划，通常都一些短期和明确的项目，如由谁来执行、何时开始等。

广告策划是营销或整合营销传播计划的自然产物，它紧跟在营销策划之后，需要紧密配合营销策划的战略特点，再以广告活动设定的目标作为出发点，将这些目标细化为具体的广告目标，最后在此基础上再形成创意战略和媒介战略。因此，广告策划与营销策划既有相同之处，即终极目的和战略思想是统一和一致的。但两者也有不同之处，即二者是从属关系，特点也不尽相同——营销策划重点解决市场问题，广告策划的侧重点主要在于创意表现和媒介组合使用等层面。

一个完整的广告策划都应该包括哪些要素？简单地说，广告策划就是在市场及消费者研究基础上，确定广告"向谁说"（广告对象）、"说什么"（广告内容）、"如何说"（广告表现）、"通过什么说"（广告媒介）以及"说得如何"（广告效果）的全面谋划。而上面这些内容就是"广告战略"应该解决的问题，如表 2-2 所示。

表 2-2　　　　广告策划要素、策划内容以及在广告公司中相对应的部门

广告策划要素	策划内容	负责部门
"向谁说"	广告对象	客户部/策划部/市场部
"说什么"	广告信息	客户部/策划部/市场部
"如何说"	广告表现	客户部/策划部/创意部
"通过什么说"	广告媒介	客户部/策划部/媒介部
"说得如何"	广告效果	客户部/策划部/市场部

在本章案例中，广告策划人员最先做的事情就是确定"向谁说"和"说什么"，这就涉及一部分品牌定位的工作。众所周知，消费者的认知很难改变，品牌定位只能顺应消费者认知，不宜冲突。因此，最初红罐王老吉要进行品牌定位就必须先了解消费者需求。策划人员通过大量调查研究发现：消费者主要在烧烤、登山等场合饮用红罐王老吉，原因不外乎"吃烧烤容易上火，喝一罐先预防一下""可能会上火，但此时没必要吃牛黄解毒片"；而一些地区的消费者主要在外出就餐、聚会、家庭等场合饮用，主要出于对"上火"问题的特别担忧，认为红罐王老吉"绝对不会上火""健康，老人小孩都能喝"。这些观念可能并没有科学依据，但确实存在于消费者的头脑中，成为研究的重要发现：消费者其实对红罐王老吉并无"治疗"要求，而是作为一个功能性饮料购买，购买的真实动机是"预防上火"。明确了红罐王老吉的功能性饮料定位之后，再进一步研究消费者对竞争对手的看法，发现红罐王老吉的直接竞争对手，如菊花茶、清凉茶等，由于缺乏品牌推广，仅低价渗透市场，并没有占据"预防上火的饮料"的定位。而可乐、茶饮料、果汁饮料等明显不具备"预防上火"的功能，仅仅是间接的竞争。另外，通过二手资料、专家访谈等研究表明，中国几千年的中医概念"清热去火"在全国广为普及，"上火"的概念也在各地深入人心，这就使红罐王老吉突破了凉茶概念的地域局限。做好了这个宣传概念的转移，只要有中国人的地方，红罐王老吉就很容易卖出去。至此，品牌定位研究基本完成。确立了红罐王老吉的品牌定位，就明确了营销推广的方向，也确立了广告策划的标准，同时解决了"对谁说"和"说什么"的问题。

当然，随着品牌的发展，面临的问题也不尽相同。在做广告策划的时候，需要明确现阶段的主要问题是什么，才能够让广告真的行之有效。如前所述的消费者定位问题，在红罐王老吉品牌策略运行了 17 年之后就不再是问题了。现阶段对加多宝品牌而言，真正的问题是如何打赢一场品牌保卫战。于是，问题变了，解决方案也变了，广告策划的"对谁说"和"说什么"的问题也全都变了，如图 2-5 所示。

图 2-5　加多宝品牌调整战略方向后的新广告：推出了全新的金罐包装并再三强调自己才是"正宗"

接下来要解决的是"如何说"（广告表现）和"通过什么说"（广告媒介）的问题，开始广告创意、拍片、媒介安排和发布等后续活动。需要说明的是，广告策划的侧重点主要在于创意表现和媒介组合使用层面，因此，所有这些后续活动的工作中心在于，如何让广告创意准确的承载和表现出客户的品牌定位信息，如何效益最大化地使用媒介预算达到最好的传播效果。需要明确的是，接下来的每一次广告和推广，都是在促进销售的同时，对品牌价值和品牌定位进行积累。因此，在广告策划中品牌定位特别重要。正如加多宝案例中所表现的一样，模糊的品牌定位只能导致广告的含混和无效，清晰的品牌定位才能让广告创意精准而且加倍有效。

那么，接下来制定广告策划时都要遵循哪些程序呢？通常一家广告公司接受委托进行广告策划时，首先要成立广告策划小组，这个小组包括公司内各个部门的人员，如客户部、创意部、公关部、市场调研部等，由以上各个部门根据本部门业务特点展开工作，共同商讨此次广告活动的战略战术，进行具体的策划。最后根据商议结果撰写广告策划方案，提交客户审核。获准通过后，交给职能部门落实与实施。这里面涉及市场调研、广告目标定位、广告战略战术制定、广告经费预算、广告效果评估等实战环节，是广告公司最日常的工作计划和安排，也是为实现客户广告目标而进行的决策过程。

客户策划是一个探索的过程，可以帮助广告公司更好地理解品牌以及消费者与品牌之间的关系。策划的目的是为了找出能把消费者和品牌联系在一起的新方法。策划工作需要从细致的市场分析和观察中寻找到能够解决战略问题的线索，还要保证这些思考能够在广告执行的各个阶段贯彻执行。因此，策划人员需要保持与客户及广告公司的沟通，帮助制定营销战略及广告战略；还要尝试接近创意人员，帮助他们形成想法，以便广告活动能更精确地回应市场需要。许多曾获大奖的著名广告战役，往往就是这类策划人员辛勤工作的结果。

2.3 广告策划方案

经过缜密细致的市场分析并确定好战略方向之后，就可以着手编写广告策划方案了。广告策划方案就是前期思考的一个总结，同时也是对下一步工作的全面部署。落实在纸面上的策划方案，一方面是广告公司综合实力的全面展现，同时也是日后广告活动实施过程中的一个参照。广告公司和客户就策划方案达成共识后，双方均需签字认可，然后依照此蓝本进行活动的部署和实施，结束后还需对照广告策划方案中提出的预期目标进行广告效果检核。

一份广告策划方案可长可短，关键是要能够体现出广告公司创意性解决问题的思想、能力和预期结果。表 2-3 为一份比较完整的"广告策划方案"的基本结构。在撰写具体的广告策划书时，可以灵活调整，进而重点突出其中的某些部分。

表 2-3   广告策划方案的内容构成

Ⅰ. 环境分析	Ⅱ. 广告策略	Ⅲ. 广告计划	Ⅳ. 广告效果
1. 市场分析 2. 消费者分析 3. 产品分析 4. 竞争对手分析	1. 广告目标 2. 目标市场 3. 产品定位 4. 广告诉求 5. 广告表现 6. 广告媒介	1. 目标对象 2. 诉求重点 3. 广告表现 4. 媒介排期 5. 其他活动 6. 时间预算	1. 效果预测 2. 效果监控

广告策划方案解读

下面是一份"中意人寿"2006 年广告策划方案的精简版。对照表 2-3 的内容，阅读"中意人寿"的范例，领会一份广告策划书的基本结构应该是怎样的。

"中意人寿"广告策划方案

Ⅰ. 背景概述

客户：中意人寿（由中国石油天然气集团公司与意大利忠利保险公司合资，2004 年进入中国）。

代理公司：北京今久广告传播有限责任公司。

市场背景：中外保险公司竞争激烈，都有自己明确的宣传承诺，例如，友邦"财务稳健，信守一生"、首创安泰"一生关爱"、信诚"聆听所至，信诚所在"等

Ⅱ. 策略方向

面对各大保险公司的业务重点和宣传方向，找出中意人寿品牌推广的 3 个基本点。

1. 充分利用前几年积累的品牌资产，提升中意在北京市场的品牌号召力。

2. 精确界定潜在客户群，通过性价比合理的渠道与之沟通。

3. 拓展更多接触客户的机会。

针对各大保险公司品牌承诺与消费者心理距离较远的事实，采取一些视觉形象和公关活动等方式贴近中意人寿和消费者以及北京地域市场之间的关系

Ⅲ. 广告主题："让北京中意"

广告主题一语三关，把产品、地域文化和客户 3 者巧妙结合在一起，强调中意人寿与北京、北京人、北京生活的亲近感，简洁的广告语传递出企业对客户的关注与关爱。

Ⅳ. 广告表现

强调红色的品牌标志色，出现富有亲和力的画面，配合标准广告语"中意人生，一生中意"。

半面广告：《中意宝宝篇》《中意老人篇》等

Ⅴ. 媒介策略

先锁定客户群："如果你有一套房子，一部私家车，还有一个可爱的孩子……如果你在 CBD 或金融界之类的高档写字楼里上班……如果你是全球通的 VIP……如果你经常用信用卡付账……"如果你给出了"是"的回答，那么"现在的你就只差买一份保险了"。

根据客户群发现广告应出现的地方：加油站、北京交通广播电台、社区框架广告、焦点房地产网、工行牡丹卡会员直投、全球通手机流媒体、MSN、分众传媒（楼宇 TV）……

全方位、立体化广告攻略，短时期内掀起视觉风暴，占领视觉制高点

Ⅵ. 公关活动

活动宗旨：有计划，系列化，为业务人员提供更多接触客户的机会。

活动原则：公关活动有影响力；合理嫁接外界多方资源；树立品牌人本关怀形象，辅助提示品牌社会美誉度；合理利用企业资源；开展辅助业务；利用中意文化年契机。

活动设计：中意宝宝在身边；专项推介会；中意社区行；中意文化年中意人寿保障"文化大使"；完美度假计划；中意人寿护航新长征（新长征活动为中央电视台著名主持人崔永元担任领队徒步重走长征路活动，由中意为新长征队员提供意外伤害保险）

Ⅶ. 效果评估

（此环节在广告策划方案实施结束之后补充而成）

根据权威市场评估机构 CTR 研究报告显示，通过 2006 年全年推广活动，"中意人寿"在品牌认知（达 70%，较前一年增长 20%）、品牌形象推广（在消费者心目中树立"专业、有亲和力、值得信赖、产品丰富、有社会责任感"品牌形象）、户外广告到达率（达 60%，列所有调查品牌首位）、消费者品牌偏好度（平均分 4.9 分，满分为 7 分，较前有一定提升）方面均取得突出成绩

第 3 章

广告策划第二步：了解目标受众

"广告公司所做的一切都应该以消费者的大脑为目的地，要搞清楚他们心里在想什么，并了解如何才能最好地影响他们。"[1]

——Googby, Solverstein & Partners 公司主席兼创意总监杰夫·古柏（Jeff Goodby）

学习目标

通过对本章的学习，你将能够：

☑ 了解市场调查和消费者分析在广告策划中的重要作用
☑ 掌握市场调查和消费者分析的具体方法
☑ 了解广告传播过程中运用广告劝服消费者的一般步骤
☑ 认识消费者购买行为背后的基本动机
☑ 掌握消费者分析洞察的基本技巧

本章任务

假设这一次你所服务的客户是多芬，你所在的部门还是客户部。这次需要你填写一份关于多芬客户的创意简报，并下发到创意部门作为下一步的创意指南。想要填好这份只有一页纸的创意简报也不容易，需要好好动一番脑筋。

首先需要简单了解一下创意简报（Creative Brief）。创意简报是广告公司内部工作流程中一种常用而且重要的沟通工具。通常，创意简报由广告公司客户服务部门的工作人员撰写，然后下发给创意部门有关人员，作为下一道工序的参考。创意简报的篇幅通常情况下并不长，全部内容填写完毕之后大约只有 A4 纸大小。这就要求广告策划人员必须使用特别简洁的语言概括整个广

---

[1] 威廉·阿伦斯. 丁俊杰、程坪等译. 当代广告学（第 10 版）. 北京：中国人民大学出版社，2009：154.

告策划的核心思想。创意简报中有很多关键信息都很重要，尤其是"目标受众"这部分内容，更是需要在市场分析和消费者研究基础上，有效融合广告策划人员的策略性思考，如此才能用简洁的语言概括出目标受众的范围、特征等信息。具体的创意简报格式和内容如下面的表格所示。

××广告有限公司
创意简报（Creative Brief）

客户		工作号：
品牌：		日期：
事项 ：		
项目要求		
目标受众（统计/生活形态/心理/产品使用）		
核心信息（利益点，独特的诉求点）		
支持点：如何使观众相信它？		
个性/风格		
你希望受众看到广告后有什么样的反映？		
必须包括的信息（产品信息、LOGO、企业电话等）		
媒介方面对创作有帮助的信息		

要填好这份表格，非常重要的一项工作是对目标消费者进行全面深入的调查和了解，在此基础上进一步提炼出核心的消费者洞察，以此作为广告策划基本出发点。下边我们将系统地学习如何进行消费者调查的相关理论及方法，学习过程结束之后，请同学们再返回来看这张表格。假设你所服务的广告主品牌是多芬，那么你将如何填好"目标受众"这部分的内容。

任务提示：

（1）多芬的消费者都是什么样的人？有什么特征？消费习惯和消费心理如何？

（2）你对上述问题的认识如何？你认为可以从哪些方面获得这些问题的答案？

（3）多芬企业是怎么样做的？你能获得什么启示？

（4）考虑在填写表格过程中有谁可以帮助你完成这项工作？

本章案例

多芬品牌的真美丽行动——基于消费者洞察的成功广告策划

多芬（Dove）是联合利华（Unilever）公司旗下的品牌，1957 年诞生于美国，数十年如一日地帮助当今女性寻找真正属于自己的美丽。多芬的产品包括香皂、沐浴露、润肤霜等，该品牌成立时间久、品质优秀，在消费者中的评价一直比较好。长期以来多芬的广告诉求都是基于产品的温润特质的，强调"多芬产品中含四分之一牛奶润肤乳成分，不会使皮肤干燥"。但是到了 2004 年，这个持续多年的品牌诉求显然已经在日益激烈的产品竞争中渐渐失去了竞争力。如何让多芬品牌焕发出新的活力，让今天的消费者重新喜欢并信赖多芬呢？多芬的营销策略面临新的挑战，它下一步的广告策划主要思考的问题集中在：如何让多芬从众多品牌中脱颖而出？如何让新的多芬品牌理念真正引起消费者的共鸣及价值观上的认同？对于多芬面临的问题，它的广告代理公司奥美应该怎样做？

奥美是一家拥有悠久历史和丰富经验的广告传播公司，它一直坚信：发现解决问题的关键在于了解和发现消费者真正的内心需求。奥美协助多芬连续 3 年对多芬品牌的主要目标对象——16～64 岁的全球范围内的女性展开了广泛而深入的调查研究，从欧美国家开始，逐渐遍布亚洲等全球主要国家和地区。在调查中，奥美发现了一个惊人的事实，即在全世界范围内，几乎所有的女性对自己的外表都感到很不自信——75%的女性对自己的身材反感；90%的女性认为，无论在事业上多有成就，不美就是失败。造成这种问题的主要原因来自于大众传播媒体，例如，80%的女性认为传媒中"完美"女性形象会降低自信、令自己不安；75%的女性阅读 3 分钟时尚杂志后会感到羞愧、沮丧，女性对美的认识走入了一个误区，即那些（杂志上、广告中的）女性才是美的，自己无论怎样都不够那么美。于是多芬在这一明显的事实中找到了解决问题的方案：多芬要做的就是"改变女性消费者对美的刻板印象，让人们认识到美的多样性，树立健康的审美观和自信心"。在广告中，多芬要开拓一种对于女性美的新观念——美丽可以来自不同的外形与身材，自信和懂得欣赏就是美。

在这一创作理念的支持下，多芬品牌的全球广告策略一以贯之，遍地开花，很快形成了独特的传播效应。最初在欧洲国家刊播的广告具体表现如图 3-1 所示，该广告系列活动名为"真美丽行动"（Real Beauty Campaign）。

(a) 多芬平面广告：你的选择是什么？
□头发灰白 □华丽非凡
"为什么女性都不喜欢自己头发变得灰白？"

(b) 多芬平面广告：你的选择是什么？
□体重超标 □形象出位
"难道美丽一定要挤在 6 号的小尺码衣服里？"

图 3-1　多芬（Dove）品牌针对女性的系列广告

(c) 多芬"你比你想象中更美"系列平面广告

多芬与美国罪犯肖像艺术家合作，分别根据女性对自己五官和外形的描述以及当天见过她们的陌生人的描述进行画像并做对比。有趣的是，女性对自己的看法与自己在陌生人眼中完全不同。通过这种对比告诉女性"你比你想象中更美"。该广告获得 2013 年戛纳国际创意节钛狮全场大奖/影视单元金奖/平面单元金奖等。

图 3-1　多芬（Dove）品牌针对女性的系列广告（续）

广告主要针对女性诉求"美具有多样性，可以来自不同的个体。认识差异，自信、真实即美丽。"（图片来源：多芬真美丽行动官方网站）

多芬重新定义了美，认为任何人都可以很美，尤其是一些网络互动式广告吸引了大量女性的广泛参与和讨论。这一系列广告一经推出，产品销量大增，当时在欧洲地区的销售额超过 25 亿欧元，成效很快在其他国家和地区显现出来。多芬相信美丽的定义不应当局限于狭隘的标准，每个女性都是一个充满个性的特殊存在，真实的美丽存在于不同的外形、身材、年龄和肤色之中……多芬从产品到每一项行动都不断致力于激发女性深层次美的潜能，享受呵护、宠爱自己的过程，让美更美丽。显然，那些饱受媒体误导而对美的认识产生困扰的女性们，通过多芬崭新的广告传播发现了真相并找到了知音。这种做法显然完美地解决了多芬品牌现阶段期待解决的问题，堪称一个成功的典范。

阅读案例，思考并回答以下问题。

1. 多芬案例中的"消费者洞察"是什么？广告策划人员是怎样发现它的？
2. 多芬如何定义目标消费者？都采取了哪些方法和途径去了解目标受众？
3. 通过多芬案例，请回答调查和创意之间的关系是什么？

学习内容

广告策划的任务在于收集各种信息，重新整理，然后用新的形式重新安排，直到有意思的东西出现。市场调查是广告策划与创意的基础。正如本章开篇中多芬案例所体现的，如果没有完善的市场调查和研究发现作为基础，就没有后来的"多芬真美丽行动"那么准确有效的传播策略。不做任何调查研究便开始盲目地向多芬的目标对象——世界范围内的广大女性消费者们生硬地推销多芬产品，其效果可想而知，就像没有瞄准靶心的子弹，造成很大的浪费。只有在系统收集有关市场资料基础上充分了解目标对象的一切重要信息，以此为依据制订出来的广告策划，才能够有效地实现营销传播目标。

说起调查，很多人都亲身经历过。在日常生活中，有人配合过别人调查，有人则调查过别人。的确，在今天这个高度市场化的社会中，市场调查几乎成为了解消费者的代名词，其重要性也日益明显。越来越多的企业、组织、机构和个人开始意识到，市场调查具有不可替代的作用。如果善加利用，就会带来丰厚的回报。

众所周知，企业每年都会在各种广告活动上花费巨额资金。但是这些投入，是否能够取得预期的效果却因人而异。因此，针对各类营销活动，现代企业都会采取比较审慎的态度。科学决策已经成为共识。而市场调查是科学决策的重要一环，它是企业"观察"环境的工具。大多数情况下，市场调查能够为企业决策者提供可靠的依据，帮助企业减少风险，提高效率。

回到本章开头设置的任务当中来，假设你是多芬品牌的广告经理，正打算向你的目标受众宣传多芬最新的美丽观念。现在来盘点一下：你的广告对象都是谁？你对她们了解多少？你能描绘她们的生活方式么？你知道她们都怎么看待金钱和生活吗？她们平时都做什么运动？看什么电影？喜欢哪些明星？看什么类型的电视节目？看报纸吗？喜欢哪个版面等。为了让目标受众注意并喜欢自己的广告产品，广告主花费了大量的资金用于激发这种注意和兴趣。因此，要想获得成功，必须充分了解目标受众的行为特征和形成原因。这时候就用到了市场调查的一些手段和方法。那么什么是市场调查？市场调查到底有哪些类型？市场调查对企业而言的作用都有哪些？我们应该在什么时候做市场调查，怎样去做市场调查？这些基本概念都是了解目标消费者过程中需要明确的问题。

本章接下来将重点介绍有关市场调查的方法和原理。

3.1 开展市场调查——确认调查对象范围

市场调查的基本概念其实很简单。如前所述，当我们在制定某一决策时，发现现有的或是手头能找到的信息不够了，因此而专门去设计和寻找相关信息的过程，就是市场调查。各种理论书籍中关于市场调查定义的表述形式很多。例如，指对与营销决策相关的数据进行计划、收集和分析，并把分析结果向管理者沟通的过程。其实，就字面意思而言，市场调查（Marketing Research）就是指一切与营销有关的调查，确切地说，是与营销决策密切相关的调查。一般来讲，市场调查所包含的内容很多，大到市场环境调查，包括地理环境、社会文化、政治经济、风俗习惯等宏观层面，小到具体的产品调查，包括产品命名、包装测试等，都属于市场调查所涵盖的范围。所有市场调查内容，都是广告策划中可能需要用到的决策参考信息，如竞争对手调查、消费者调查等。上述调查内容很重要，而在广告策划中最不可或缺的就是消费者调查。

成功的消费者调查，也是广告策划的重要依据。"你知道人们在一杯饮料里放几块冰吗？一般来说，人们都不知道，可是可口可乐公司知道。"这是美国人约翰·科恩谈到美国公司重视对消费者调查时所说的话[1]。这句话从侧面反映出消费者调查对企业而言的重要性。作为广告代理公司，理所当然必须要做到比企业还要理解自己的消费者，才有可能设计出行之有效的广告传播策略。如果是将消费者而非广告主放在广告策划过程的中心，那么广告策划的任务就从简单地创作一条广告变成了培养消费者和品牌之间的关系[2]。

3.1.1 消费者和受众

要想了解消费者，首先要知道消费者的概念和含义。一般来说，在营销系统里，消费者的位置处于产品生产和销售的终端环节，但在广告传播系统里，消费者是信息传播的接受者，因此还有另外一个称呼——受众。这里的受众，和消费者其实所指的是同一群人。但要注意，传播受众

[1] 余明阳、陈先红. 广告策划学. 上海：复旦大学出版社，2003：45.
[2] 威廉·阿伦斯. 丁俊杰、程坪等译. 当代广告学（第 10 版）. 北京：中国人民大学出版社，2009：155.

虽然出自营销的目标受众，但通常传播受众要比营销目标受众范围更广，它不仅包括购买者和使用者，还包括所有可能对市场产生影响的人群，如记者、政府领导人等。只是在传播实践中，由于资源限制，通常都挑选那些最有价值和影响力的人群作为传播受众，所以表现在某个单次的广告传播活动中，传播受众的范围通常都不是很大。

消费者是所有已经或有可能购买或使用企业产品或服务的人的总称。在具体的营销传播设计中，仅"消费者"这个概念还不够具体。往下继续细分，还可以分目标消费者和实际消费者，二者之间存在差异，差异的部分可能就是潜在消费者。由于任何一个企业都不可能把全体消费者当作自己服务的对象，企业必须通过市场细分挑选出一些最有希望消费自己产品的人作为目标消费者。所谓消费者调查，就是对上述目标对象进行消费需求、动机、习惯等的调查。

受众，通常是指读到、听到或看到广告信息的消费者。传播的目标受众是指一次传播行动所瞄准的所有人群。广告主必须了解受众接收信息的过程和特点，因此，受众研究既是广告传播的终点，也是制定传播策略的起点。广告主最不愿意看到的结果就是被人误解。可是，广告信息的传播是一个非常复杂的过程：广告本身所使用的词汇和画面能对信息进行部分的解释，如多芬广告画面中所强调的一个个平常模样的"美女"；广告刊播媒介也有为广告信息增加诠释的作用，如刊发在时尚杂志的多芬广告就可能会多一些"时尚"气息；当然，受众本身的独特性相当重要，正如多芬的女性受众群体，她们对美的认知和态度、她们的问题和困惑、她们潜在的自我评价和社会文化的影响，都会影响到她们对多芬广告信息的接受和反馈。从某种程度上来讲，这些看不见的因素可能要比单纯的某句广告词更能对消费者的心理和行为产生影响[1]。"受众"这一词汇，将普通消费者与广告信息传播效果、广告媒介的使用等联系了起来。

可见，一个广告活动若想取得成功，就需要努力做到"比消费者自己还了解自己"。广告大师李奥·贝纳认为"如果不把自己变成消费者，你就根本无法在广告行业内生存"[2]。了解消费者行为，是广告活动的基础。

3.1.2　消费者调查的基本内容

我们每个人都是消费者，并且每天都要消费一些东西，小到一瓶水、电话卡、一款自己喜欢的手机，大到买房子、选电脑，或者攒一笔钱去某个地方旅行、参加一个学习班。有时候是为别人，如帮助别人挑选东西或者送礼等；有时候是为自己。深入地了解这些消费行为背后的深层心理动机，是广告策划成功的关键。今天，我们就要从一种比较理性的、客观的角度来学习、了解这种消费行为，既包括自己的，也包括他人的。一般来说，消费者调查主要包括以下几个方面。

（1）消费者的基本人口信息。主要是一些统计性质的身份信息，如性别、年龄、教育程度、职业、收入、婚姻状况、家庭构成等，这些信息有助于描绘目标受众的一些基本轮廓。这是描述消费者最基本的内容。如果广告主连自己的基本人口信息都不清楚，是没有办法进行后续的广告策划、创意、传播等活动的。对比前一章的王老吉案例和本章的多芬案例，会发现这两个产品的消费者在基本人口信息上差异很大。王老吉主要针对的是广大中国地区的消费者，对性别年龄等的区分不明显，只要是中国人，认同中国的餐饮文化和传统养生观念的人都可以喝王老吉；多芬则是针对全世界范围内爱美的女性消费者，男性消费者的消费习惯包括价值观就不在多芬的关注范围之内，尽管事实上男性消费者也可以使用多芬的产品。所以，每个品牌都要弄清楚自己的基本人口信息，而且要抓住最重要的、最有区别力的特征信息。这也是许多消费

---

[1] 威廉·阿伦斯. 丁俊杰，程坪等译. 当代广告学（第 10 版）. 中国人民大学出版社，2009：125.

[2] Leo Burnett, Leo Burnett Company ed, 100 LEO's, McGraw-Hill,1995,p.19. 英文原文：If you can't turn yourself into your customer, you probably shouldn't be in the ad writing business at all.

者调查力图弄清楚的问题。

（2）消费者的行为信息。消费者行为信息主要是一些有关购买和使用等方面的信息，以啤酒消费行为的研究为例，消费者行为信息的调查中就需要了解消费者都喝什么牌子的啤酒？怎样喝？是冰镇以后饮用还是常温状态下喝？选用瓶装的还是罐装的？和谁一起喝？在什么场合喝？多久喝一次？在什么地方购买……这些信息能够揭示出消费者和品牌、产品之间的一些关系。消费者行为信息都是一些基本事实的陈述，因此信息价值比较高。需要说明的是，调查实施过程中通常喜欢找到那些典型的或者是重度的消费者行为作为研究样本。这是基于一个不争的事实，即绝大多数产品是被一少部分人给消费掉了。因此，抓住这一小部分人的行为特点，其实就决定了绝大多数产品消费的走向。这部分信息很细碎，执行调查时要用心设计，才能发现消费模式等真相。

（3）消费者心理洞察。消费者心理洞察即消费者为什么要购买和使用某样产品的终极心理原因。例如，消费者使用多芬是"希望自己更美"，饮用王老吉是"怕上火"。这些心理洞察一眼看上去都是那么简单，好像原本就存在，根本不需要费劲就能发现似的。但事实上，和前面两类消费者信息相比，关于态度、动机等信息的调查难度会更大。这些信息的获取需要事先精密的问题设计和一些特殊的访问技巧，在解释和分析时还需要和前面两类信息联系在一起。消费者心理方面的信息，主要是探索一些逻辑关系，能够解释为什么具有上述人口特征的消费者，及为什么会表现出上述行为方面的特点。有时候，这种逻辑关系是通过直接询问消费者一些关于消费心理或购买动机等问题发现的，有时则需要研究人员经过细心地推理方可得出。

上述 3 个方面信息构成了广告策划的重要参考依据，它们分别解决了"对谁""在哪里"以及"说什么"等问题。行为、习惯和动机，是研究消费者的 3 个层次，其中最困难的就是了解消费者内心深处真实的想法。本章的"多芬真美丽行动"案例是一个了解消费者内心深处真实想法的最佳案例，正如有的研究者所说"消费者对某一品牌的选择不过是消费者自身价值观在某一特定产品类别上的表现形式而已"[1]，与消费者达成价值观一致的良性沟通是品牌沟通的最高境界。

3.1.3 消费者购买决策系统

消费者购买决策系统指的是消费者在购买和使用某产品之前所必须经历的决策过程和影响该过程的诸多因素的总和，具体讲就是消费者为满足某种需求，在一定购买动机的支配下，对多个可供选择的购买方案进行分析、评价、选择，最后实施最佳购买方案并对此做出事后评价的整体活动过程。它是一个系统的决策活动过程，包括发现需求形成购买动机、信息搜索形成备选方案评估、购买方案的抉择和实施、购后评价等环节。

在开始具体学习消费者购买决策系统之前，请先反思自己最近一次购买活动的例子，小到买一瓶水，大到帮助父母决策购买一所房子都可以。主要目的是希望通过对具体事例的反思和梳理，看清整个购买决策经历的过程和具体表现形式。不同消费者购买不同的产品的具体决策过程可能不同，但整体看来会有一致之处，例如，一开始是产生某种需要，然后是进行了解，了解之后就进行选择，大多数人都会不自觉地经历这个过程。消费者决策模式具有一定的规律性，关于决策模式的表述也特别多。例如，智威汤逊公司的"整合品牌传播工具"（Thompson Total Branding，TTB），就将消费者购买系统分为"动机、考虑、寻找、选择、购买和获得经验"6 个环节[2]。消费者会在不同的环节遇到不同的问题，广告策划则需要关注每一个消费的细枝末节，从中找到与

[1] 吴琪，朱彤. 图解消费者需求. 哈佛《商业评论》中文版. 2003.

[2] 沈虹. 广告文案创意教程. 北京：北京大学出版社，2008：115.

消费者沟通的机会和最佳方式。

　　虽然影响每个人消费行为的变量不计其数，但总的来说还是有一定规律的。影响一个人购买行为的因素大致可以分为 3 类，即心理变量、社会影响和购买情境，了解这些因素发生作用的基本准则，就可以用来更好地了解某类特定目标市场顾客。下面结合一个具体实例来学习消费者决策模式。我们常常把消费者的消费决策过程看作是一个黑箱，即能看见外界给消费者提供的信息，也能看见消费者最后的决策结果，但其中的过程究竟是怎么发生的却不是十分清楚。但是，借助消费决策模式却能够有助于看清楚这个黑箱里的一些东西。

　　假定研究对象是一个 28 岁的女性，大学毕业后工作 5 年，在一家公司任职员，未婚，一直租房子住。大概是 3 个月前，考虑想买一套属于自己的房子，主要原因一是工作后有了一点积蓄，具备了基本条件；二是租房子流动性太强，而且租金也不便宜。当消费者意识到自己有某种需求与欲望时，就是消费决策过程的开始，这种需要可能是由内在的生理活动引起的，也可能是受到外界刺激引起的，这一阶段的心理活动结果就形成了消费动机。

　　从最初有这个想法，到开始有所行动，中间大概有 3 个月的时间。注意，这期间我们的研究对象其实并没有闲着。她首先对自己目前居住的市中心地区四周的房地产做了一番考察，因为从地点上讲，她已经比较习惯这里的生活环境以及交通。她通过亲自考察、上网搜索、咨询朋友等几种方式考察完之后得出结论，在市中心买房基本不可行。第一是因为太贵，第二是因为没有她想要的合适的小户型。于是改主意考虑比较远一点的地方，但心里还是没有谱。在最初产生需求或动机之后的这段时间，是消费者决策中的信息搜集阶段，也就是考虑和寻找的阶段。一般来讲，消费者的信息来源有以下 4 种：家庭、同事等人际渠道；广告、推销员等商业渠道；大众传播媒体等公共渠道；个人使用产品的经历等经验渠道。大量搜集信息之后，还需要对所有信息进行整理，信息整理的结果就是形成备选方案。这是决策过程中的关键环节，未来决策结果的雏形此时已基本形成。

　　这时候，女孩的父母和好友知道了这件事情，纷纷与她通电话并出谋划策。这些人当中绝大多数还是支持她的，只有一两个人反对。虽然大家不能帮助她决定在哪里买房，但这些反应坚定了她的信心。恰好在这几天有一个很热闹的房展会，于是女孩和她的一个也想买房子的好友决定一起去看看。那一天，房展会上热闹的氛围和工作人员的热情把两个人的购买欲望都带动了起来，但是转来转去，就是找不到让她们满意的房地产项目。她们收集了很多的资料，打算回家去慢慢地阅读。这一阶段的行动依然主要是信息搜集，但是进入了更高层级，信息也更具有针对性，为将来的消费决策打下了基础。这期间消费者的决策很容易受他人态度的影响。一般来说，反对态度越强烈，或持反对态度者与购买者关系越密切，修改购买意图的可能性就越大。还有一些计划外的意外情况，如临时有别的地方急用资金或政策性住房调整等，也都很有可能改变购买者的购买意图。

　　回到家后，两个人的表现不尽相同。朋友的购买欲望本来就小，于是冷静后决定持币观望。这是一种延迟决策，消费者又回到欲望未被满足的阶段，而原先购买欲望就很强烈的人几经考虑后，先划定好地段，然后从资料中挑选出该地段内的所有房地产商，逐一电话咨询，从中选出几家认为不错的实地考察了一下。最后，他们看中了其中的一家，不仅因为地段、户型、价格等比较满意，还因为当时的售楼人员给人的感觉非常好，服务周到、诚信，这一点更加强了她的购买决策。这就是最后的选择和购买阶段。

　　从最后的决策环节可以看出：所谓的最后决策，其实就是在先期形成的几个能有效解决需求的针对性备选方案中做选择。这个选择过程也会受购买环境、他人态度等因素的影响。需要注意的是，在最后实施购买的过程中，依然会产生一些态度或结论性认知，称之为购后评价，主要是对整个购买结果的满意程度和完成购买后所采取的活动进行评价。购后评价的好坏，取决于消费者对产品的预期性能与产品使用时表现的实际性能之间的对比。购买后满意程度决定了消费者的购买后活动，如是否重复购买该产品、是否对该品牌产生积极态度，而且还会影响到其他消费者，形成连锁效应。消费决策的这个特点提醒各家广告主，一定要重视销售过程结束之后的这个最容易被忽视的环节。

从这个事例中，我们大致可以看出消费决策模式以下的几个基本特点。

第一，消费决策过程是一个寻找信息、判断信息并做出决策的过程。从意识到消费需求或欲望开始，消费者自身就进入了一种信息渴求的状态。如果不是特别急迫的需求，如一分钟之内就需要决定下来购买某样东西，或者说，即便有特别紧急的需求，消费者也会尽量在限定时间内搜索有效的信息。这一寻找信息判断信息的过程，贯穿整个消费决策过程的始终。

可以说，是消费者所接触到的信息决定了最后的决策。如果一些关键信息无法让消费者在最需要的时候很方便地获得，就会丧失影响消费者决策的机会。广告就是一种通过信息提供者的身份介入消费决策的工具。大众媒介上不断播放的广告虽然一再受到排斥，最后总还是会因为强大的渗透力被储存在记忆的潜意识里。一旦某一天，消费者的相关需求被唤起，该品牌产品的广告中所诉求的特点就会以信息的方式跳出来发挥作用。所以，企业一般都会比较重视广告，尤其是一些日常生活用品的广告，一旦停止向消费者的信息灌输，就很容易在消费决策时被遗忘。消费者加工信息的过程，其实也是一个学习过程。

第二，消费决策过程中会有很多因素会影响消费者的最后决策。在上述事例中就提到了诸如参考群体、意见领袖、购买环境、销售者态度等诸多方面。需要注意的是，消费者本身就是一个复杂的信息处理系统，任何一点微小的信息都有可能影响到最后的决策。例如，现在的网络购物经常会附带购物评价，很多消费者网购下订单之前都会浏览以往的评价留言。不要小看这些准匿名的留言，它很有可能在一分钟之内瓦解整个广告攻势积累下来的广告信任度。这些社会的、文化的、心理的、经济的、环境的、人为的因素，以繁复、累积、叠加的方式，在同一个消费者个体上产生作用，也一定程度上造成了决策过程的复杂性。作为企业营销人员，需要辨认哪些因素是最重要的、对消费者消费决策过程影响最大的，然后再在重点关注的基础上兼顾一些细节设计，才能够更有效地影响和控制消费者决策过程。

第三，消费过程并不是一个简单的直线过程，其中还有展开和反复。每个消费者的购买决策过程都是不同的，这跟他们对打算购买产品的认知程度深浅有关，越是陌生的产品需要了解和学习的时间越长，决策也就会越困难。消费过程复杂而多变，但不管怎样变化，消费者在决策时都会依循价值最大化的基本原则，即在有限的条件下做出最优的选择。每个消费者都会根据所掌握的事实，根据成本、价值等核算和比较各种消费选择，最终购买能使他们从所花费的时间和金钱中获得最大满足的那一种产品。每个人都是按自己的理解去行事的，所以每一次消费过程实质上就是一次消费决策的过程。

3.2 调查方法和技巧——了解调查对象行为和心理

说起调查，许多人都亲身经历过。在日常生活中，有人被别人调查过，有人调查过别人。请联系切身体会思考：你曾亲历过的调查发生的时间、地点、所采用的形式如何？你推测厂家为什么会实施这样一次调查，估计结果怎样？通过这种回顾和整理会发现，原以为广告市场调查距离现实生活很遥远，却和日常生活如此接近。的确，在今天这个高度市场化的社会中，市场调查几乎成了了解民意的代名词，其重要性也日益凸显。越来越多的企业、组织、机构和个人开始意识到，市场调查具有不可替代的作用。如果善加利用，就会带来丰厚的回报。

众所周知，企业每年都会在各种广告活动上花费巨额资金。但是这些投入，是否能够取得预期的效果却是因人而异的。因此，针对各类营销活动，现代企业都会采取比较审慎的态度，科学决策已经成为共识。而市场调查是科学决策的重要一环，它是企业"观察"环境的工具。大多数情况下，市场调查能够为企业决策者提供可靠的依据，帮助企业减少风险、提高效率，全球知名日化企业宝洁（P&G）公司就是一个成功范例。宝洁是一家有着 160 年历史，资产达 360 亿美元的大型企业，向全世界销售 41 个不同门类的 2 300 种产品，其中包括汰渍洗衣粉、象牙香皂、帮宝适纸尿裤、润肤油、各种洗发水品牌以及佳洁士牙膏等市场霸主品牌。宝洁是世界上有影响力的消费者广告主之一，注重市场调查是宝洁公司的制胜法宝。宝洁在海外的每个市场都有各自的市场调研开发部，每个品牌设有一名品牌经理。这些市场人员的工作之一就是随时关注变化的市场，同时根据市场的变化设计有效的营销策略。由此而见，重视市场调查，密切掌握消费者的最新动态，才能最终设计出更有成效的广告营销活动，从而为企业带来切实的回报。

回到本章任务当中来：假设你是负责多芬广告策略的工作人员，为了让目标受众注意并喜欢自己的广告产品，必须充分了解目标受众的行为特征和形成原因。这时候就用到了市场调查的一些手段和方法？那么，什么是市场调查？市场调查到底有哪些类型？市场调查对企业而言的作用有哪些？应该在什么时候、怎样去做市场调查？这些都是需要首先明确的问题。

3.2.1　什么是市场调查

各种理论书籍中关于市场调查定义的表述形式很多，不管这些定义如何表述，综合来看，它们都包含了以下几层意思：首先，市场调查的目的是了解有关市场及市场营销的事实真相，为制定营销决策提供依据；其次，市场调查的对象是与市场及市场营销密切相关的各种问题，如识别消费者需求、帮助企业了解竞争环境、协助进行市场细分、为新产品开发提供信息、为企业制定营销战略提供必要信息、帮助管理者评估营销规划的效果、评估广告效果等，具体的调查研究对象可能涉及消费者、生产者和经营者，也可能涉及相关企业和广告媒体等；最后，市场调查的原则是必须遵循科学性与客观性，应采用科学的方法设计方案、收集数据和分析数据，从中提取有效的、有代表性的信息资料，这一过程中调研人员自始至终需要保持客观的态度，不允许带有任何主观的意愿或偏见。

通过上述概念界定，希望读者能够将这些理论界定和最初关于市场调查的切身体验有机结合起来，把握市场调查概念中的实质性元素，对市场调查的内涵和外延都比较有把握。

> **知识链接**　市场调查的类型
>
> 市场调查的分类标准很多，但是有一种分类标准几乎是每一本教科书上都会提到的，即根据市场调查的目的来分。市场调查按目的不同可以分出 4 种基本类型，即探索性调查、描述性调查、解释性调查和预测性调查。
>
> 所谓探索性调查，即非正规的、试探性调研，通常实施调查的范围比较小，所涉及的样本量也不大，问题比较随意，没有正式调查那么逻辑严谨、目的明确。探索性调查的主要目的是尽量多地获取对研究对象或研究主题的感性认识，为后续正式的大规模的调查做好准备。描述性调查是最经常使用的一种调查类型。它的目的主要是解决"是什么"的问题，通常可以帮助企业回答目标对象是谁、有哪些消费习惯和要求、如何使用产品等事实性的信息。解释性调查的主要目的是研究事实或现象之间的因果关系，主要解决"为什么"的问题。例如，促销投入和销量变化之间到底是怎样的变化和关系、销售淡旺季期间促销力度作用如何等。这类调查对

广告策划：理论、案例、实务（第 2 版）

数据的要求比较高，调查者的数据处理能力也相应要提高，也有不少企业在使用探索性调查类型来解决市场问题。预测性调查是所有市场调查类型中最难的一类，它主要解决"会怎么样"的问题。当企业需要对未来市场变化和趋势有所把握的时候，就会采用这种类型的调查。

除此以外，还有许多其他市场调查的分类标准。例如，按照市场调查的范围，可以分为狭义的市场调查与广义的市场调查。按照市场调查所解决问题的类型，可以分为应用性市场调查与基础性市场调查。其中应用性市场调查的调查目的很直接很具体，就是为了解决营销决策过程中遇到的不确定因素，需要利用市场调查收集来的信息进行决策参考的调查项目，一般的商业性调查都属于应用性调查项目；而基础性调查指的是调查目的不是直接为了解决某个具体问题，而是为了扩展对某一未知领域的认知而做的信息收集工作，例如，一些研究机构或者高校等单位经常实施的调查项目就属于基础性的市场调查，如《家庭中代与代际关系调查》《我国新闻从业人员心理素质调查》等都是基础性调查项目的典型案例。按照调查实施的对象可以分为企业对企业的调查项目（BTB）和企业对消费者的调查项目（BTC），对象不同，设计调查项目时所考虑的因素和所采用的方式也有差异。按照调查项目的组织实施方不同，可以分为委托调查和自行调查等。

根据不同划分标准可以对市场调查进行更加具体的分类，市场调查可以有很多的细分版本。显然，现代市场调查的应用范围十分广泛。但若要进一步概括的话，可以分为最基本的两类：问题识别调查和问题对策调查[1]。

3.2.2 市场调查的一般步骤

市场调查的步骤其实非常简单，一般就是问题界定、研究设计、调查实施和报告撰写几个基本环节。如有不同，也是具体化程度的不同，基本步骤都差不多。以下结合本章的多芬案例来展示和说明这些步骤。

第一，问题界定阶段。所谓问题界定，是指调查人员必须了解企业到底需要通过调查了解什么问题。只有清楚地定义问题，才能有的放矢，正确地设计和实施调查。问题界定可以通过与决策者充分沟通、专家访谈、收集二手数据或者其他一些定性研究的方式进行。问题界定环节看似简单，实际上非常重要，在实践中却非常容易被忽略。在多芬的调查项目中，由于产品的主要目标消费者是女性，而爱美是女人的天性，因此整个调查的问题就界定在"女性对美的真实认知"上。事实证明，研究者预先支持的关于美的"积极而现实"的概念假设，在后来的消费者调查研究中并未得到验证，相反，现实生活中的女性对美的认识是非常消极而且充满矛盾的。可以说，如果没有研究人员预先的问题设置，就没有多芬后来石破天惊的广告策略。

第二，研究设计阶段，即在开始实施调查项目前制定好一个整体框架或计划，包括调查类型、调查方法、调查内容、调查对象、抽样方案等内容。最后要落实在纸面上，形成一个调查方案，作为调查实施的参考，多芬的调查设计如表 3-1 所示。

第三，调查实施阶段，即面对调查对象的具体的信息收集过程。对调查质量的监测和控制是这一阶段的关键。

第四，报告撰写阶段。完成调查之后，调查人员需要将所获得的信息编制成报告提交给调查委托者。在多芬案例中，调查报告是由专业调查公司来完成的，具体形式如图 3-2 所示。报告内容除了包括一些关于研究设计思路、数据收集与分析方法的必要的背景信息之外，最重要的就是研究结果与主要结论。在表述方式上，最好采用容易理解的语言，或是借助一些图、表等工具来

---

[1] 纳雷希·K·马尔霍特拉. 市场营销研究. 北京：电子工业出版社，2002：9.

展示结论和结果，便于调查结果的沟通和接受。不管采用什么样的表现形式，撰写调查报告时要特别谨慎和客观，应该严格尊重事实，客观全面地描述研究发现。

表 3-1　　　　　　　　　　　　　多芬女性消费者调查的调查设计

多芬调查的研究设计

多芬调查的研究设计共分 4 个阶段。

一、文献调查。查阅所有有关女性和美的相关文献资料，包括他人研究、调查报告、媒介报告以及学术文献等，目的是明确哪些研究是以往没有关注过的，帮助定义本次调查研究的主题和范围。

二、定义问题。形成一个研究委员会，邀请各大学以及研究机构的专业人士，参与进一步的问题界定和研究设计。经过多次研讨和辩论，专家认为现有研究已经关注了很多女性由于过分追求美而产生的问题，但是缺乏对解决方法和策略的研究。

三、探索性研究。主要是设计一个深度的定性研究，旨在获得女性对美的诸多问题上的真实态度。调查访问了200 多名女性，通过拍照、提问、观察等方式获取信息。这一阶段的目的是保证定量调查问卷的内容设计涵盖正确的内容，同时也是对真实状态下女性如何讨论美的一个文本分析。

四、定量调查。将定性研究结果进行全面分析后，设计一份定量问卷，在全美国中 1 600 名女性间进行调查，得出最后的调查报告。全部调查对象分成 3 组，需在采访前做不同的准备工作：给 1/3 的被访者一个日记本，要求将每天关于美的时刻和经验记录下来；给另外 1/3 的人相机，要求拍摄她们自己或别人认为美的东西；还有 1/3 的人在访问前不做任何准备。

定性调查访问说明：

为获取女性对于美的真实态度，采用了一系列投影技法。

主题统觉测试——使用各种不同类型的美和不同美的典型的照片和图片。

美主题的陪伴出行，如购买化妆品、去那些能够让人感觉美的地方等。

定量调查抽样说明：

美国全国范围内实施 1 600 人的电话抽样调查。美国西海岸、东海岸、中西部地区以及南部 4 个地区每个地区至少执行 300 个电话调查。每个电话调查时长大约 30 分钟。

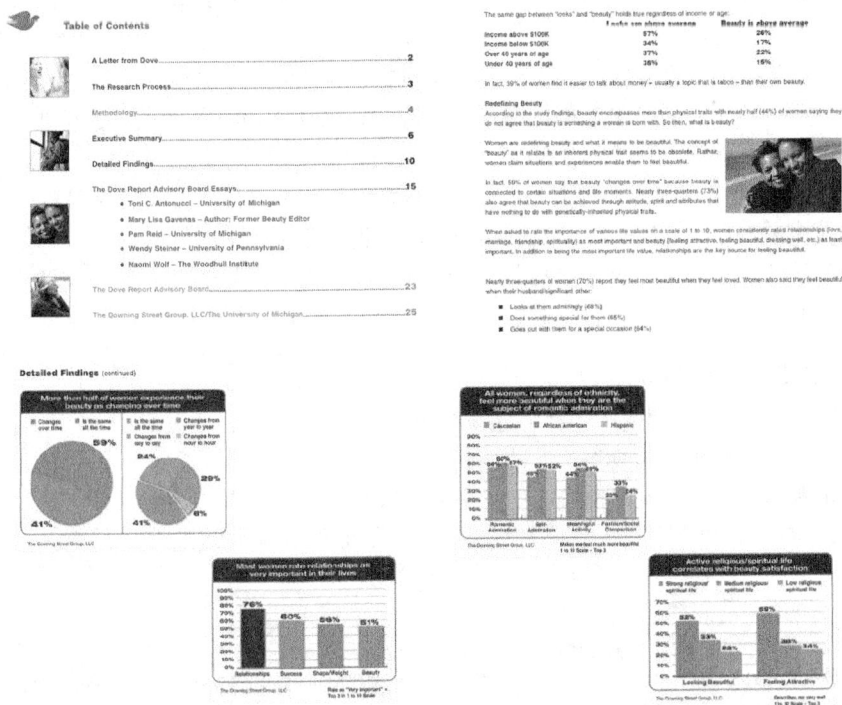

图 3-2　多芬消费者调查报告的目录页、数据页及图表页一览

3.2.3 市场调查方法

市场调查从历史悠久的社会调查中借鉴了很多基本的方法，随着调查业的发展，无论是观察对象的途径还是分析处理信息的方法都在不断地丰富和完善。

市场调查的具体方法有很多，但是作为一种获取资料的工具，再多的调查方法最终都可归为以下这个最基本的分类框架当中：按照市场调查实施方式的不同，可以分为专门收集二手资料的"二手资料调查法"和专门收集一手资料的"定性调查法""观察法""实验法"和"访问法"5种类型[1]。

调查首先可以分成对原始数据的调查和对二手数据的调查。原始数据调查是为了解决所面临的问题而专门、直接从市场上收集目标信息的方法。这种原始数据调查通常花费时间比较长，费用也比较高，但是能够有针对性地解决问题。二手数据调查是利用为了其他目的已经收集或者公布的信息，这种调查方法快捷、便宜，在提供行业环境或者宏观环境信息方面具有优势，因此在以探索目的研究阶段二手数据调查尤为有效。二手数据也有一些潜在的问题，如信息过时、信息和要解决的问题之间缺少关联、信息来源不可靠等。

一手资料，是指调查研究人员根据调查项目的需要而专门收集的符合当前目的的新资料；二手资料，也叫原始数据，是指从以往已经存在的大量信息中寻找并挑选出的和当前调研目相关的资料内容。一般来讲，二手资料有可能涵盖许多现有一手资料没有涉及的问题，事前有效利用二手资料能够提高一手资料的收集效率。两类资料在市场调查中经常被结合在一起使用。

定量资料，是指使用数据统计的办法描述研究对象在构成、特征等数据方面的信息，一般用来描述数量较大的对象人群，主要体现总体的数字性摘要信息；定性资料，是指通过文字、图片等非数字的方式，描述少量人群的行为和心理特征等类型的深度信息。

不同类型的资料，对应的市场调查方法也不同。但现在由于市场研究的问题通常都是复合性的，所需资料的性质也趋于融合，因此，某一种市场调查方法在具体应用中，很有可能既要收集定性资料也要收集定量资料。所以，在本书实验项目所涉及的二手资料调查法、观察法、访问法等诸多方法，都适用于各种交叉类型资料的收集应用，具体学习时要注意融会贯通。

以上是针对市场调查方法最基本的分类。还有一些相对比较有特点的方法在市场调查实践中也经常被应用，如固定样本连续调查[2]以及搭车调查[3]等。伴随着以互联网技术为代表的信息科技以及电子技术的发展，具体的调查方法和调查形式也发生着日新月异的变化，出现了各式各样的新型调查方法，如在线调查、电脑调查、手机调查等。调查活动采取什么样的方法首先取决于调查目的，同时也受费用、时间等因素的限制。

> **知识链接　二手数据的来源**
>
> 以下是一些常见的二手数据来源的分类和渠道。
>
> ❖ 书籍期刊，公开出版的各类书籍。
>
> ❖ 媒介来源，各类媒体，特别是行业杂志和报纸提供的新闻报道，如《财富》《华尔街期刊》等财经类杂志，中央电视台、北京交通台等广播电视类媒体。

---

[1]（日）酒井隆著. 郑文艺，陈菲译. 图解市场调查指南. 中山大学出版社，2008：26.

[2] 固定样本连续调查（Panel）：针对基本相同的一组调查对象，在一段时间内连续多次地进行调查，以获得他们对某一态度的变化的追踪研究。

[3] 搭车调查（Omnibus）：将两个被访对象一致但是关注内容完全不同的调查项目，设计在同一份问卷当中，当作同一个调查项目实施的过程就称为搭车调查。

- ❖ 商业来源，如一些企业在市场上公开发送的产品目录、宣传册等商业资料。

以上三类来源的资料由于都是公开发行的，基本都可以免费获得。

- ❖ 专业数据提供商，指一些专门从事数据收集、加工和买卖的机构，如全球知名的民意调查公司盖洛普以及专门从事电视收视率调查的 A·C·尼尔森公司。这部分资料可以通过付费购买或会员制订阅等方式获得。
- ❖ 图书馆参考资料，如索引、年鉴、文献库等，可通过借阅复印等方式获得。
- ❖ 互联网搜索引擎，如谷歌、百度、雅虎、MSN 等，可以进行分类搜索或关键词搜索。
- ❖ 企业的内部资料，如过去的订单、财务报告等。
- ❖ 国家统计局及地方各级统计机构定期发布的各类统计公报和年鉴。
- ❖ 各种行业协会，如中国汽车协会等，提供的行业信息公报。
- ❖ 各类大学研究机构、情报中心。

图 3-3 所示为常见的一些调查方法。

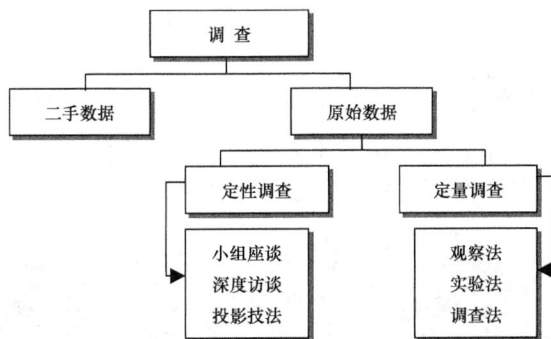

图 3-3 常见的调查方法

原始数据调查有很多种方法，大致可以划分为定性调查和定量调查两类。

定性调查通常用非数字的方法提供关于问题背景的看法与解释，而定量调查则对观察到的现象进行数字化的描述与解释。表 3-2 所示为定性调查和定量调查的比较，从中可以进一步了解这两类调查方法的差异。

表 3-2 定性调查和定量调查的比较

	定性调查	定量调查
目标	提供关于潜在的原因与动机的定性理解	从有代表性的样本中获得量化数据，从而估计总体
样本	少量的样本	大量的
方法	焦点小组、深度访谈	抽样调查
数据收集	非结构化	结构化
数据分析	非统计分析	统计分析
结果	提供最初的理解	建议最终的行动方案

在具体的调查项目实施中，定性调查和定量调查都会被采用，有经验的企业或调查人员会在这两种方法之间保持平衡，充分发挥它们各自的优势。常见的情况是从定性调查入手，获得一些关键问题的基本认识以后，再进一步从大规模的定量调查中寻找答案。

下面我们分别介绍几种典型的定性调查和定量调查方法。

1. 常用的定性调查方法

（1）小组座谈法。小组座谈法的英文为 Focus Group Interview，直译过来就是焦点小组访谈法。"焦点"是指整个会谈过程中必须围绕一个统一的主题进行，所有提问和回答都是归结于这个事先制定的谈话主题，不能偏离；"小组"指的是整个会谈过程的参加者人数众多，是以一个小组为单位展开的主题讨论，因此大家各自的意见发表和小组成员间的相互讨论，成为小组座谈会最重要的信息来源；"访谈"表明了这种形式的调查方法不是一群人兀自坐在那里漫无目的地随心所欲地"乱谈"，而是在专人提问和引导下、一问一答式的"访谈"。这样，小组中势必有一位非常重要的提问者，这也是小组座谈方法比较特殊的地方。将上述释义概括一下，就能得出小组座谈法的基本概念，即众多消费者在一名主持人的引导下对某一主题或观念进行深入讨论，主要目的在于了解或理解人们心目中的想法或原因。由于讨论的内容可能变得很复杂，要尽量做好记录，可速记或录音。同一小组的参加者最好具有一定的同质性，如年龄、爱好、文化、职业等比较相似。主持人要事先准备好询问项目，慎重地选择好被调查者。小组座谈法场景如图3-4所示。

（2）深度访谈法。深度访谈也是定性调查的一种常用方法。它的许多原则都和小组座谈法很相似，例如，对主持人的一般要求、对访问技巧的掌握以及最后的记录、整理和报告撰写等，都非常相似。不同之处在于，深度访谈是一种很自由的一对一的会谈，一般由一个掌握高级技巧的调查人员，用一种比较深入的方式访谈某一个被调查者，以揭示他对某一问题的潜在动机、信念、态度和感情。深度访谈一般需要30~40分钟甚至1个小时以上的时间，事先一般也需要一个访问提纲，但是具体的问题措辞以及顺序则完全受被访者反应的影响。

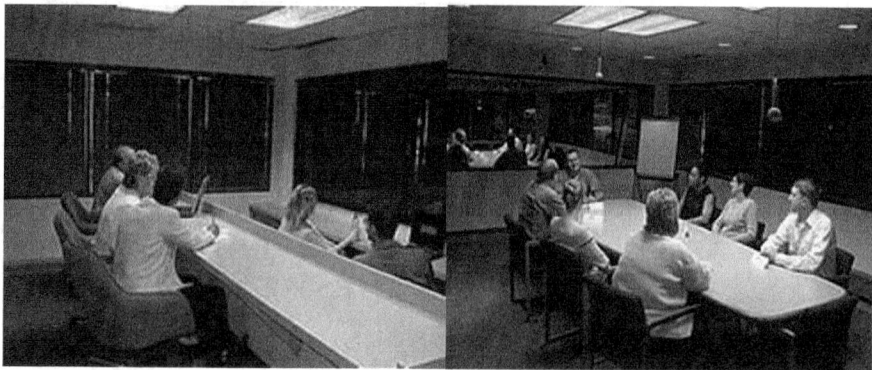

图3-4 焦点小组访谈场景

图3-4中左图所示为焦点小组访谈时的典型场景，居中的主持人正在组织一场由6个人参加的访问，主持人背后是单面镜，在单面镜后边是广告主或者广告公司的代表；如右图所示为他们在被调查者完全不知情的情况下进行观察，记录并分析被调查者的每一个有启发意义的举动和观点。

（3）投影技法。所谓投影技法，就是一种无结构的、非直接的询问形式，它巧妙地隐蔽了调查目的，通过某种模糊的情景鼓励被调查者将他们就某一问题潜在的真实动机、信仰、态度或感情投射出来。这是一种在心理学中相对比较常用的方法，做过心理测试的人都知道，好多心理测试题目都不会直接询问被试，而是通过一些游戏、绘画或者讲故事等比较轻松愉快的方式来帮助心理学家了解研究对象。

投影技法的种类非常多，而且方法本身也处于不断发展变化之中。为方便学习，可将众多投影技法按照其工作原理的接近性分为联想技法、完成技法、第三者技法和结构技法4大类。

① 联想技法。所谓联想技法，就是给调查对象提供一个或多个刺激物，让他进行自由或有

限制的联想，通过联想结果来了解和分析调查对象的心理状态。最常见的是词语联想法，即将某个特定的词语作为联想出发点，让调查者展开联想。从词语联想法还派生出很多不同类型的联想技法，如限制联想法、品牌拟人法、使用者形象法等。具体常见投影技法示例如表 3-3 所示。

表 3-3 常见投影技法一览表

种类	方法	举例
词语联想法	给出一个词汇，获取第一时间内的联想结果	一提到海尔品牌，你马上会联想到什么？请写下你所想到的词语或任何事情
品牌拟人法	以拟人或拟物方式限制联想的方向和数量	如果把以下品牌想象成一个人，你会把它想象成为一个什么样的人？请详细写下你所想到的形象： A. IBM B. 苹果电脑
限制联想法	给出一组意义相关的词汇，要求逐个提供第一联想	关于清洁态度的测试：根据以下 8 个刺激语，分别写出一个你联想到的词语：清洗的日子、清爽新鲜、纯净、擦洗、污秽、泡沫、家庭、毛巾
句子完成法	给出一组没有说完的句子，要求被调查者补充完整	1. 我的手机_____ 2. 新手机很多是_____ 3. 拥有手机最头痛的是_____ 4. 拥有手机最满意的是_____
故事完成法	给出一个讲了一半的故事，要求被调查者自己续完整	一位男士在商店准备买西服，花了 45 分钟终于选中了一套。当他正要购买时，一位店员说"我们现在有打折西服，同样价格但质量更高，想看看吗？"这位男士会怎样做
卡通实验法	在一个特定环境内，要求被调查者指出一个卡通人物会怎样回答另一人的问话或评论	
第三者技法	将第三者（邻居、同事、同学等）作为描述主角，请被调查者评价其行为	同班同学中大多数都使用中国移动的动感地带，也有人使用中国联通的号码。你认为这些人为什么会选择非动感地带的服务
角色扮演法	请被调查者通过扮演某种角色的办法表达自己的看法	请小朋友品尝完不同口味的巧克力之后，通过一个玩具电话，假装打电话告诉妈妈刚才的经历，记录其复述的内容了解其对不同产品的态度
主题统觉测验	提供一幅无主题的画面，让被访者自己命题自己解释，从中发现他们内心潜藏的态度	给在机场候机的乘客看一幅绘有飞机、停机坪、三三两两个人物的画面，请他们描述该画面发生的事情
图片分类	精心挑选一组图片或照片，让被访者挑选合适的图片表达对测试对象的感情和理解	请从以下 30 幅图画中分别挑选出适合你对别克汽车和奥迪汽车感受的画面
绘画测试法	请被访者用简单的图画描述对某一命题的回答	请描绘日常生活中你对付蟑螂的场景和感受

② 完成技法。所谓完成技法，就是给出一种不完全的情境作为刺激，要求被调查者来完成。常用的方法有句子完成法、故事完成法和卡通气泡图测试。投影技法中最终重要的是情境设计，这里的情境即"剧本"（Script），有时候是一个故事、一句话或者一个设置好上下文的对话情境，无论怎样设计，投影技法中的剧本通常是没有结构、不明确、模棱两可的，因为只有这样才能更好地投射出被测试者内心的想法。以故事完成法为例子，当被访者按要求把故事的后半部分续完时，其实已经不自觉地将自己的情绪、认知和判断代入进去，对于同一个故事，不同的人会发展出不同的结果，引起差别的唯一原因就是各自投入的心理状态不一样。因此，故事的前半段在设

计时就非常重要，必须不带任何倾向性和暗示性，才能完成测试任务。

③ 第三者技法。第三者技法也是一种非常简单和常见的投影技法。在这种方法的设计当中，被访者并没有被直接询问其个人的感受和态度如何，而是借助了"第三者"人物的设计，折射出被访者自己的看法。这个"第三者"可以是邻居，也可以是同事、朋友或是很含糊的一个指称——"绝大多数人"，这种方法会让回答者感觉非常安全，仿佛只是在议论与自己无关的他人行为和动机，也正是因为如此，反倒更容易获得真实想法。因此在一些比较容易引起消费者敏感、不好意思或者不愿意回答的设计中，会经常使用第三者技法。有时，针对一些比较特殊的调查对象，如表达能力比较有限的小孩时，也可以通过借助一些巧妙设计的第三者技法来达成调查目的。例如，在一项"糖果口味"测试中，被访对象都是一些小孩，这时给他们提供一个玩具电话，让他们假装给妈妈通电话描述一下刚才经历的测试，就很容易获知他们的真实想法。

④ 结构技法。所谓结构技法，就是提供一幅无主题的情境或是画面，让被访者自己命题自己解释，从中发现他们内心潜藏的态度。这也是投影技法中经常使用的方法之一。这些没有结构、不明确和模棱两可的画面或是情境，有助于让消费者在通过自己的语言表达画面含义时，不自觉地将自己的情绪代入到回答当中。如图3-5所表现的绘画测试结果，就带有很明显的个人倾向。善加分析，就可以得到很有趣的结果。

图3-5　麦肯广告公司通过消费者绘图方法调查杀虫剂的女性使用者们内心深处的一些想法

图3-5中分别是3位消费者描绘自己与蟑螂做斗争的场景，从左至右3幅图的场景描述分别如下："我想如果我一开灯这些蟑螂一下子就像吸血鬼见到太阳一样缩成一团死了，那该多解恨！""蟑螂就像一个吃白食的男人，只要有吃的他就不走""我伸手去开灯，希望灯亮时屋里没人。没准他就坐在桌子旁……我想也许灯一亮他就跑了，可是看不到他就更糟了。"调查结果显示，这些来自美国南部的社会地位偏低的女性们都不约而同地把蟑螂比做男人，表现出她们对生活不满而又缺乏控制的心理状态。调查结果启发营销人员在广告诉求中把杀虫剂比做"武器"，能够帮助女性消费者战胜可恶的敌人，从而获得一种心理上的满足感。定性调查在营销设计中的作用可见一斑。

2. 常用的定量调查方法

（1）观察法。

观察法是市场调查中常用的方法之一。当调查对象自己回答有困难（如对儿童的调查）或是调查人员需要了解客观真实的情况（如在餐厅服务检测时）时，无法或者是不宜通过对目标对象直接访问的方式获取信息，这时就需要调查人员从旁观察或借助特定观察仪器的如实记录来实现信息的获取。作为一种科学收集信息的方法，观察法需要在实施观察之前事先做好充分的准备工作，包括规定好观察方式、观察程序、观察内容等计划或方案，然后对观察对象进行观察或测量，最后对结果作定性或定量记录，来分析被观测对象行为的表现和规律。与一般日常观察的随意性不同，观察法非常讲究事前的准备和计划。在观察过程中，机会只光顾那些有准备的头脑。观察法是在不介入受调查者正常活动的情况下进行的，因此比较客观。

（2）实验法。

实验法是市场调查中非常特殊的一种调查方法，其目的也是获取信息和资料，但设计和实施起来比观察法和调查法要稍微复杂一些。实验法最早是在自然科学中经常应用的研究方法，实验的概念多指自然科学中针对某一原理或规律在实验室内进行的验证过程，如物理实验、化学实验等。其主要目的在于检验相同条件下施加相同的变化是否一定会产生某种特定的结果，后来实验法被尝试用在行为科学的研究中，主要进行行为科学的实验——即检验某种环境刺激和特定行为结果之间的关系。实验法应用在营销领域，主要是在市场调查中进行的实验法，目的在于通过对营销变量的控制与设计，找到营销中真正的因果关系，从而为下一步营销计划的改善提供方向。

（3）调查法。

调查法，也称访问法，是所有调查方法中最常用的一种。这种方法的调查通常依靠事先设计好的、结构化的、统一的问卷进行，调查对象往往人数较多，可以通过当面、电话或书面等方式向被访者提出询问。在众多调查方法当中，访问法是最常用的一种，有时候甚至一提到调查，人们就会自然而然地联想到访问法。

访问法的种类很多，如入户访问、街头访问、电话调查、邮寄问卷调查等，尤其是在今天各种媒介技术都很发达的情况下，还在不断衍生出各种各样新的访问形式，如网络调查、电脑终端自助调查、手机终端调查等。但是，不管具体形式如何，访问法通常可以分为 3 个基本类型，即根据调研人员在访问被访对象时所使用的媒介形式不同可分为个人面访调查、通信工具调查和自我管理式问卷调查。

广告探索

不同"调查方法"的应用

阅读本节内容，在熟悉调查的所有基本方法和方法体系的基础上，挑选其中一个感兴趣的方法，如小组座谈法或二手资料法，对其进行深入研究，然后找到一个相匹配的市场调查项目进行仔细研究，了解某种市场调查方法在实际操作中是怎么应用的。此环节可分小组课下进行。每学习小组 3～5 人，共同商讨完成。要求先确定一个感兴趣的方法；然后通过互联网搜索或查阅相关书籍、报刊等，找到一个比较完整的市场调查项目；接着撰写调查报告或者调查计划书；最后根据所得信息进行分析，了解某种市场调查方法在实际操作中是怎么应用的。

此环节目的在于：第一，锻炼学习者协作能力的同时训练学术分析能力；第二，让学习者对即将展开学习的专业内容有具体和深入的了解；第三，加深对关键概念的理解。

3.3　调查结果的应用——形成消费者洞察

所谓消费者洞察（Consumer Insight）是整个调查实施完毕后，在对调查结果进行分析研究形成结论性发现之后，提取出来的有关消费者对产品或服务最真实的心理需求，这是整个调查项目中最有难度的一部分，同时也是广告策略制定时最重要的一环。消费者洞察与消费者心理密切相关，同时也必须与产品或服务的主要利益点相关，如何从消费者的角度理解产品、品牌或服务，关注消费者在行为、信念、感受等方面一些特别的东西，是广告策略获得成功的重要依据。例如，多芬的"自然、健康、自信就是美"、奔驰汽车的"与有梦想者同行"、安利纽崔莱的"有健康才有未来"、高露洁脱敏牙膏的"拒绝忍受牙酸痛"等广告口号，都是对消费者洞察的体现。"清洁护肤""驾驶出行""维护身体健康""防脱敏"等功能性诉求，只能说明或告知产品所具有的某一种功能，这种功能本身可能并不能提供太多的区别力，力士或者玉兰油品牌也可以做到"清洁护肤"，任何一款汽车都是"驾驶出行"的工具，补充黄金搭档或是养生堂维 E 也可以有助于"身体健康"，至于防止牙齿过敏很多品牌的牙膏都做得到。然而，谁能够真正发现消费者内在的心理需求并在广告中宣称自己能够满足这个需求，谁就掌握了"消费者洞察"这一制胜利器。多芬发现了"真实的就是最美的"，奔驰汽车发现了驾车人心中的"梦想"，纽崔莱从人们对健康的重视洞察出对"未来"寄予的期望，而对高露洁来说，它从最平常的"牙齿过敏"中发现了一个人们习以为常的心理"忍受"，然后在广告战役中大声宣告"从现在起你可以拒绝忍受牙酸痛"。这些例子都是成功发现消费者洞察并形成产品区分的明证。由此可见，消费者洞察在整个广告策划中占有至关重要的地位。洞察经常扮演的角色是找出消费者消费某个产品或品牌时真正的问题所在，是透过现象看到的本质原因。当一个鲜活有力的消费者洞察出炉时，消费者的第一反应通常是"呀！它说得真对！正是我心里面所想的"。有了这份感应，品牌和消费者之间的沟通、联系乃至在将来建立长久的品牌关系才变得更有可能。因此，消费者洞察是消费者"真实内心"与产品品牌价值的高度契合[1]。

图 3-6　北京扬罗比凯广告公司创作的路虎汽车户外广告"高山篇"和"草原篇"

图 3-6 所示，由于深入洞察到路虎汽车用户渴望"亲近自然"的心理动机，作品表现得极具吸引力，因而获得 2010 年戛纳广告节户外广告铜狮奖。

不是每一个调查都能理所当然地得到消费者洞察。之所以称为"洞察"，就是因为在实际调查中存在许多"洞而不察"的现象。消费者洞察往往要超越具体的调查数据，结合对目标消费者深切的观察与体验，去掉多余的东西，最后经过提炼分析转化成真正有效且能够对广告策划产生指导作用的消费者洞察。那么洞察究竟从何而来呢？

一项调查的最后结果通常都与最初的调查设计密切相关。这也是为什么广告策划中最基础的这部分工作，通常都要委托专业的第三方机构来执行。以本章案例中的多芬"真美丽战役"为例证，联合利华公司就专门委托了来自大学和研究所的研究人员形成专家委员会，由该委员会直接参与整个调查项目的设计与实施。仅仅是针对全球范围内的女性价值观调查就实施了 3 次，每次主题不同但又保持了很好的连续性。要想更好地了解消费者，必须事先设计好所关心的问题然后有针对性地设问。如果只是泛泛地调查，基本上很难得到有益的结论。在多芬的调查设计中，通过组建专家顾问委员会、文献回顾、小规模定性调研等方式，很好地锁定了调查研究的重点，这样才使得调查项目最后真正有所发现。

对于调查数据，现在借助发达的统计软件能够很方便地进行数据统计工作。但数据统计结果本身不能代替研究发现，更不能充当消费者洞察。那么，究竟怎样处理数据才能够有发现和收获呢？以下结合多芬调查中的数据来分析。

[1] 沈虹. 广告文案创意教程. 北京：北京大学出版社，2008：89.

例如，图 3-7 中左边的数据显示的是美国女性认为自己的长相属于中等水平以上的人数比例，右边数据显示的是美国女性对自己长相和身材不同满意程度的分布情况。根据数据可以看出，绝大多数美国女性还是比较认同自己的实际情况。但仅就这个数据事实而言，并非是一个巨大的或新颖的发现。

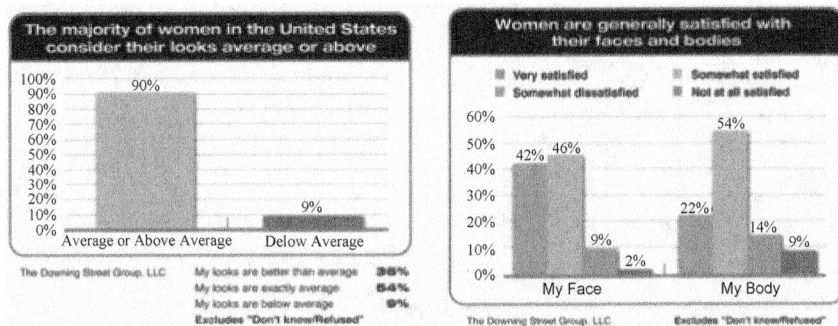

图 3-7　多芬调查结果的两组数据图表

左图为美国女性对自己长相水平的评价；右图为美国女性对自己长相和身材满意程度的分布情况。

如果想要进一步挖掘数据背后的真实含义，还需要结合更多的数据和现实。例如，在该调查的其他数据中还发现：只有 26% 的女性认为当今社会对女性美的标准是合理的；71% 的女性希望媒体和广告能够欣赏不同类型的女性美；79% 的女性认为即便外表不够完美的女性也可以很美；在调查测试的 49 个和女性美有关的态度陈述句测试中，有两句话的认同程度最高 "女人在任何年龄都可以很美"（87%）及 "有内涵的女人都很美"（81%）。通过上面罗列的这些数字可以发现，在同一个调查中可能会有不同的数据结果，但是所有的数据结果都存在一个内在指向。对比参照的数据多了，就能够明确这个具体的方向是什么了。在多芬调查中，数据内在的这个指向就是一种新的不同于大众媒体上常规的关于女性美的价值观念已经开始流行。这说明美国女性的审美价值观倾向于多元化和自我认同，而大众媒介上关于美的陈旧定义模式已经不适合于这个悄悄变化的事实了。因此，从某种程度上讲，调查发现已经能够清楚地显示女性群体已经准备好了接受一种完全不同于媒介模板的新的美的定义。到此为止，才算是完成了数据的挖掘，消费者洞察也才能够慢慢明晰。

第 4 章

广告策划第三步：制定广告策略

"广告所进入的是一个策略为王的时代。在定位时代，发明或发现了不起的事情也许并不够，甚至还不重要。一定要把进入潜在顾客的内心，作首要之图。"

——美国营销专家、定位理论的最早提出者艾·里斯和杰·特劳特

➡ 学习目标

通过对本章的学习，你将能够：
- ☑ 了解广告策略的基本概念及基本步骤
- ☑ 了解广告目标包含的具体内容
- ☑ 掌握制定广告目标的具体方法和应遵循的原则
- ☑ 了解感性诉求和理性诉求的区别和联系
- ☑ 了解广告信息策略的基本概念和内容
- ☑ 了解广告媒介策略的基本概念和内容
- ☑ 掌握制定广告策略的基本程序

➡ 本章任务

假设由你负责万事达卡的广告策略制定工作。那么，首先你需要弄清以下一系列问题的答案。

第一，什么是万事达卡？其产品、服务、品牌形象都是什么？

第二，信用卡产品或服务的消费具有什么样的特点？

第三，万事达卡的主要竞争对手都有谁？目前的竞争局势怎样？

第四，如何才能将万事达卡与竞争对手区别开？它有何独特的竞争优势？

回答清楚以上问题之后，才具备制定广告策略的基础。由此可见，广告策略其实是建立在竞争分析基础上的一个未来的竞争方案。市场竞争如同作战，需要事先进行周密的计划，而知己知

彼方能百战不殆。那么，接下来应该如何制定万事达卡的广告策略？广告策略的制定都包含哪些必须的内容？

任务提示：

（1）访问万事达卡官方网站 www.mastercardinternational.com 或 www.mastercard. com.cn。

（2）搜索有关信用卡市场的基本信息，了解信用卡市场的现状格局。

（3）亲自接触几名信用卡消费者，与之交流了解信用卡产品服务的特点。

（4）总结上述信息，与小组成员交流并展开讨论。

（5）给出你们认为比较合适的广告策划思路，即广告目标、信息策略以及媒介策略，要求能够体现出有效竞争的策略和路线。

（6）对比你们的策划结论与本章案例中实际采用的策划方案，看看都有什么差异。

（7）讨论形成差异的主要原因来自哪些方面？

本章案例

万事达卡"无价"战役——源于平凡的大创意

万事达卡国际组织（MasterCard International）是全球第二大信用卡国际组织，在全球拥有 25 000 家会员银行，拥有超过 2 100 多万家商户及 ATM 机，能为全球约 210 多个国家和地区的消费者及大中小型企业提供完整的金融产品服务。信用卡代替传统的现金支付，不仅简单方便，还有透支、提现、享受消费累计和分期付款等诸多优惠。这意味着只要消费者手持印有万事达标志的信用卡，就可以在全球超过 3 000 万个地方进行消费。从 20 世纪 80 年代早期，万事达卡就开始扩展到世界各地，成为很多国家银行信用卡业的主导力量。

万事达卡的主要竞争对手是维萨卡（Visa）和美国运通卡（American Express）。维萨卡全球广告主题"任何你想去的地方"（Everywhere You Want to Be）牢牢占据信用卡第一品牌的地位。万事达卡在竞争中处于比较被动的地位，仅仅是人们钱包里的第三张卡。万事达迫切需要一个新的形象。1997年，万事达卡放弃了原有的广告战役，在全球顶尖的数十家广告公司中找到麦肯全球广告公司（以下简称麦肯），帮助自己进行形象改变，该公司通过洞察消费者、了解社会价值观变迁、品牌形象追踪等技术，为万事达卡制定出近年来震撼世界广告业的"无价"广告创意，使万事达卡的形象改变策略获得戏剧化的成功。

麦肯对万事达卡品牌形象改变策略的起点是调查分析。为了弄明白消费者对信用卡产品以及不同品牌之间的看法，麦肯启用了自己所拥有的品牌策划程序——麦肯的"销售战略"（Selling Strategy），开始了一场浩大的信息收集与分析工作。他们阅读了万事达卡的年度报告，信用卡支付业的概况总览以及形势分析、战略性营销回顾、市场调查概要、全球问题、尼尔森报告以及目前的广告概念定位，针对万事达卡的行业广告及消费者作了内容分析，并充分彻底地研究了竞争形势。同时仔细阅读和分析了专业调查公司提供的信用卡使用数据、监测报告以及有关信用卡和相关金融服务态度与行为的资料。除此以外，麦肯还实施了 28 场小组座谈，24 个一对一的个人访谈，以及 250 个信用卡用户的电话访问，以增加对消费者的直接感受。除上述手段以外，他们还进行了广泛的社会学调查，来帮助了解品牌背后人们的感觉与情绪。调查得出消费者对万事达卡及其主要竞争对手的个性特征的基本认知（见表4-1）。显然，在消费者心目中万事达卡的品牌特性为中性，而且特点不如竞争对手明显。

表 4-1   对手个性特征的基本认知

信用卡品牌	消费者感知的个性特征
美国运通	会员、商旅生涯、支付卡/专业、世俗、负责任
维萨卡	无处不在、高水准生活、信用卡/社会性、时尚、正在进行式
万事达卡	每一天、平常生活、普通/谦逊、不做作、实际

虽然对一个品牌而言不算好事。但麦肯发现，过去 10 年内美国消费者在态度方面发生了重大的变化——他们所认同的与成功及成就相联系的象征符号与过去大不相同，过去成功的指标是穿华服、奢侈消费等，现在则是对生活的掌握能力和满足感，不追求外在的标榜性消费而是要去寻找真正重要的东西。这样，万事达卡的新品牌形象就有机会占领一个新颖的、更具现代性的品牌阵地，能够比竞争对手更接近今天的消费观。万事达卡的新定位能够表达出当代人一种全新的生活态度，包含如成功、价值观等重大主题的人生态度，而不只是对信用卡以及花钱的态度。通过新定位，万事达卡品牌的中性特质能更有力量和意义。因此麦肯为万事达卡定义了一个新的品牌形象：会花钱的人通过信用卡获取对他们而言真正重要的东西。正因为这一点认识，万事达品牌的核心价值就远比竞争对手更接近当今的消费观念，于是，之前一直被当做缺点的东西突然成为了一种优势。

广告策略确定下来之后，创意人员很快找到了用购物单表现生活中温馨场景的方法，拍摄了第一条广告片"棒球篇"，如图 4-1（a）所示，拉开了万事达卡"无价"广告战役的序幕。

(a) 万事达卡"无价战役"第一则电视广告——棒球篇

伴随父子俩看球的场景，旁白和字幕显示——球票两张：28 美元；两个热狗、两盒玉米花、两杯汽水：18 美元；明星亲笔签名的棒球：45 美元；与 11 岁儿子真正的交流：无价。最后，广告语显示："有些东西是钱买不到的——其他钱能买到的东西交给万事达来办。"（There are some things money can't buy, for everything else there's MasterCard）

(b) 万事达卡的平面广告

广告标题："第 12 届女性高尔夫年度经典赛：无价。"正文：万事达卡是本项赛事中 Reverse Draw 的赞助商，此举目的在于支持儿童救助基金会。

（c）万事达卡无价广告在台湾、新加坡以及北京等地推广的平面设计

图 4-1　万事达卡"无价战役"系列广告在全世界各地传播

　　广告策划中，如果能够发现一个大创意的种子，就能够使得传播信息高度统一的同时，传播成本大大降低。

　　广告画面拍摄得温馨而富有感染力，而贯穿广告影片的核心信息正是人与人之间的情感联系。所有这些日常购买的东西——门票、食物、亲笔签名的棒球等，都与父子情深这一令人难忘的传统有一定的关系。对万事达卡而言，这种广告创意为品牌发展以及与消费者沟通提供了绝佳的机会和空间。万事达卡将品牌定位在发现日常生活中"真正重要东西"这一前提之下。如果没有如此强有力且足够灵活的定位为依据，"无价"战役不可能取得如此巨大的成功。

　　"无价"广告战役的效果立竿见影而且富有戏剧性。消费者们马上作出回应，表现为对广告高度的感同身受以及对品牌喜好度的增加，会员银行则兴致勃勃地评论广告战役中所体现的洞察力以及它如何提升了人们对品牌的认知。"无价"战役确实拨动了人们普遍的心弦，而万事达卡则是这种全球反应的受益者。销售方面，万事达卡的发卡量5年内不断成倍增长，成为很多申请信用卡消费者的首选。市场的成功，与"无价"广告创意的作用密不可分。其实，不管消费者使用哪一种信用卡，货物的价钱不会有差异，唯一差异的在于对信用卡的感觉。万事达卡"无价"广告系列就是在陈述信用卡安全、方便等基本事实之余，通过广告建立一种与消费者有关联的情感诉求来触动消费者。正是这种存在于消费者与品牌之间的情感关系，意味品牌为消费者提供的更多的超乎实际的价值。

　　[案例来源：William F. Arens, Contemporary Advertising（Ninth Edition）, published by McGraw-Hill/Irwin 2004. www.mastercardinternational.com, www.mastercard.com.cn]

学习内容

　　什么是战略？简单地讲，就是企业为在市场竞争中实现可持续发展的一个长期考虑。而广告策略则是企业整体战略主导下的一个分支行动，它必须与营销策划的整体方案保持一致。广告策划的核心是广告策略，广告策略的制定对即将展开的广告传播活动规定了一些需要遵循的根本性方向、原则和目的，具有非常重要的作用。为什么要强调广告策略呢？因为广告传播的核心是信息传播，而实施一项传播计划需要许许多多的人在各种各样的市场上奋斗很多年，这就需要面对行动分散和失调等巨大风险。如果没有一个统一的行动纲领，就很容易造成传播上的浪费或进入传播误区。传播战略是企业对根本性选择的一种深思熟虑的表述[1]，因此要非常小心地提出来，作为制定后续各种创意策略和媒介策略的行动基础。

广告策略的制定基本上分为两个步骤：一是确定广告目标，主要包括本次广告活动希望达到哪些目标，主要针对什么样的目标受众，包括时间、预算在内的主要限制因素有哪些；二是确定实现该目标的基本手段主要包括采用怎样的创意手法，使用什么样的媒介传播形式，怎样安排时间表和经费分配等。以下将分别对这两个步骤展开论述。

4.1　确定广告目标

目标就是希望某个行动达到的目的总和。现代管理中，目标扮演一种沟通和协调工具的角色，是管理问题的关键。在广告策划中，广告目标既是沟通和协调的工具，也是衡量一则广告活动效果好坏的参照标准，没有清晰和明确的目标，想要有效引导和控制整体广告活动，几乎是不可能的。

4.1.1　广告目标的内容

广告主对广告目标的陈述通常都模糊不清，在广告策划书中经常能够看见通过广告"扩大知名度""塑造良好品牌形象""增加销售"等字样。但这些描述，仅仅说明了广告策划活动的一般性作用，并不能作为一个指导广告策略活动的目标或最后的检验标准。一个好的广告目标应该明确、具体而且能够进行测量。

广告目标的内容一般不外乎提高知名度、宣传产品特点、增加信任度、塑造品牌形象以及辅助销售等几个方面。这些任务的排列具有层级性，广告金字塔对广告目标的层级性特点做了非常形象的描述（见图4-2）。

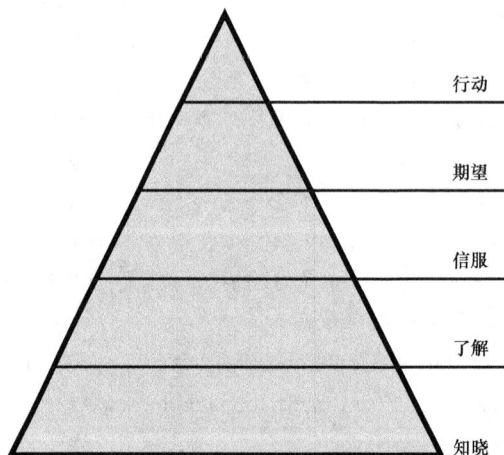

图4-2　广告金字塔

广告主需要根据广告产品的实际情况，合理设置本次广告策划活动的最合适的目标。根据广告金字塔，广告目标一般有以下几种类型。

1. 提高知名度

创建知名度是广告的一个基本任务，尤其是新产品，如果根本没有人知道你们的公司、产品、

[1]（法）雅克·郎德维，阿尔诺·德·贝纳斯特. 綦玉宁译. 广告金典. 北京：中国人民大学出版社，2006：133.

服务或品牌，自然也谈不上了解、喜欢、信任、最终购买等其他广告目标。广告活动中经常把创建或提高知名度当作重要的目标任务，这也是为什么新产品上市期间要求广告播出量特别多的原因之一。

在使用知名度作为广告目标时必须注意，知名度本身是有层级的，可以分为"意识中的首选品牌""无提示的认知"和"有提示的认知"3 个基本等级。必须先知道广告主品牌目前的知名度层级，才能够根据下一步的努力方向制定适宜的知名度提高目标。

最佳知名度就是未经提示就能够出现在消费者脑海中的那些品牌，这是每一个品牌的理想位置。20 世纪 50 年代罗瑟·里夫斯（Rosser Reeves）提出的"大脑档案"理论认为，在人的大脑中存在许多小盒子，分别储存不同的产品和服务，每个盒子里只能装下 2～3 个品牌名称。例如，一提到牙膏产品，消费者就会想到高露洁，这就说明他的头脑盒子里排在第一个的品牌就是高露洁，那么消费者就极可能只买那个品牌。广告的任务就是帮助把尽可能多的客户品牌塞进消费者头脑中的盒子里去[1]。这种排名靠前的知名度是绝大多数广告活动所希望达到的效果。但是不可能每一个品牌都能够成功地挤进前 5 名，因为这需要长时间坚持不懈的广告宣传和品牌积累。市场上也只有少数品牌才能够达到这个知名度效果。对于某次短时间内的广告战役，通常不宜制定这种不切实际的目标。

还有一些品牌的知名度是排在前 5 名以外的，稍加回忆，消费者也能够有印象，称为"自发性知名度"。它通常已经存在于消费者的大脑中，但是排名比较靠后，需要通过广告不断重复和提示来进行巩固和加强。另外一些品牌的知名度则记忆程度很低，需要借助一些提示，如出示名单之类的辅助提示，才能够被想起。这类认知程度比较低的品牌，就有被消费者遗忘的风险，需要想一些办法加以改善。还有一些处于市场边缘的根本不为人知的品牌，对它们而言，尽快建立起自己的知名度才是首要之举。

但是也要注意，知名度也是广告传播中最经常使用但同时也是最容易被误用的目标之一。许多广告主和广告公司都把"提高知名度"作为广告战役的目标，但是仅靠高知名度来推进整体营销是非常不正确的做法。有些企业不择手段地依靠高价聘请明星代言人、通过超级高密度的投放甚至采用有违常规的手段等来提高知名度，如曾经在中央电视台高价竞争的"标王"但如今踪迹全无的秦池酒，就是一个典型的反面案例。高知名度本身并不带来销售，它只意味着消费者知道你而已，如果产品有问题或者其他营销手段跟不上，广告巨大的传播效应只会加速产品的死亡。"好事不出门，坏事传千里"，如果因方法不当得来的高知名度，更是会得到适得其反的效果。

2. 产品功能告知

产品功能告知，是广告活动最基本的功能，也是绝大多数广告活动的目的之一。充分向消费者提供产品信息，大力宣传某个产品的新优点，使消费者不仅知道公司、产品、服务和品牌，还很清楚地认识到产品的功能、特点和销售地点等详细信息，对产品了解得越多，越有可能购买其产品，这类广告目标的重点在于促进了解。关于产品特点、功能及给消费者带来的好处等说得越清楚，就越有可能增加购买机会。

3. 劝服作用

有些广告仅传递一些产品或服务的基本信息还不够，如何让人们相信并接受广告信息才是关键。因此，广告中除了基本信息之外，还需要加入一些强化信息来促使广告受众相信广告产品能给自己带来显著的效用。这些强化信息可以有多种形式，可能是偶像或明星形象说服消费者产生，"你看，连大明星都用这个牌子，我也可以试一试"的内心活动，这是目前在很多广告策略中都

---

[1] 梅琳（新加坡），吉姆·艾勤森（澳）. 钟静译. 从广告新人到广告高手. 北京：高等教育出版社，2005：3.

使用的一种手段；有时则是一组科学数据，如"调查显示，百分之多少的女性都信赖这个品牌"，激发人们的一种从众心理；还有时是做一个对比实验，或是邀请专家或普通消费者来描述自己的感受等。每当出现这类信息表现形式的时候，就说明该广告策略设计的目标之一，就是要说服消费者相信广告中传递的信息。

4. 塑造品牌形象

塑造品牌形象也是广告最基本的功能之一。尤其是对于新品牌来说，通过发布广告来塑造品牌的基本形象，是最自然而然的事情。但对于在市场上已经存在一定时间的广告品牌而言，品牌形象的塑造主要是体现在巩固和活化等方面的功能。所谓品牌形象的巩固，就是通过持续发布新的广告，加深消费者的品牌印象和认知，同时赋予品牌新的内涵，防止品牌形象老化。所谓品牌活化，主要针对那些品牌形象出现老化趋势，目标消费人群逐渐萎缩的品牌，如果打算重塑公司形象甚至可能要调整目标消费者人群策略的时候，就需要制定态度改变目标。例如，本章案例中的万事达卡广告策略，利用全新的广告定位在一段时间内集中发布一系列与以往广告传播完全不同的广告活动，塑造出一个更新、更贴近当今目标消费者的品牌形象，这种做法就是一个典型的品牌活化策略。品牌形象的塑造，很大一部分作用是让消费者对产品产生期待。广告打动消费者并不是终极目的，更重要的是引起共鸣之后，让消费者继续关注产品或品牌，最后，在期待过程中产生下一步的行动。

5. 辅助销售

经历了上述 4 个目标刺激之后，总有一部分接受信息比较完全的消费者或者是被勾起了对产品消费欲望的消费者，选择某种时机采取行动。这些行动可能是持续关注进一步的信息，也可能是咨询和购买，但不管形式如何，最终的指向都是购买。广告发布的时间越长，广告辅助销售的作用越明显。对一些旨在刺激短期反应的邮购或零售广告策划，经常使用销售数字作为广告的目标。这类广告的目的就是不断刺激购买，包括重复购买和扩大购买，总之最后以扩大销售量作为考核标准。通常，伴随一个广告活动周期的结束，可能会有一定销售数量的上升。但是一定要清楚一个事实：销售量的增加往往是营销组合中众多工具组合努力的结果，单纯以销量来衡量广告效果是不公平的。而且，广告活动往往达到的是一个传播效果，即有多少人知道了某个事实，但是人们知道这个事实后是不是真的产生购买结果，却是不一定的事情。"广告是讲，营销是卖"。很多广告活动的效果叫好不叫座，原因不能归结于广告自身。另外，广告还有长期品牌积累的作用，短期销售效果更是无法作为衡量广告效果的准确目标。

4.1.2　如何制定广告目标

一个合适的广告目标中应该包含以下内容。

1. 准确描述目标群体

目标群体就是说明广告是针对谁而做的。目标受众可以通过很多渠道去确定，但需注意，尽量不要让一个广告同时面对很多类型的目标受众，尽管这样做可能会降低成本，但是传播效果也会相应打折扣。广告的信息内容和形式设计一般都要求必须根据目标受众的特点来考虑，因此要找到一个人人都喜欢的广告策略几乎是不可能的。只要广告最主要的目标受众能够喜欢并接受，就足够了。

在同一个广告策略中，很有可能因为目标群体存在进一步的差别，需要将目标群体分解成不同的次级目标群体。因此，一个广告策略中可能包含多个目标、多个活动，这种情形是允许的。例如，动感地带总的目标对象是 15～25 岁的年轻人，但是在具体执行广告策略时，还可以继续细分这一群体，如在校中学生、在校大学生甚至外地考入北京高校的大一新生等，然后再根据每一细分群体的不同再设计更为细致的目标。明确目标群体，可以让整体广告战役的设计更有针对性，使广告目标的制定也更有效果。

2. 明确制定广告目的

广告目的，即本阶段广告活动结束之后可以用量化数字衡量的指标以及时间期限。制定广告目的时要尽量数字量化、精准化，如"在未来半年内，将广告品牌在主要目标对象（15～25 岁年轻人）中的未加提示知名度由目前的 30%提高到 45%"。目标必须制定得非常精确。类似于"销售增加"或"塑造知名度"等模糊的目标不会奏效，必须肯定所制定的目标人人都能清楚理解而且确实可以实现。目标越是无形，在制定书面目标时就必须越清楚，如知名度、喜爱度等。

广告目标通常会涉及知名度、品牌形象感知等心理层面的内容。那么在制定广告目标时也相应分为 3 个层次：认知目标，即通常的知名度、对品牌或产品的了解程度；情感目标，即通常的好感度、喜爱度和品牌形象效果等；最后一个层次是行动目标，即产生购买意向、购买动机和购买行动等。这 3 个目标是层层递进、阶段性存在的：购买通常是源于喜欢，而喜欢则是建立在了解的基础上。制定广告目标时也要考虑这 3 个目标的层级关系。例如，"在未来一年内，使 25%的目标市场广告相信本品牌满足需求的能力；在未来两年内，争取让 30%的 15～25 岁年轻人心目中认为本品牌是毫无疑问的领导品牌。"

在制定广告目标时还要注意，广告目标不等同于营销目标。一般广告目标并不承诺广告播出后会带来多少的销售，类似于要实现百分之多少的市场销售数字，属于营销目标。广告只是实现营销目标的其中一种手段而已，例如，变动营销组合中的价格一项，可能较容易获得市场占有率的增长，降价是比广告手段更能有效达到营销目标的一种方式。另外，在设置目标时注意目标鲜明突出重点，避免设置复合目标，不要指望一次广告活动达到多方面的理想效果。期望越多越复杂或者越高，越不容易达成目标。最后，需要注意广告目标的可操作性，以及与其他营销工具之间进行配合，达到整合效果。总而言之，一个理想的广告目标应该在时间和程度上都很具体。

接下来，在广告策略中应制定出整个广告活动每个阶段应完成的目标。在广告中的策略，主要是指传播策略，其中包含信息策略和媒介策略这两个子策略，在后面的内容中还会详细介绍。

广告探索

"广告目标制定"练习

熟悉广告目标的基本概念，明确广告目标在制定广告策略中所扮演的重要角色，根据本章案例中所介绍的背景，为万事达卡在中国的广告策略制定一个详细的目标，要求满足上述广告目标内容和层级的要求。

4.2　制定广告策略

一旦有了广告目标之后，就可以开始制定策略了。为了实现前述目标，企业会运用各元素——产品概念、目标受众、广告信息和传播媒介——来设计广告策略。所谓广告策略，其实就是详细阐释一个广告活动将计划如何达成目标。美国得克萨斯大学广告学教授杰夫·里查兹曾说过"没有策略的创意叫艺术，有策略的创意叫广告"[1]，这句话清楚地表明了广告策略中所讲求的创造

---

[1] 引自 http://advertising.utexas.edu. Jef I·Richards. "Retort to Ogden Nash",1995. 英文原文：Creative without strategy is called "art".Creative with strategy is called "advertising".

性和科学性。广告策略主要包含目标消费者策略、信息策略和媒介策略几个部分。

4.2.1　目标消费者策略

制订广告策略的第一步就是定义目标市场，在前面已经学习过目标消费者及目标受众的概念。在广告策划中，明确广告是"做给什么人看的"非常重要。尽管广告传播活动是一个很容易造成传播浪费的过程，但明确目标市场有助于将浪费降至最低。

首先，广告策划活动中对目标市场应做到详尽了解，最好能了解到所有与目标受众有关的信息，包括人口统计学信息、地理信息以及季节信息等。在了解目标市场的基础上，广告策划活动中需要提出一个与目标受众需求相匹配的定位。如果这个定位提出得很准确，广告的目的性就会增强很多倍。

其次，要注意目标市场具有的多样性，甚至重合性。有时按照某种单一指标划分的目标市场还不够，还需要进一步细化，区分出初级市场、次级市场乃至核心市场等。有时为了集中传播力量使广告策划效果最佳化，通常会在一般性目标受众中再细分出一个核心目标受众人群，即那些重度消费者、扮演舆论领袖功能的消费者或是消费潜力最大的人群，因为这些人通常具备很大的商业价值或传播价值，争取到这些人就相当于掌握了绝大多数消费者。

确定好目标消费者特征之后，可以通过重点分析他们的特点和需求来设计广告策略方向。例如，可以通过强有力的展示和重复对消费者产生影响，也可以通过信息的形式与内容吸引和诱惑消费者。其中前一种策略是很常用的广告策略，即便在广告整体创意不是非常突出的情况下，也可以通过大量投放达到预期效果。例如，李维斯牛仔裤的广告（见图4-3），红色的裤标被不断重复，识别性非常强，加上对个性的适度标榜，目标消费者就非常认可。后一种策略也很常见，它主要利用了广告创意中"意想不到"的表现力，达到吸引客户注意的效果。这类广告策略由于创意性特别强，即使不通过特别大量的广告投放，也能够得到很好的传播效果，如阿迪达斯的户外真人秀广告（见图4-4）。

图4-3　李维斯牛仔裤的广告

无论平面广告还是户外广告，红色标志识别性非常强。加上对个性的适度标榜，目标消费者就非常认可。

吸引消费者的方法有很多，需要研究目标消费者的特点予以采用。一些常规做法就很有效：男性喜欢欣赏美丽的女性，女性喜欢看见性感的男性，婴儿是妈妈的最爱，而小动物则令大多数人轻松愉快。因为这些方法总是有效，所以现实生活中大量的广告都在使用这些规则。例如，纸尿裤和奶粉的广告中一定要有孩子们可爱的形象等。多乐士油漆是运用这一规则比较成功的案例（见图4-5）。

图4-4　阿迪达斯在日本东京街头设计的户外真人秀广告

图中的广告牌上是真实的两个人在表演足球。该路牌吸引了过往人群的极大关注。

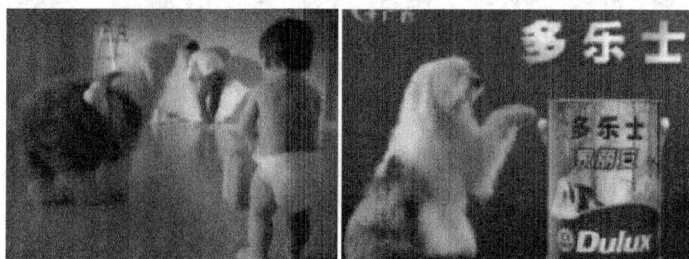

图4-5　油漆广告

使用长毛狗形象已成为多乐士油漆广告画面必不可少的元素。一方面是为了吸引目标消费者的注意引起好感，另一方面也暗示了油漆环保无味的特质。

当然，也有一些消费者就是喜欢非常规的方式，这就要求广告策略设计时要特别迎合这类需求，注重趣味和变化，甚至是挑战常规。这方面有个成功案例——瑞典的绝对牌伏特加广告。广告信息故意设置得简单而含糊，引起消费者们极大的关注，去琢磨去猜测广告到底想要表达什么意思，因为广告有趣而别致，欣赏和收集绝对牌伏特加广告成为发烧友们的一种广告游戏（见图4-6）。

图4-6　绝对牌伏特加早期的两则广告

一则标题为"绝对完美"，另一则标题为"绝对吸引力"，至于这两则广告究竟想说明什么信息，需要读者仔细猜想和回味。之后的一系列广告都延续这个风格，因而成为广告史上少有的富有魔力的广告作品。

现在依然有很多广告在沿用这种"游戏策略"，在今天这个信息爆炸的时代，一些颇具特点耐人寻味的广告，总是很有市场。例如，泰国的这则洗涤剂广告（见图4-7），就巧妙地利用了视觉图形错位的游戏。

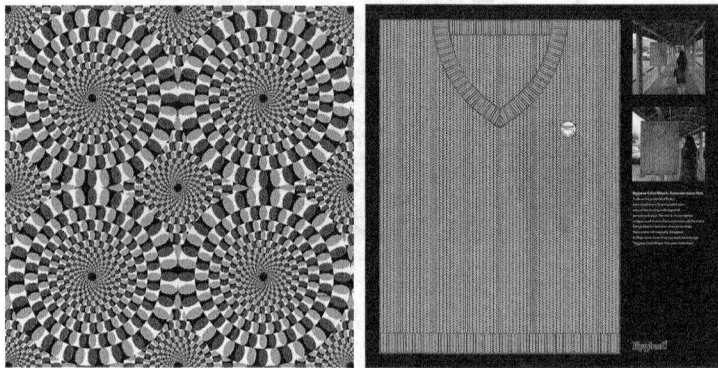

图4-7　利用视觉错觉吸引人们驻足关注，也是近年广告策略中经常使用的方法

4.2.2　广告信息策略

在制定广告策划活动时，一旦明确了广告目标和目标消费者，接下来就必须确定广告中到底应该与这些目标消费者沟通一些什么内容，称之为信息策略。这些信息内容包括广告产品的主要诉求利益是什么、广告品牌的个性如何、试图给消费者传达什么感觉、希望他们采取如何行动等。

前面描述的目标消费者策略相对比较表面，主要根据目标消费者可能的喜好来设计广告策略。而事实上，考虑消费者对广告的根本需求也很关键。关于需求最著名的理论当属20世纪60年代后期美国学者马斯洛（Abraham H·Maslow）提出的需求层次论。该理论认为人类必须满足生理、安全、爱、尊重和自我实现5个层次的需求，才会感觉心理上达到平衡。一切人类的行动都基于各种层级的需要，当较低的需要满足后，更高层级的需要才开始活动。广告信息策略的设计也因消费者需求的层次不同而分为两类：一种是以劝服性和信息性为主的功能型广告；另一种是以暗示性信息为主的动机型广告。

对于功能性广告，主要采用的是理性诉求策略，这种广告主要采用事实、演示和说明论证来说服消费者，广告信息围绕品牌和产品的实用功能展开，采用的是直接劝服的路线。一些功能性较强的产品，如洗衣粉、家用电器等都比较适合这类功能性的广告信息策略。对于主要通过暗示信息达到劝服目的的动机性广告，则主要采用塑造感觉、营造氛围等方法深入消费者的消费动机，它不直接陈述产品的利益而重点展现使用产品后可能带来的心理感受，对于香水、酒精饮料等这类心理背景比较丰富的产品，动机性信息策略显然比较适宜。

广告信息策略表现为广告中的诉求方式，就是广告主和广告代理商们经常使用的、最基本的两种诉求方式：理性诉求和感性诉求。理性诉求（Rational Appeal）指的是用建立在事实和逻辑基础上的广告信息来吸引消费者。许多理性动机，如舒适、方便、经济、健康以及诸如触觉、味觉、嗅觉上的好处等都可以作为广告理性诉求的基础[1]。感性诉求（Sentimental Appeal）是在广告中利用感受和情感作为吸引和说服消费者的主要手段，人类的各种精神感受，如快乐、感动、对某种生活态度或价值观的认同等都可以作为感性诉求的基础。

理性诉求能够给消费者提供明确的信息，促使他们从实质上理解广告品牌与其他品牌之间

[1] 何辉. 当代广告学教程. 北京：北京广播学院出版社，2004：220.

的差异点所在。威尔巴切尔（Weilbacher）把理性广告诉求分为产品特征诉求（如李维斯牛仔裤的贴身剪裁设计）、价格诉求（如麦当劳新产品的特价促销广告）、新闻诉求（如宣传梅塞德斯－奔驰公司赞助德国青少年足球发展计划的广告）、产品/服务普及性诉求（如金龙鱼大米的"选好米有稻理"）和竞争优势诉求（如美国优先快递声称自己比联邦快递、UPS 费用更低的广告）。理性诉求广告是很长一段时间以来，产品塑造自己差异化形象的最常用的手法。但是这种诉求方式也有它致命的缺陷，如感染力差、当产品缺乏强有力特点时显得很无力等，尤其是在产品同质化程度越来越高的今天，广告担负着越来越重的品牌传播重任，无话可说经常是广告所面临的困境。

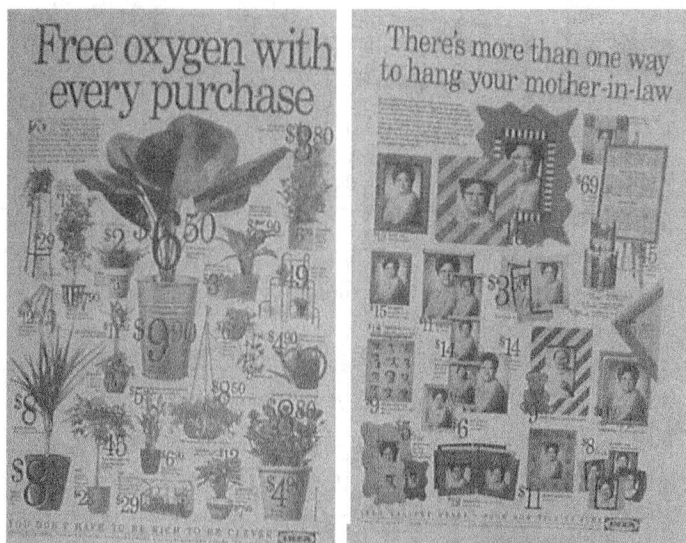

图 4-8　宜家家居在新加坡发布的平面广告

图 4-8 中，左图标题为"每买一盆绿色植物就可以获得免费氧气"，右图标题为"不止一种把丈母娘挂起来的好办法"，广告产品分别是绿色盆栽和相框，产品、价格和功能是广告的主要诉求点。

感性诉求则是通过感性的氛围或主张接近消费者的内心，让他们参与或者分享产品或服务所带来的某种愉悦的精神享受，使之与品牌之间建立情感联系，从而对企业、产品或服务产生情感化的偏爱。许多感受或情感都可以作为感性诉求的基础，如爱情、亲情、乡情、友情、怀旧、陌生人之间的交流等都能引起人们的共鸣，还有一些喜怒哀乐、恐惧、担忧、自豪与满足、道德感、美感等更细微的感受也都能让人感动。这些元素被广告采用，往往能使广告成为刺中消费者心灵的利箭。广告中快乐、幸福、满足、温馨等场景也很容易感染消费者。有人总结过广告中感动观众的 10 种方法，有刻意煽情、挑动恻隐心、营造淡淡哀愁、勾起同情心、记录真实、重现典型悲剧、塑造理想情境、含泪的微笑、甜中带酸。具体到实际应用中，感性诉求的广告内容应贴近现实生活，才能为受众所体验。感性诉求广告忌过分利用甚至滥用情感，做作、缺乏真诚的情感只会令消费者反感。而且，感性诉求的广告很容易舍本逐末，让人在感动的同时忘了产品，因此，必须将情感和广告产品紧密结合，同时又不牵强附会，影响广告的效果。

那么一个产品究竟应该采用理性诉求还是感性诉求呢？通常没有既定之规。一般来说，那些比较复杂的、价格昂贵的、购买决策时卷入度较高的产品，如汽车、计算机、房地产等，需要提供一些明确的利益点给消费者，这样才有可能引起他们的关注和拉动购买；那些比较简单的、价格低廉的、购买决策时卷入度较低的产品，如普通饮料、贺卡、香烟、啤酒等，这类产品通常同质化程度较高，如果在广告中诉求产品的某个利益点，可能不太能引起人们足够的兴奋，通常会在广告中表现出产品的个性特色，以此来吸引消费者与之沟通。

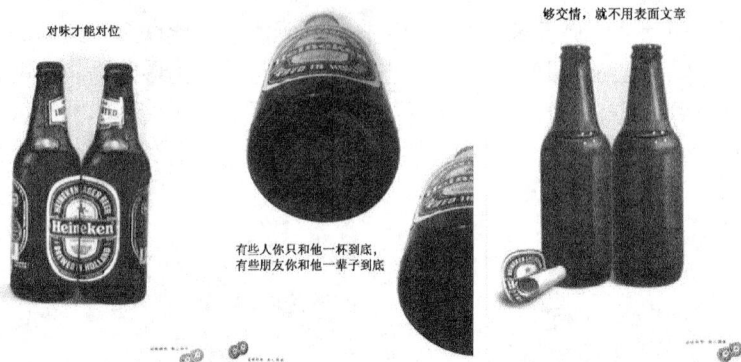

图4-9　喜力啤酒的系列广告

图4-9所示的广告标题分别为"对味才能对位""有些人你只和他一杯到底，有些朋友你和他一辈子到底""够交情，就不用表面文章"。3则广告都没有出现有关产品的具体信息，但通过酒瓶设计传递出的价值观，却和喜力啤酒的目标受众非常吻合，广告主要采取的是感性诉求的信息策略。

不过，这种说法也并非绝对。有时便宜的东西也可以把产品特征描述得头头是道，昂贵的东西也可以只诉求某种感觉，因为今天的广告往往是整合营销传播的一部分。在传递信息和情感方面，广告作为一种手段可以和其他如促销、公关等工具相互配合，协同增效。纽约雪城大学的约翰·菲利普·琼斯（John Philips Joans）教授认为，所有成功的广告都是感性价值与理性价值的结合体（见图4-10）。他还说，"有效的广告会在感性的外表下包含理性的论点。广告影片中的感性特质能够抓住人们的注意力，而理性内容可以引发行动。[1]"

图4-10　新加坡尚奇广告为宝马X5越野汽车创意的系列广告

主要在新加坡当地的华文报纸上刊登。画面上的文字分别是"纵横驰骋""登峰造极"和"跋山涉水"。广告巧妙利用了中国山水画来体现产品良好的驾驶性能和环境适应性，同时也拉近了与华人消费者之间的心理距离，是理性诉求和感性诉求巧妙融合的成功例证。

---

[1] 梅琳（新加坡），吉姆·艾勤森（澳）. 钟静译. 从营销沟通新人到营销沟通高手. 北京：高等教育出版社，2005：87.

一些研究发现，几乎没有一种购买行为是完全基于理性原因的，哪怕是一些纯粹功能性的产品也能提供给人们一些情感方面的利益。消费者会根据广告提供的一些隐形或显性的提示来判断品牌的个性，然后与品牌建立起感觉或情感关系，而且，品牌和消费者之间最牢固的关系就是基于对品牌的感觉或情感。当消费者与某些品牌建立起了情感式的捆绑关系，这种关系会引导消费者朝着有利于品牌的方向进行各种心理活动。例如，可口可乐曾经试图更改产品配方，由于消费者已经很熟悉可口可乐并建立起一套固定的品牌认识，他们就会坚决抵制这种改动。品牌的一半属于生产厂家，一半属于消费者。

制定信息策略时，还需要明确竞争对手在做什么以及他们的定位是什么。这部分工作也很重要，竞争对手以往的广告作品通常都很有用处，仔细研究并从中发现竞争对手已经使用过的信息策略、手段以及他们的行动方案，将非常有利于广告产品信息策略的部分有的放矢。

确定好广告策划的主要内容以后，就需要对沟通此内容最佳的有效方式进行决策。例如，选择什么类型的明星作为品牌代言人，广告调性的确定，包括特定的文字、图像等，这些内容都包含在信息策略的范畴之内。信息策略主要关系到"广告准备说什么"的问题，至于如何实施则需要进一步详细的考虑和设计。

广告探索

"制定广告信息策略"练习

熟悉信息策略的几种基本类型，明确信息策略在广告策划中的作用和地位。在上述理论指导下，分析万事达卡在中国市场的广告策略制定过程中，应当采用哪种类型的信息策略比较合适。提出你的方案，并与小组成员共同讨论，比较一下你们小组提出的信息策略与其他小组提出的方案有什么不同，并分析理由是什么，在选择合适的信息策略时，什么才是最后依据的标准。

4.2.3　广告媒介策略

广告媒介策略涉及投入多少钱在媒体上支持广告活动，选择哪些类型的媒体，选择哪几种具体的媒介载体，在什么时间发布广告，应如何安排资金在不同媒体间分配的比例和额度，如何保证广告在媒介上出现的总数和频次能达到广告目标所制定的最终效果等内容。广告公司或广告主的媒介部门工作人员在制定媒介策略过程中，主要任务是要确保广告信息准确有效地到达目标受众，无论哪种类型的媒介策略都会涉及媒体选择的问题。在广告中如何恰当有效地使用媒体需要专门的学问——既要有对市场、目标受众的了解，还包括对各种媒体优缺点的了解。媒介策略必须与整体营销策略相配合，才能够充分发挥出各种媒体作用。

媒体策略的制定通常需要完成以下任务。

（1）选择目标受众，即明确广告的收看、阅读人群具备哪些共同特征。

（2）明确媒介目标，即确定在所选媒介上以何种方式发布何等数量的广告才能完成广告目标所要求的效果。

（3）选择媒介类型，即选定具体的某个媒介，如《北京青年报》或《世界时装之苑》杂志等。

（4）购买媒介，即在规定前置时间内与所选媒介签署购买广告空间的合同。

媒介策略所有要考虑的事情中，第一件就是"应该用什么样的策略发布广告"，这也是媒介计划的主要工作内容。制订媒介计划时应当尽可能了解客户所属行业、所售产品类型、目标市场、广告战役的目标、执行周期以及该时期内的广告表现力度。并且，所有上述考虑都必须在预算内完成。在制定媒介策略过程中，还要特别注意以下几个问题。

第一，了解不同类型媒介的特点。要为广告制订合适的媒介计划，头一门必修课就是了解各种媒介的优势和劣势。例如，电视广告能够给人产生印象深刻的效果，当广告试图在短时期内快速影响大多数人时，电视广告是比较适合的选择。但电视广告也有它的弱点，电视广告的制作成本也是所有广告类型中最昂贵、花费时间最长的。这表明，当广告预算有限时，电视广告不是一个合适的选择。广播广告是一种到达固定目标受众的最佳媒体，制作周期短、成本低廉，但广告传播效果比较差，当广告的时间紧迫、预算有限、信息单纯或者受众恰好符合某类广播节目的时候，广播广告不失为一个很好的选择。杂志广告是目前细分程度最高的一种媒体，杂志的图片再现是所有媒体中最棒的，尤其是色彩方面。杂志还是夹带优惠券或样品试用装的最佳媒体。杂志广告最大的问题是频次较弱，最频繁的周刊杂志也是一周一次。如果客户的广告内容是活动赞助、限期促销等内容，有明确的时间限制，就不适合在杂志上刊发。报纸广告最大的特点是可以做到短时间内在一定范围内的快速传播，如每天发行的日报、晚报等；报纸广告可以承载比较详细的信息，而且，现在很多读者习惯于把报纸当做获取各种信息的快速渠道，因此许多零售商都喜欢选择报纸媒介刊登广告，这样就可以对当地市场产生快速有效的渗透。报纸广告的不足之处在于印刷质量不够精细，报纸的阅读人群比较广泛，细分程度不如杂志明晰。当客户的广告需要高质量的视觉画面，需要面对更细致的受众时，就不适于在报纸上刊登广告。

除了以上传统的媒体类型之外，今天的媒体样式已经有了很大的发展。媒介类型日渐丰富，媒介数量不断增长，各种媒介之间出现了越来越多融合的机会，许多传统的媒介面临挑战的同时也焕发出新的生命力。在制定广告媒介策略时，要及时吸纳这些新媒体的新特性，创造性地为客户品牌增添价值。

图 4-11　新媒体形式层出不穷

图 4-11 所示的左图为立顿瓶装茶在地铁媒介上发布的品牌专列广告，极具视觉冲击力；右图为宜家家居在魔方上的广告，好玩的同时传递了适宜的广告信息。

第二，善于使用不同媒介的组合。这部分内容在第 7 章"整合营销传播"中还会详细介绍。但在制定媒介组合策略的时候，一定要注意选择不同的媒介类型，并将它们有机地组合在一起（见图 4-12）。只是，一旦制订出媒介计划，工作重心便开始转移到媒介购买身上。媒介空间是一种交易商品，广告价格中通常含有折扣，且媒介价格时有波动。媒介人员的工作就是熟悉这些趋势，与各家媒体的工作人员保持密切关系，最终完成购买过程。

杂志广告（美国）

户外广告牌（美国圣弗朗西斯科）

地铁广告（中国北京）

地铁台阶广告（加拿大多伦多）

图 4-12　苹果电脑公司的 iPod 音乐播放器在世界各地不同媒体上采用相同的信息模式

4.3　确定广告实施方案

基本的广告目标和广告策略制定下来之后，需要制定完整的广告实施方案，书面形式的广告实施方案就是第 2 章学习过的广告策划书。实施方案中的预算分配和实施计划非常重要。

通常，广告目标和基本策略体现的是广告代理公司对广告主、市场、消费者的总体理解、把握以及综合运用营销广告工具的能力，这些基本结论都需要与广告主进行充分沟通并达成基本共识，并在此基础上制定进一步更细致的广告实施方案。方案部分则体现了广告代理公司实际操作的工作能力和把握中心思想的能力，也是客户重点审查的部分，因此同样不可掉以轻心。

第 5 章

广告策划第四步：形成创意作品

"我开始做一个广告计划之前，先要花大量的时间来研究产品，以便充分了解它的特性。我要做大量的调查工作，让我的意识被信息填满，然后完全放弃理性思索，将一切从头脑中排除掉。还可以洗一个热水澡，做一次长途散步，或者吃一顿饭，喝半瓶葡萄酒，这些方法很管用。这时候我的潜意识会突然给我一个信号，说'给你一个创意……这样做怎么样？'创意必须切中主题，所以我的下意识首先必须占有大量的信息。我发现，有故事的广告画面会吸引人去看，然后他们才会购买这个产品。"[1]

——大卫·奥格威

学习目标

通过对本章的学习，你将能够：

- ☑ 了解广告创意的概念及作用
- ☑ 了解广告创意的工作流程
- ☑ 掌握判断和评估一则创意的一般性标准和方法
- ☑ 了解广告公司中创意部门的结构和工作流程
- ☑ 掌握广告文案创意和图像创意的实施要点
- ☑ 认识和掌握布局图、故事板、脚本等广告创意工具的使用
- ☑ 认识创意和媒介之间的关系
- ☑ 掌握产生创意的一些逻辑思维特点方法

---

[1]（美）大卫·奥格威. 林桦译. 一个广告人的自白. 北京：中国友谊出版公司，1991：1.

本章任务

在本章任务中，假设服务对象是本土客户李宁品牌。毫无疑问，李宁是近几年本土品牌在品牌营销、广告创意、市场开拓等诸多方面均表现非常优秀的品牌之一。留意李宁品牌在 2010 年 8 月实施的最新广告战役中都发生了哪些变化？

第一，李宁标志发生了细微的设计变化。

第二，李宁自创始以来使用的广告语"一切皆有可能"变成了"让改变发生"。

第三，李宁主要瞄准的目标对象，在新的广告战役中被明确定义为 1990 年以后出生的年轻人，广告标题就是"90 后李宁"（见图 5-1）。

图 5-1　李宁原来的标识、口号和新标识

更换新 Logo 的同时，李宁的品牌口号也替换为"Make The Change"（让改变发生）。新 Logo 延续了旧版的视觉形象，以一个飘动的英文字母 L 构成主要画面，同时看上去更像一个"人"字。李宁希望用"人"的形象来诠释运动价值观，鼓励每个人透过运动表达自我，实现自我。

从 2010 年第三季度开始，李宁公司开始全面更换新的 Logo，包括李宁运动鞋、服饰、配件和球类在内的所有产品线，以及全球的李宁专卖店都将使用新的标志。那么，这些变化到底意味着什么？随着策略的变化，新的广告创意应该怎么做？如果是你来帮助李宁完成最新一轮的广告创意，你会怎么做（见图 5-2）？

图 5-2　策略调整后的李宁广告的两组形象

一组是美国 NBA 篮球明星奥尼尔、羽毛球世界冠军林丹和俄罗斯撑竿跳冠军伊辛巴耶娃组成的"90后"体育明星；另一组是现实生活中遇到了诸多困惑的"90 后"普通人。广告语"让改变发生"有效洞察了新一代年轻人期待自我肯定，渴望主宰自我心理的特征。

在广告策划方案中，创意策略这部分主要解决"说什么"的问题，也是整体广告策略的核心之一。这部分需要提交指导性的创意思路以及具体的广告创意作品。

任务提示：

（1）尝试通过多种渠道多了解李宁这个品牌和它既往的广告表现。

（2）分析、提炼并掌握李宁品牌和竞争对手最主要的差异点在哪里。

（3）召集同学或邀请你认为合适的教师成立创意小组。

（4）根据现阶段李宁品牌的要求，提出你们认为合适的创意策略。

（5）以集体研讨的方式产生创意点，记录并从中挑选优秀的想法完成广告创意。

（6）将创意完善成适合不同媒介的广告作品，展示、修订并进行评估。

（7）体会整个创意过程中最艰难和遭遇困扰最多的步骤。

（8）带着自己对李宁品牌的理解完成作品阅读、本章案例以及本章正文。

本章案例

李宁——在变化中保持不变的创意策略

李宁公司是国内当之无愧的体育品牌"领头羊"，从创业到今天，李宁品牌的经营之路并非一帆风顺。李宁公司是如何成为国内体育行业的"领头羊"的呢？注重消费对象的深入研究和应时而变的品牌策略是李宁成功的重要原因。

李宁公司发展史上最初一次品牌重塑的时间是在2002～2003年，当时的李宁品牌瞄准的核心客户群是本土消费者，为避免与实力强大的跨国公司迎头相撞，土生土长的李宁公司把目标紧紧锁定本土成长起来的体育运动行业和年轻人。这一点至关重要。为了解消费者对品牌的认知，李宁公司举行了32场消费者座谈会，努力挖掘消费者对李宁品牌的想法。经过定性和定量的研究，最后发现消费者更看重的是运动和潜能的关系。通过对消费者的调研，一个关于李宁的新的品牌个性渐渐浮现出来了，那就是"一切皆有可能"。于是，2003年，李宁正式提出"一切皆有可能"的广告主题，并把目标对象进一步明确定位为20世纪80年代出生的年轻人，并挑选了篮球等年轻人特别喜爱的项目与中国品牌紧密联系在一起。在调整品牌推广战略阶段，除了保持李宁品牌的"东方元素"本色之外，不断加大赞助力度，使得"一切皆有可能"广告主题深入人心。直到2008年北京奥运会李宁担任点火火炬手这一事件，将李宁品牌的"一切皆有可能"的理念推至顶峰。李宁本人和李宁品牌同时站到了世界人民的面前，李宁品牌也完成了本土品牌国际化形象的重塑过程（见图5-3）。

图5-3 李宁品牌创始人及海外旗舰店

前中国国家队体操运动员李宁是李宁品牌的创始人，世界冠军的光环本身就是李宁品牌资产的一部分，2008年北京奥运会的点火火炬手事件更让李宁品牌万众瞩目。右图为李宁运动品牌成立20周年前在新加坡开设的首家海外旗舰店，主要以羽毛球相关的运动装备作为主打产品。

富有创意的广告，一直是李宁塑造品牌形象的有力武器。最初强调李宁"中国元素"的一系列广告——飞甲篮球鞋"水墨篇"、NBA皮影戏"飞人篇"以及"李宁弓"电视广告，获得了中国广告协会主办的第十三届中国广告节长城奖的4项大奖。在中国元素国际创意大赛中，李宁凭借"水墨篇"夺得代表全场最高荣誉的"全场大奖"以及德国iF design Award China 2006工业设计大奖。后来的明星代言、国家运动项目的赞助等系列也完成得有声有色，如图5-4所示。针对不同的细分市场，设计更具有沟通力的广告，从图5-5中可以看出李宁在针对女性消费者的品牌沟通方面独特的视角和效果。

图5-4　挑选有潜力和魅力的运动明星代言并赞助，是李宁品牌一贯的策略之一

图5-5　李宁在不同时期针对女性消费者创作的系列广告

如图 5-5 所示的广告主题分别为"运动，让女人发现更多""倾听内在的声音""试着和你的身体沟通"和"试着和你的身体和平共处"。重视与细分消费者群体的沟通也是李宁一贯的品牌之道（见图 5-6）。

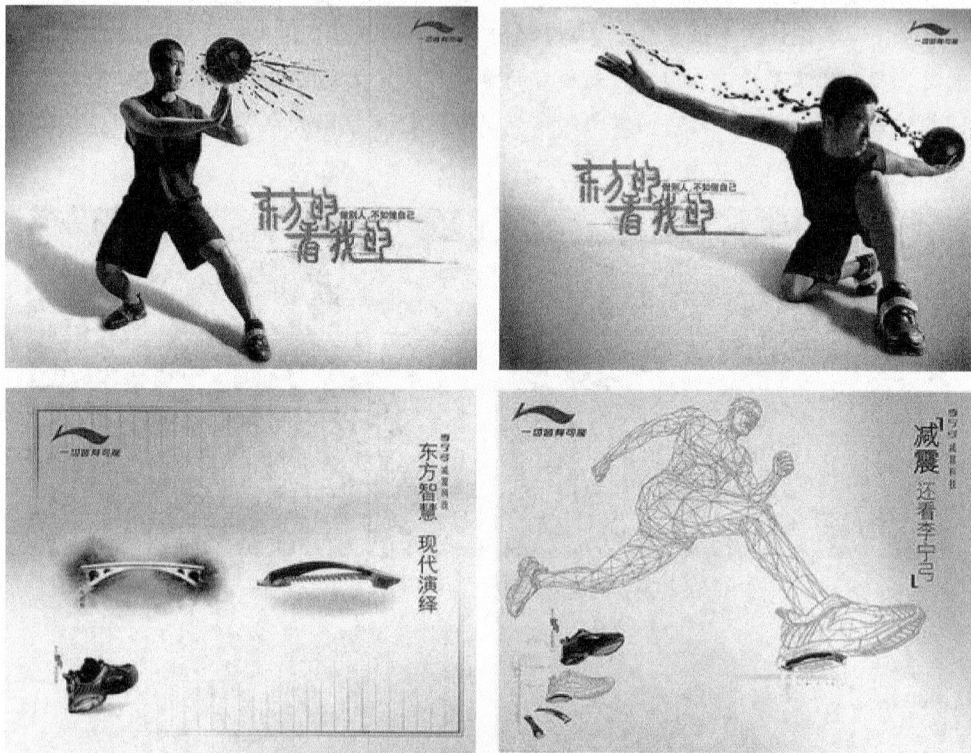

图 5-6　李宁的中国元素系列广告

尝试收集并分析现阶段李宁在新策略指导下的广告创意作品。看看这个在我们身边成长起来的日渐国际化的大品牌，如何通过独特的广告创意有效保持和今天消费者的沟通，从而树立卓越的品牌形象。广告创意，正是这一章所要探讨的重点。

学习内容

创意是整个广告行业最迷人和最富有吸引力的地方，很多人都是因为广告行业充满创意而投身其中的。过去的广告公司只要拥有媒介资源便可以生存下去，但在今天，缺乏创意竞争力的公司将很难生存。广告行业是少数几个依靠创造力生存的行业之一，创意则是广告公司最重要的经营资源之一。BBDO 的前总裁曾说："创造性是广告公司生存的理由。越是好的创意，越能够改变消费者的意见和态度，唤起行动。广告主选择广告公司的基准，就是这种无可替代的创造性。"奥格威也认为，"要想吸引消费者的注意力并促使他们购买你的商品，那需要一个大创意。除非你的广告有这样的大创意，否则，他们就如黑夜里的航船一般悄无声息地经过。恐怕大创意很难占到广告创意的百分之一。"

既然创意非常重要，而事实上能够拥有优秀创意的成功案例又很少，这从一个侧面反映出广告创意过程的复杂性和获取好创意的艰难性。那么，什么是创意？什么又是大创意？创意从何而来？如何判断和评估一则创意的好坏？如何在广告的各个环节中强调创意？广告公司中创意工作的一般性流程如何？创意部门如何与其他部门协同工作等都是本章关注的问题。

5.1　创意概念

关于创意的概念众说纷纭，任何新鲜的点子、主意，似乎都可以被冠以创意一词。特别是今天，"创意产业"成为一个热门词汇，电影、动漫、服装、音乐、新闻出版、公关、广告、策划、设计等领域都声称属于创意行业。甚至，普通个人也可以使用"创意"来设计发型、搭配衣服、制作简历等。创意，几乎成为一个被滥用的词汇。但是，需要注意的是，在所有出现"创意"概念的场合中，广告行业的确是较早开始使用"创意"一词作为工作语言的。

在广告行业，"创意"特指广告人员对广告活动进行的创造性思考之后，为达到广告目的对未来广告的主题、内容和表现形式所提出的创造性主意[1]。例如，图 5-7 所示为世界知名化工企业巴斯夫在中国市场发布的一系列企业形象广告，广告设计人员创造性地想到了通过油漆桶拼出的花朵、汽车零件拼出的蝴蝶表现其油漆制剂产品和汽车塑料制品对人类和环境的友好性；通过小朋友的形象，展示其生活用品的方便性和对下一代的特别关注。所有广告作品都冠以"××爱上××"的统一句式标题，广告作品因此显得具有整体性，而广告表现力也得到了强化。注意，在这 4 幅作品中，每一个画面、每一种色彩、包括每一个措辞和布局的每一个细节等，都是广告创意人员精心思考和设计的结果。可以设想，如果不是采用这样一种富于创造性的表现方式，而只是用简单词语和未经设计的画面直接陈述出同样的意思，广告效果将会怎样打折扣。这正是广告创意的魅力所在。广告创意的手段主要体现在画面和文字的设计编排上，它们对广告信息具有强大的修饰和增效作用。有创意和没有创意的广告，往往就体现在这些细小的差别上。现在，再回到本段开头对广告创意所下的定义，广告的本质就是叫卖，但是必须是一种经过创造性修饰的叫卖，如果没有广告，世界上的叫卖将是非常枯燥乏味的一件事情。

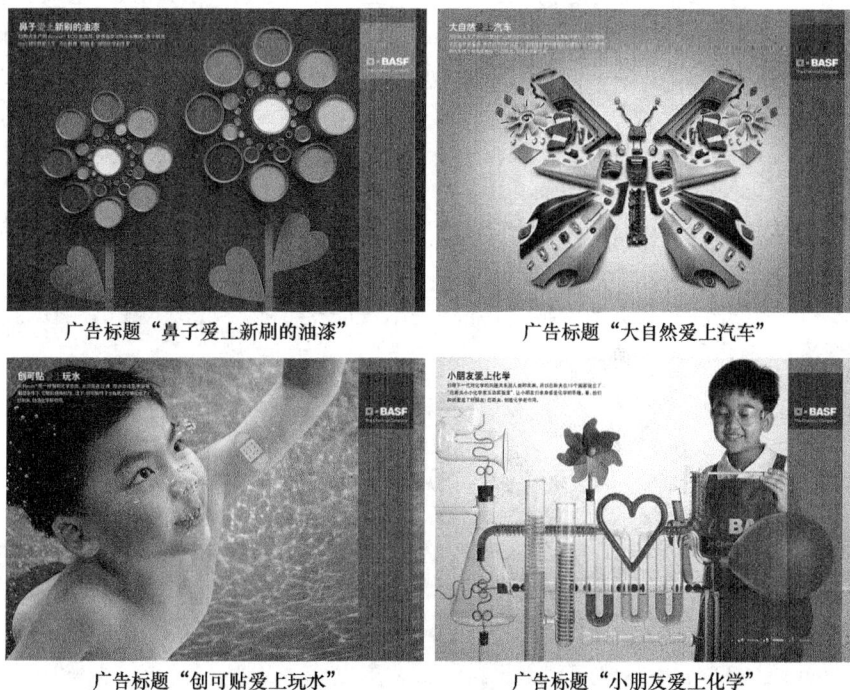

広告标题"鼻子爱上新刷的油漆"　　　　广告标题"大自然爱上汽车"

广告标题"创可贴爱上玩水"　　　　广告标题"小朋友爱上化学"

图 5-7　巴斯夫化学公司系列广告

---

[1] 余明阳，陈先红. 广告策划创意学. 上海：复旦大学出版社，2003：193.

通过风格清新、观点简明的广告创意将原本毫无生命力的化学制品企业的社会作用、人文关怀等特点表现得生动亲切、恰如其分。广告语是"巴斯夫，创造化学新作用"。

而所谓"大创意"，则是广告界人们孜孜以求的一种创意效果。到底什么才是大创意（Big Idea）呢？标准不一而足：广告大师奥格威认为大创意是一种具有品牌延伸价值的创意理念（Creative Idea）；现代广告学者阿伦斯认为大创意是那种广告中能吸引消费者停下来驻足关注的爆炸性因素（Boom Factor）；优秀的广告本身就像一件艺术品，能让消费者在它面前驻足流连，反复回味广告中试图传达的信息。实际上，杰出的广告本身告诉消费者的东西不如自己想出来的那么多。广告批评家鲍勃·加菲尔德（Bob Garfield）在介绍美国权威杂志《广告时代》的"20世纪100佳广告战役"甄选标准时认为，一个广告只有满足以下3个条件之一才能称为"经典"：一是该广告战役是否是一个分水岭，明显改变了广告文化或者整个流行文化；二是该广告战役是否确实创建了某类产品的价值，或通过该广告的努力，确立了其品牌在所处品类中领导者的地位；三是该广告战役是否真的令人难忘[1]。

总结诸多观点，可以发现对于大创意的评判标准，一般不外乎以下几点。

第一，产生不同凡响的受众影响力。如果一则广告，人们看过之后毫无印象或者根本就无动于衷，那么这种创意绝对够不上"大创意"。相反，如果人们看到广告之后会认真地阅读、密切地关注、热烈地讨论，甚至在心底里由衷地发出"啊，这产品真棒！""我真喜欢它！""真想买来试一下"的感慨时，广告才具备一个大创意的基础。考察一个广告是否优秀，第一个方法就是观察人们看到它之后的反应，这是衡量一则广告创意的最客观的标准。不能小看这一条标准，绝大多数广告都如同隐形人——尽管频繁出现在生活周围，但消费者通常对它们视而不见、充耳不闻。没有创意的广告或是创意较弱的广告，都会造成大量的广告浪费。有时候，一则广告即便具有很好的创意原点，但因为执行时画面、色彩、图像或是文字方面出现了一些小小的瑕疵，就可能大大削减创意对受众的影响程度。广告创意必须在策略和表现上从头到尾都没有一点问题，才能够保证广告达到最佳效果。

第二，使广告战略更加完美。主要指和整体策略的关联程度，即广告创意必须与广告品牌发展出良好的关系，让创意理念为品牌加分。创意如果脱离了产品、目标或策略，就很容易因创意过分哗众取宠，而让消费者忽略了广告到底想说什么。好多幽默的广告人们也很喜欢看，但把它当作了娱乐作品，绝对称不上是杰出的广告。与策略无关的创意，再好都是舍本逐末。广告中的文字和图形传递着广告信息，但广告创意和制作过程中所选的基调、文字和创意的背后，都是广告战略在起指挥方向的作用。优秀的广告必须与广告主的战略紧密相关联，否则，即便它能引起受众的共鸣，最后还是注定会失败。换句话说，杰出的广告必然要完成某个战略任务。事实上，战略是产生杰出创意作品的关键。

图5-8 Hot Wheels（风火轮）汽车模型品牌广告

[1] 鲍伯·加菲尔德. 100佳广告战役：是发掘人性还是鼓励过度消费？最好的广告能渗透语言，丰富生活. 广告时代（Advertising Age）. 1999.

知道了 Hot Wheels 品牌和产品之后，有趣的户外广告就会令许多人会心一笑。这种与品牌理念、产品特点关系密切且结合完美的广告，表现自然富有创意。如图 5-8 所示。

第三，独特性。主要指在文化理念、创意方法等方面是否有独创性的突破。创意如果不是足够独特，就没有办法在信息爆炸中脱颖而出。创意的困难也在于突破常规的想法并不是很容易产生。独特性并不是指单纯地求新求异，新奇怪异的广告并不少见，但是能够延续下来让人印象深刻的却很少。以图 5-9 所示的纽约广告节金奖作品的系列广告为例，画面中的每一个图片都是司空见惯的物品，但是把无数的日常用品和产品放在一起，它们之间的联系要么是都拥有鲜亮色彩的相同色系，要么是在某个局部形态上很相似，这种并置构造出一种只可意会不可言传的趣味。而且广告采用了平面广告中很少见的环绕式构图方法，既夺人眼球又有效突出了广告产品，无论从哪一方面看都具有无比强大的开创性，尤其是成系列地呈现在人们眼前时特别整齐和震撼，因此才当之无愧地获得金奖。由此可见，富有独创性的东西表现形式往往是出人意料的简单，而正是这种简单的"意想不到"包含了震撼人心的力量。

第四，可延续性，即广告创意自身必须具有足够强大的生命力。广告创意本身应该像一粒种子，能够在第一个广告中生根发芽，在今后的广告中持续成长至开花结果。广告创意是否具有强大的生命力，几乎成为考量世界级优秀广告的一个必要条件。例如，绝对牌伏特加最负盛名的"瓶子系列"广告从 1978 年开始，能够长盛不衰演变到今天，在全世界各地落地生根，这就是创意的神奇力量。奥格威为界定大创意提出的 5 个标准中，有一条就是直接问自己"这个创意可以沿用 30 年吗？"不能延续的广告创意不一定就是不好的广告，但是一定很难穿越时空被不断发展的历史和社会反复检验创意效果，也因此很难成为经典。

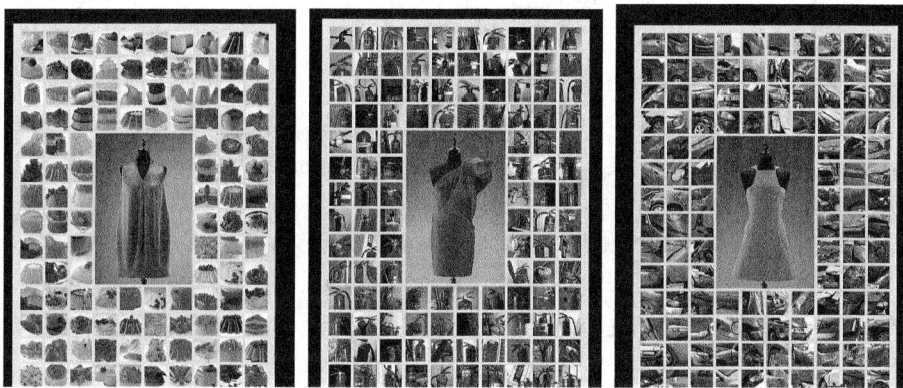

图 5-9　2010 年纽约广告节获金奖作品，为国外某时装品牌的系列广告

该广告的创意思路富有极大的延续性：时装的颜色、质地、形状等特性都可以和生活中的任何东西关联起来，通过统一的排版布局形成独特的视觉效果。

> **知识链接**　世界知名广告奖一览表
>
> 　　评价一个创意好坏还有一个参考标准，那就是是否获奖。关于得奖这件事，广告公司和创意人员都很关心，因为获奖能够给公司和个人带来利益：对公司而言，获奖是证明公司创意实力和在业界得到认可的标志，而且也是一个免费向公众展示公司能力的机会；对个人而言，拥有足够的获奖作品，证明创意人员具备优质的创意能力并且得到广泛好评。获奖其实也是一种营销和宣传方式，现在很多广告公司都积极组织参赛，争取获得奖项，以此在公众面前进行宣传。下面是世界知名的广告奖项一览表。

龙玺全球华文广告奖：1999 年 2 月由 4 位著名华人创办，是一个完全由创意人做当家的国际性奖项，作品征集范围跨越整个华文广告创意市场。

莫比杰出广告奖：创办于 1970 年，以 20 世纪德国数学家、天文学家莫比的名字命名，奖座设计即象征沟通无限、创意无限的莫比圈。每年 2 月在美国芝加哥举行颁奖典礼。奖项包括电视广告奖、广播广告奖、平面广告奖、包装设计奖等。由于莫比是各大国际奖中最早揭晓的奖项，获奖作品将成为年度各大奖赛及商业刊物高度关注的对象。

纽约广告节：创立于 1957 年，每年的 6 月广告节开幕并举行颁奖盛会。获奖作品将刊载在《广告时代》等权威杂志上，并在互联网上和全球的创意爱好者分享。所有决赛作品将被制成当年广告年鉴出版发行。

时报亚太广告奖：亚太地区具有广泛影响力的广告奖项。自第三届（1980 年）起，更名为"时报广告金像奖"，更加注重作品全方位的表现。1990 年，创立"时报亚太广告奖"，邀请亚太地区优秀广告作品和评委参加。

The One Show 金铅笔广告奖：是由美国纽约 One Club 设立的全球顶级广告创意大奖，溯源已有 90 多年历史。它赋予广告人非凡创意的最高荣誉。One Show 奖项设置分为 3 个类别，即 The One Show（平面、电台和电视广告奖）、One Show Interactive（互动广告奖）及 One Show Design（设计奖）。

联合国特别奖项：1990 年纽约广告节专门为联合国公共信息部门设立了联合国大奖，授予那些把联合国的宗旨及种种设想，诠释得最为出色的公益广告作品。在纽约广告节广告大赛中获得决赛资格的公益作品自然成为这个荣誉的获得者。联合国关注的全球焦点和利益包括和平和安全、妇女优先权、社会进步、健康问题（包括 HIV 和艾滋病）、人权、犯罪与暴力、民主、持续发展和摆脱贫困等主题。

克里奥国际广告奖：创立于 1959 年，是世界上历史最悠久、规模最大的世界性广告大奖，汇集了来自全球各地的广告公司和专业制作工作室提交的一流创意作品。在古希腊神话中，克里奥又被称为"缪斯"，她是代表掌管文艺、音乐、天文等的九大女神之一，克里奥广告奖素有广告界"奥斯卡"之称。

夏纳国际广告节：受夏纳国际电影节启发，一群欧洲电影屏幕广告承包商意识到，影视广告制作人应享有与他们从事故事片拍摄的同行们相同的荣誉，于 1954 年创办了夏纳广告节，并于 1984 年将法国城市夏纳确定为永久举办地。广告节于每年 6 月下旬举行，如今已成为最负盛名的广告节之一了。

5.2 创意过程

当广告主决定了广告的内容，即决定"说什么"之后，就把创作广告的任务交给广告代理公司有创意的人去做。创意产生的地方通常是在广告公司的创意部门。那么，创意部门的工作人员都是怎样工作的呢？一个优秀创意的诞生都需要经历哪些过程呢？这是本节重点讨论的问题。

5.2.1 创意部工作简介

在广告公司内部，创意部是广告公司的产品加工厂。最后出现在各种媒体上的各种报纸广告、杂志广告、电视广告、广播广告、海报、宣传单页、小册子等，都是从这里产生的。这个地方也是最具神秘色彩的地方。因为，没有人知道什么人在什么时间、什么地点就能够产生出一个惊世骇俗的大创意。总而言之，创意部的工作是最没有办法按照一个规范的流程来进行的，尽管广告公司总有很多流程要求。有人形容广告公司的创意部是最奇怪的一个地方：要么是死一般的寂静，要么是混乱一团。因为创意人员要么都跑出去寻找灵感了，要么就是在为某个想法争论不休。以下是几家以创意见长的知名广告公司创意部工作场景的照片，从中可以看出创意工作大都以开放式的讨论为主，有别于常规的格子间式的办公环境。

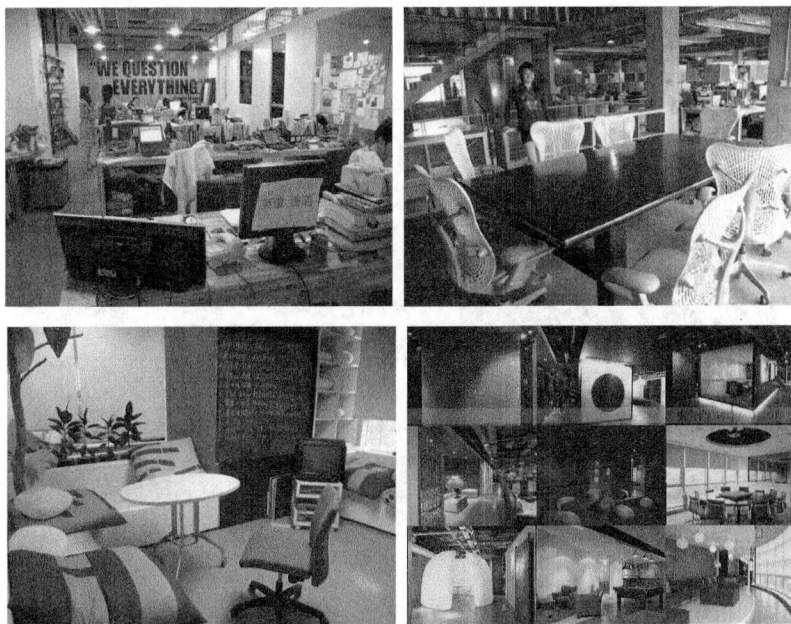

图 5-10　4 家富有创意的广告公司内部工作场景

图 5-10 中，左上图为 BBH 公司的办公区工作场景；右上图为全球最著名的创意型广告公司 W+K 上海公司开放式办公区图片；左下图为 DraftFCB 公司专门用于讨论创意的会议室，墙面上有用于记录的黑板；右下图为奥美中国办公室富有特点的装修风格。

创意人员一般都是两两搭档，开展工作。这两个人中，一个是美术（Art），一个是文案（Copywriter），由两人共同组成一个创意小组。美术负责广告的画面部分，一般由专业学习美术出身的工作人员担当；文案负责广告的文字部分，一般由那些对文字特别敏感、文字把握能力比较强的人担当，由两人共同完成一个广告创意。基本上，我们今天能够看到的各种媒介上的广告语言、口号、音乐、画面等，都是出自这样的工作小组。这种工作模式最早始于 20 世纪 50 年代的美国，由广告大师伯恩巴克创立，后来一直为全世界各地的广告公司沿用，取得了很好的效果。广告公司的创意部门就是由若干创意小组组成，这些小组统一接受创意总监（Creative Director，CD）领导。

1. 文案

文案一词具有多重含义。在广告作品中，文字部分都被称为文案；在广告作业流程中，负责撰写文字稿件的人，也被称为文案，英文名称为 Copywriter。文案创作是广告创意里非常重要的一个内容，它要求文案人员通过有限的文字，准确地表达出广告品牌的主旨，有效地解决沟通中的问题。因此，如何写出吸引眼球的标题，如何撰写言之有物的内文，如何让文字与画面配合，如何让文字准确概括广告主题，这些都需要借助文案人员运用词汇的天赋，以及对人、生活和工作的理解等经验来达成。原创和新鲜不只是对画面的要求，更是对文字的要求。

早期的广告业由于图片处理和摄影技术等还未被广泛应用，文字一度是表达广告思想最重要的工具。许多广告大师早期都是文案出身，如詹姆斯·韦伯·扬、大卫·奥格威等。其中，奥格威本人就以撰写长篇幅的事实型文案见长，即便在自己开办的奥美广告公司已成为大型国际性公司之后，还坚持称自己是一名"文案"。如印刷广告的标题、正文，电视广告的脚本和画外音等，都是文案人员手头负责的工作。优秀的文案通常都博览群书、兴趣广泛，因为只有这样，才能让自己的头脑装满各式各样的生活感受。

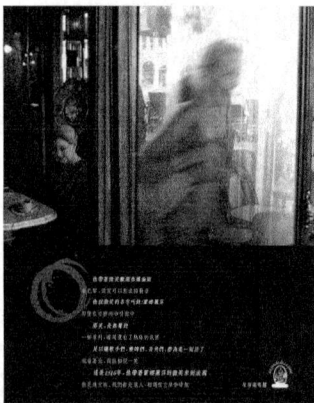

文案是印刷广告的重要表现手段，在报纸媒体的黄金时代一度盛行长文案的广告作品。图 5-11 为中国台湾地区的左岸咖啡馆咖啡饮料的一则广告。文字篇幅不大，但是字数不少。

标题："他带着微笑离开"；

正文："在巴黎 微笑可以用法语发音 他说微笑的名字叫作 蒙娜丽莎 即使在安静的咖啡馆中 那笑是无声的 一杯昂列 让周边有了热络的氛围 足以让歌手们、乐师们、丑角们 都为这一刻活了 我看着他与他相视一笑 这是 1516 年 他带着蒙娜丽莎的微笑来到法国 他是达文西 我们都是旅人 相遇在左岸咖啡馆"（注：达文西即达芬奇）

图 5-11　左岸咖啡广告及文案

现在由于整个社会的传播内容都倾向于"视觉化"，生活繁忙的现代人习惯于"读图生活"，即接受那些简单的视觉化信息，图片或图像成为传播利器。奥格威时代的长篇文案失去了读者，文案在广告行业中的重要地位也有让位于画面的趋势。但是在这种情形下，广告文案的重要性反倒更强了。因为人们肯接受的文字数量减少了，广告中有限的文字所承载的传播任务反倒是加强了，因此对广告文案人员的要求其实是提高了。如何做到"寥寥数语、尽着风流"，也是一件颇见功底的事情。事实上，广告行业中好的文案也几乎是珍稀物种了。

图 5-12　耐克公司的北京马拉松系列广告

在图 5-12 中的一系列以广告插画为创意重点的作品中，富有调侃意味和北京话音的标题也是不可或缺的点睛之笔。不要小看这几个十来字的标题，它的诞生过程不比画一幅插画容易，而且只有广告文案共同参与到画面创作中去，才能达到最佳的表现效果。

写出经典的传世文案是每个广告文案人员的梦想，尤其是年青文案刚开始在公司工作时。许多年轻的文案人员绞尽脑汁为之奋斗，希望也写出如"钻石恒久远，一颗永流传""滴滴香浓，意犹未尽"那样的作品。但事实上，广告文案最初的工作通常是一些小的宣传单页、促销广告或是一些简单的广播广告和电视广告，根本谈不上创造性，更别说传世和经典。但是，任何一个伟大的广告文案都是从这些小事中磨炼出来的。就是奥格威本人早期也曾撰写过一本指导推销员如何进入家庭推销炉具的小册子。只要用心，任何文字工作都是一次提升能力的机会，多多练习，想象力终有一天会让笔下的文字释放出光彩。创造力是文案的生命力，而非学历或专业。因此，广告行业给许多热爱文字创作的人提供了工作机会。如果能够证明自己对广告的理解、并说明文字应当如何与图片协调，就有机会得到文案工作。

要想写出好的文案，光有创造力和丰富的生活经验是不够的，还需要了解客户、了解广告。和小说、诗歌、新闻报道等写作不同，广告文案讲求商业回报。任何广告都依赖于广告主的投入，为了让这些投入产生回报，广告中的文字也需要承担重要责任。因此，每一个文案人员都和广告公司的其他部门一样，需要尽量多地去了解自己的客户，知道产品特点、品牌文化、市场地位、竞争对手等，这些信息对于创作出适合广告品牌的文案都将产生至关重要的影响作用。

2.　美术

美术一词在广告行业中特指所有的画面部分，美术指导则特指负责画面工作的人。担任美术指导工作的人通常都受过专业的美术训练，懂得绘画只是一方面，还需要能够操作图片编辑工具、处理以及排版等相关技能，因为越来越多的广告在完成过程中需要这些技能的辅助，才能达到预期的效果。

早期广告业对美术的要求主要是具备商业插画的能力，在计算机技术不够发达和图形图像处理软件不普遍的情况下，美术家的绘画能力一度是广告业最为倚重的才能之一，中外历史上都曾经出现优秀的插画家设计的广告作品，因为强大的艺术感染力而深入人心，如可口可乐广告历史上的圣诞老人形象和美国征兵广告中的山姆大叔的形象（见图 5-13）。但是今天，创意对画面的要求和以往有了很大的区别，广告的表现力仅仅依靠传统的手绘图案并不能够完全表达出创意的要求。因此，很多美术设计被要求掌握如 Photoshop、Flash 等软件操作技能，才能够让广告画面更有表现力。

图 5-13　一系列经典广告形象

古今中外的平面广告发展史上都曾出现过一段广告画兴盛时期，插画家们用精湛的画笔描绘出许多栩栩如生的广告形象。从左至右分别是 1917 年山姆大叔号召美国人志愿参加美国军队的形象、可口可乐广告历史上最著名的圣诞老人形象和中国在 20 世纪 30 年代阴丹士林色布的仕女插画的广告。

由于所处时代的变化，广告"视觉化"的特点越来越强，诠释画面的手段也比过去增加了许多，对画面的传达性要求也增强了。如何让画面准确表达广告含义，如何让画面与文字配合，如何让画面使消费者眼前一亮，这些都是美术所要考虑的问题。好的美术必须具备用视觉思维的能力。如图 5-14 所示的 IBM 系列广告就是典型的简单而且充满视觉智慧的设计作品。

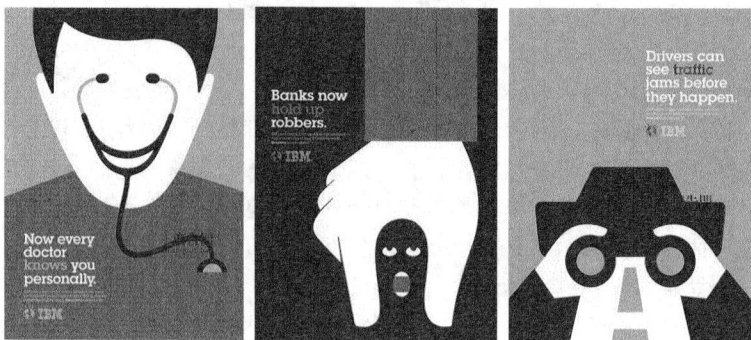

图 5-14　IBM 一组充满设计感的广告

从左至右广告标题分别是"从现在开始，每一位医生都了解特别的你""银行现在开始抓小偷""司机能在堵车之前预测到它的发生"，涉及 IBM 在多种领域的作为，表达有 IBM 信息技术和业务解决方案的支持，生活变得更美好，人们可无忧。画面图形和色彩设计都非常简单，但巧妙运用了双关图形的技巧，这种富有创意的表现就是由美术的工作来实现的。

和文案要求具备思想的深度不同，美术指导需要对画面表现的技巧和技术了解比较多，都出现了哪些新的软件，最近流行什么图像风格，杂志上的布局风格和排版样式，电视电影中的摄影摄像技术和编辑技术等，都是一个优秀的美术指导需要学习的技巧。这些方法掌握得越多，在使用画面表达创意时的空间和自由度越大。但是要注意防止对技术层面的过度追求，有些人会因过分沉迷于执行层面，而几乎忘记考虑概念。图 5-15 所示为李宁运动品牌的两则运用画面合成技术的广告。

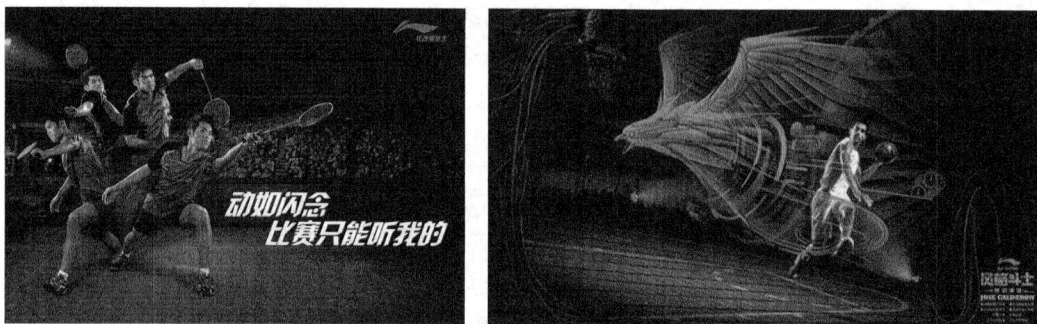

图 5-15　李宁运动品牌的两则广告，都运用了画面合成技术

广告借助先进的计算机图形设计软件，能够很方便地实现这种视觉效果。这也是广告行业中美术指导工作发展的新方向。

李奥贝纳说："我认为，对生活的好奇心意味着一切，它也是杰出创意人的奥秘所在。"美术人员也需要储备创意源泉，观察生活，欣赏各种领域的艺术作品，吸收养分，同时也要了解广告流程、客户需求。说到底，无论文案还是美术，都是一种命题艺术创作，如何让手中掌握的艺术手段为客户的广告要求添彩加分，用艺术服务于营销目标，才是最重要的。

3. 创意总监

在广告公司内部，创意总监扮演着重要的角色。他们相当于一个把关人，过滤那些不好的创意，留下那些具备成为大创意的好想法。创意总监一般都由文案或美术晋升而来，因此对于广告创意过程一般都比较熟悉，但是好的创意总监还必须具备策略性思维的能力，并且能够代表创意部门与其他部门达成良好的沟通。如何把握广告创意的方向，是创意总监的重要职责。

客户是广告的出资者，而创意小组则是广告的创作者。创意小组中的每个成员都扮演着一个基本角色：文案人员负责构思文字信息，并与负责信息非文字部分（即设计）的美术配合，美术决定着广告的视觉形象和直观感受，二者共同在创意总监的指导下工作，由创意总监负责创意产品即广告最终形式的完成。创意总监一般都需要非常了解客户的需求，尽管不需要亲自构思创意，但需要对所有构思出来的创意进行辨别，这时以往的工作经验就会产生作用。作为一个集体，创作部的人通常被称为创意。毫无疑问，创意小组的品位、才能和设计技巧如何，决定着广告的整体特征和沟通能力，作为创意小组负责人的创意总监，对整个小组的工作成效有着关键的引导作用。如何选择和评估广告创意是创意总监最主要的工作内容之一。

5.2.2　创意过程

在明确了广告公司创意部门工作人员分工职责之后，接下来就需要这些人的努力合作共同完成整个创意过程。创意部门所有人的工作都是为了找到一个适合于客户的大创意。在进行概念化和创作广告之前，创意人员需要先熟悉广告创作的基本框架。例如，广告采用哪种诉求比较合适，是理性的还是感性的？调性如何，是幽默的还是恐惧的？需要使用代言人吗，如果用的话应该选择什么样的代言人，是体育明星还是专家学者等。这在前面的信息策略中都已讨论过。

广告既不是艺术也不是科学。但在许多方面它既具有艺术的神秘性也具有科学的方法性。科学家的素养与艺术家的自由精神相结合的结果，可以令广告在传递信息的同时富有娱乐性。广告的科学性表现在这些分解步骤上：设定目标、决定战略，然后在不同的创意设计中进行挑选。这一过程提取了许多信息进入广告战略的核心[1]。那么，创意过程又是如何一步步找到这些核心信息的呢？许多人都好奇广告是如何产生的，图 5-16 揭示了广告创意过程的一般性程序。其中，了解产品是广告创意的基础，如今广告公司已经发展出许多种了解产品的方法，如集体研讨、消费者小组座谈等方式；形成策略过程中最重要的是找出最关心的产品利益点，也就是卖点（Selling Idea），而所谓的创意，实质上是对卖点的有效展示；拍摄制作过程比较烦琐，涉及的部门和人员也比较多，但是一条广告拍摄完毕之后还需要后期制作这样一个专门的工序对广告素材进行挑选、剪辑、配音、配乐等，这些工作都属于后期。最后还要把简编过的广告作品样稿提交给客户进行检验。获取通过之后，才能够认为创意构思能够获准变为现实。

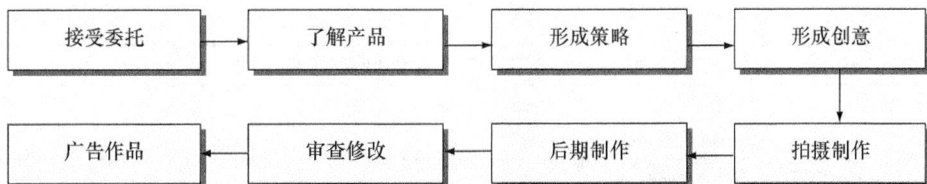

```
接受委托  →  了解产品  →  形成策略  →  形成创意
                                            ↓
广告作品  ←  审查修改  ←  后期制作  ←  拍摄制作
```

图 5-16　广告创意程序流程

[1]　（美）Rajeev Bana, John G. Myers, David A. Aaker. 赵平，洪靖，潘越译. 广告管理（第五版）. 北京：清华大学出版社，1999.

创意过程的几个主要步骤如下。

1. 创意过程第一步：形成创意战略

创意战略开始于对客户问题的认知。关于公司、产品、竞争等的基本信息都需要创意人员了解清楚。创意战略包括了产品概念、目标受众、传播媒介和广告信息 4 项内容的组合。尤其是对目标受众的研究对于整个创意战略至关重要。关于目标受众的语言、需求、动机、欲望等的了解都有助于发现真正的大创意。

通常广告客户会给广告公司提供一份客户纲要，纲要中有针对此次合作所要解决的问题的详细书面说明。创意战略的制定要基于客户纲要，因为它除了阐明广告主需要解决的问题之外，还规定了需要达成的目标以及需要遵守的制约。客户的想法通常很简单，只要利于销售就可以，因此客户纲要里所包含的信息经常远远不够，需要广告公司采取其他方式进行进一步的研究、探索和提炼，帮助客户发现真正的关键问题所在。已有无数案例表明，客户有时只是想请广告公司协助拍摄一条电视广告，但在分析创意策略的过程中，广告公司会发现客户原有的广告策略乃至营销策略都存在很多问题，因此会提出合理化建议供客户参考。这时候广告公司的角色就会发生变化，从创意专家变成营销伙伴，王老吉就是一个典型案例。

不管提供给广告公司的客户纲要是否信息完全、条理清晰或富有足够的指导性，广告公司都必须与广告主建立良好的沟通机制，一起分析清楚究竟要对产品进行何种表述，究竟怎样才能够引发消费者的购买行为。为了找到这些问题的真正答案，广告公司还需要积极地去了解一切与产品有关的信息，包括试用、观察、交流、比较等。历史上一些优秀的广告创意人员，如克劳德·霍普金斯就经常向家庭主妇了解产品使用方面的细节，因为伟大的创意正是从这些细致的观察中得来的。有时候实施小组访谈也不失为一种好方法，当创意人员面对真正的消费者时，对创意可能采用的文字画面能够有更具体的想象。

广告目标是创意过程的起点，创意人员必须对广告目标有足够充分的了解，才能够在这一目标的约束下寻找更多的信息和事实。当然，有时候也有创意改变广告目标的情形发生，这就需要创意人员和广告目标制定人员沟通和商议。一般的工作流程是，由客户部工作人员在客户纲要的基础上下策略单，将客户对本次创意的具体要求进行总结概括，并落实到具体而清晰的规定中。广告公司要根据客户纲要中提出的创意战略，将它们重新表述，以使这些创意战略在创意人员面前变得更为有效、更加明白无误。创意部的工作人员接到策略单之后，要进行分析研究或者进一步修订，形成创意纲要，然后分派创意小组开始构思创意。在某些公司，创意纲要也被称为文案框架、工作计划或文案（或创意）战略文本。不管名称怎样，创意纲要就是对广告制作过程中必须考虑的一些重要问题的简单书面说明。这些问题涉及：谁？为什么？是什么？在哪里以及什么时候？创意纲要要界定本次广告创意在品牌形象上的目标、客户的创意要求以及具体实施方面的一些细则。表 5-1 是一份理想状态下的创意纲要应该包含的内容及格式。

表 5-1	创意纲要的基本内容
WHAT IS THE CLIENT? 客户	
WHAT IS THE BRAND? 品牌	WHAT IS THE PRODUCT? 产品
WHAT IS THE TEAM? 小组伙伴 （客户总监及客户人员，创意总监及创意人员）	
WHAT IS THE BRIEF FOR?简报的目的 （推出新产品？解决市场难题？发展一个活动？提升品牌？）	

续表

WHAT IS OUR CHALLENGE? 创意挑战是什么？

（针对消费者与品牌沟通之间的障碍，我们的解决方向是什么？一句话说明白一个意思。这是最难的部分）

WHO ARE WE TALKING TO? 我们对谁说？

（具体描述这个人的购买习惯和购买心理，不要抽象数字，让我们能够看到它）

WHEN AND WHERE WILL THEY BE RECEPTIVE? 何时何地对他们说最有效？

（何时何地他们最关心这类问题？他们最容易被打动？考虑所有的时间和地点）

WAYS IN? 切入点

（你觉得最容易打动消费者，达到创意挑战的机会。如一种说法、一种消费者的看法、一个产品的优势或竞争者的劣势或者一个比喻、一个玩笑）

THINGS TO KEEP? 必备元素

（LOGO、品牌个性、广告歌曲、SLOGAN 或者代言人）

HOW MUCH? 预算

WHEN? 时间

MANDATORIES 客户特别要求

IN THE END 商业目标

（具体的商业数字，实事求是）

　　其中，创意挑战部分是最困难的，需要用最简单的方式解决问题。

广告探索

制定"创意纲要"练习

　　仔细研究本章案例中处于品牌调整阶段的李宁，如果要将李宁品牌现阶段的要求都体现在这份创意纲要的表格中，你会怎么做？和小组成员共同商量答案，可适当通过一些渠道搜寻背景资料。如表 5-2 所示为一个高品质的吉他品牌已经完成的部分创意纲要，其中对广告创意需要达到的目的做了清楚的说明和界定。试着按照这个思路，填写表 5-1 的内容。

表 5-2　　　　　　　　　　　　　　××品牌吉他创意纲要示范

创意纲要基本内容	示范
第一部分：目标说明 　　广告打算达到什么目的，解决什么问题，包括产品概述以及消费者描述	广告应能够使那些对乐器性能要求很高的吉他演奏者们相信：我们的吉他是一种独特的、高品质的乐器，并劝服他们在下次购买原声吉他时考虑选购本品牌的吉他
第二部分：支持性说明 　　支持产品承诺的证据	我们的吉他采用世界上最好的木材制作，并且纯手工制成，乐器音色独特优美
第三部分：广告基调或品牌特点说明 　　对广告战略的短期感性描述和对品牌持久价值的长期描述	广告基调：漂亮、优质、精良、富有价值感，并加入一点点自然的幽默 品牌特点：由最好的材料手工制成，音色优美

2. 创意过程第二步：形成创意构思

创意纲要是广告公司内部的一份工作文件，是创意启动的步骤。当广告公司确定已经非常明白广告主所需要解决的问题后，就可以开始启动创意程序。第一步就是向创意人员下发创意纲要。创意纲要不是简单地重复客户纲要里的内容，而是以客户纲要制定下来广告公司决定采取的创意方向为基本，激发出更多符合要求的创意。不管怎么说，广告公司的创意产生的环节中一直都在使用这种工具，只不过各家公司习惯采用的形式有所不同罢了。一份好的创意纲要不一定保证能产生出好的创意，但是糟糕的创意纲要一定会制作出有问题的广告。

把创意战略的文字转换成为一个创意作品非常不容易。"说什么""怎么说"都很重要。创意小组接到任务之后，需要进一步分析研究策略单和创意纲要，然后由美术和文案共同思考可能采用的创意表现形式。一般情况下会布置两个以上的小组接受相同的任务，然后展开创意竞赛。

创意的产生通常比较依赖创意人员的创造力。虽说创造力很大程度上由天赋决定，但广告业内一些激发创意的经验也有助于创造力的提升。最常用的激发集体智慧的方法就是头脑风暴法（Brain Storming）。它是一种由广告创意人员，如文案人员和美术指导等，参加的形式自由的集体研讨会，通过集体讨论、互相激发来产生好的创意。头脑激荡法的基本精神是要针对某一特定问题进行深入挖掘。集体的力量在构思产生的过程中特别重要，因为在群体讨论中信息量更大、联想更为丰富。下面介绍 BBDO 公司最早提出的一种激发创意的办法，其具体做法主要是：确定讨论的具体内容之后，召集 6～10 人参加集体讨论，讨论过程中鼓励新想法、禁止批评，要求尽量摆脱自己的专业领域的束缚，改变视角，注意不同信息，纵观全局。要求记录下所有讨论的内容，最后将所提设想分类，选择较好的点子写出报告。头脑风暴追求讨论氛围的轻松自由，目的在于发现大量新的想法。根据 BBDO 公司的经验，曾在一次讨论会上得到 144 种销售毛毯的创意[1]。

自由创意形成创意构想的时间一般都比较紧迫。通常从最初联络到创意通过也就是 4 周到 1 个半月的时间，接下来还要拍摄制作和联络媒介购买等，因此在把创意作品交付给媒介之前，用于单纯构思创意的时间一般都不会特别充裕。否则也不会有那么多创意人挑灯奋战，争取在截稿日期之前完成创意任务了。关于寻找创意的道路，可以说充满了未知数和曲折。但是不管采用什么方法，创意人员都必须投入足够的时间来消化事实和孕育构思。寻找创意是一个非常难以描述的过程，创意也因此被称为广告策略中的 X 因素，在发想创意的过程中，以往的知识、经验、感觉等因素都会综合在一起，发生巧妙的化学变化。例如，绝对牌伏特加的第一则广告"绝对完美"中酒瓶上方的一个光环，就是广告创意人员临睡前在白纸上的无意勾画；可口可乐有一则电视广

[1] （美）Rajeev Brtra, John G. Myers, David A. Aaker. 赵平，洪靖，潘越译. 广告管理（第五版）. 北京：清华大学出版社，1999：274.

告表现出一头笨拙可爱的大象在水里游泳的有趣场景，就源于创意者小时候在印度的经历。总而言之，在创意构思形成的阶段中，也是各种来源的事实和信息集中整合和消化的阶段。关于如何孕育构思，也有很多奇妙招数，有人喜欢在自然环境中放松，有人喜欢喝一杯咖啡提神，也有一些创意是在闲聊中、睡梦中产生的，不管具体的时间地点如何，创意产生的一个基本环境就是在前期充分占有信息资料及对创意问题有了深入的思考之后，由于专注时间过长，导致创意人员的整个神经都布满了发现大创意的欲望，然后当整个人的状态稍稍放松，一些奇思妙想就会悄悄地浮现出来。美国广告专家威廉·马斯泰勒（William Warsteller）在他有关杰出广告创意人员的文章中这样写道："他们创意时，无须非要什么办公室、某个时间、月亏月盈、柔和的音乐、流畅的笔、几杯马提尼酒或头脑轻松。他们今日的成就植根于他们为了各种不同目的而多年练就的那种保持新奇、有趣、有的放矢而又独特的能力。"

在发想创意的过程中还必须考虑一些制约因素，广告创意因此被比作"戴着镣铐的舞蹈"，那么如何看待制约因素，就显得非常重要了。受到制约是必然的，完全不受约束的广告创意根本不存在，这也是广告创意有别于一般画面艺术创作的根本所在。广告创意是命题作文，带着目的和任务。广告创意所受的制约因素有很多来源。第一类是必须要遵守的法律法规和文化习惯等约束。例如，关于烟草、酒精、药品的广告，全世界各地都有不同的规定，作为广告创意人员，在开始工作之前首先就要弄清楚这些规定的具体内容是什么。在中国广告法中就明文规定，药品广告中不能出现患者的形象，以及有关药品疗效的承诺，广告中还必须出现药品的国家批号。而在泰国，根本就是禁止播出药品广告。文化制约也很重要，所谓文化就是一个国家或地区长久以来积累下来的一些约定俗成的东西。在制定国际广告策略或者跨文化交流的广告创意时，一定要特别小心，不要触及这些文化或者宗教的禁忌，有许多国外品牌在中国的经历很能说明这些问题。第二类是广告主给定的制约。例如，关于广告"说什么""怎么说"，都需要经过广告主首肯。有些过于离经叛道的广告创意，往往很难通过广告主最后审核的关口。因此，如果遇到一个很能够接受新鲜想法的广告主，是广告公司创意人员莫大的欣慰。广告主限制广告创意的最大因素还不是接受程度，而是可支持的预算。有些创意非得很高的预算才可以实现，例如，有名人代言就是一种比较费钱的创意，名人的代言费动辄百万，如果资金不够雄厚，是没有办法支付高额的代言费的；还有一些制作费用比较高的创意形式，如大规模的航拍、密集的动画制作等，都受到客户预算的制约。当没有足够预算时，就只能因地制宜想一些低成本的方法来表现创意。还有一些制约因素是可以通过合理的组织管理有效规避的，如对产品缺乏了解，制作时间不够等。合理的制约因素不但不会限制广告创意人员的想象力，反而很有可能极大地激发出创意人员的潜力。

3．创意过程第三步：评估创意方案

由创意总监对所有形成的初步想法进行甄别，找出其中最合适的进行再加工。基本想法定型之后，再分派具体的美术和文案人员将创意完善成为草图。所有的创意都很诱人，正确评估最为困难。

除了前面所述的杰出创意的一般性标准之外，广告公司的创意总监们在选择和评估广告创意时还需要考虑如下要求。

第一，必须符合客户需求。这里，客户的需求既指营销战略目标，也指目标市场细分等各方面细节，都需要广告创意能够满足。例如，新产品上市时期的广告，客户会特别希望短时间内有效提高广告产品的知名度，那么广告创意的方向就要从新奇、影响力广泛、宣传产品特点等方面入手；如果客户的广告是想让品牌更年轻化，那么在创意时要注意对年轻人喜欢的因素加以利用，创作出受目标受众接受和认可的广告；如果客户想在广告中与竞争对手形成差异，那么如何在广告中反复强调产品的独特优势，就是整个广告创意的核心。在开始发散性广告创意之前，分析客

户需求是一个必须的步骤。创意总监也主要依据这一点选择和评估广告创意。

第二，必须符合品牌个性。任何品牌都具有自己的个性，特别是成立时间比较久的品牌，新创意出来的广告必须符合品牌原有的个性。如果创意人员提出的创意有悖于这一原则，创意总监必须保持足够的敏感并能够及时发现。对于新创立的品牌，也要考虑创意和品牌个性的关联程度，因为一旦品牌的个性建立，以后发现不合适再进行修改，就有可能造成一些不必要的浪费。

第三，必须足够新颖并能够产生巨大反响。没有足够经验的创意人员可能会单方面地认为自己的想法已经很有"创意"了，但是作为创意把关人的总监因为具有更丰富的经验和更广阔的见识和眼界，因此能够清楚地判断一则创意是否真的足够新颖。广告必须真正的有新意，才能够引起受众的注意。

第四，单纯、具体、品牌关联度高。广告创意的本质是传递信息，创意只是吸引人们注意和博取人们好感的一种手段。如果创意过分花哨复杂，反倒会掩盖信息内容。已经有无数事实证明：越是简单明白的创意，越容易达到很好的效果。一次只说一句话，成为优秀广告创意的关键。有些很有创意的广告的确很吸引人，但是由于创意和品牌之间的关联不清晰，反倒会引起消费者认知上的混淆。例如，在一次牛奶广告的调查研究中就发现，由于很多广告中都使用"牛"这一形象，消费者能够分清楚的只有光明牛，剩下的伊利牛和蒙牛的牛就有些分不清楚了。所以，广告创意中，一定要注意保持创意的单纯性和品牌的关联度。

4. 创意过程第四步：创意提案

创意过程以文案写作、图像说明和布局安排告终，但最后的创意成果还必须经过客户的审核验收，这也是广告公司通过提案销售自己创意的一个过程。一旦创意方案得到通过，很快就会借助众多媒介遍地开花，这也意味着广告公司和客户的合作取得阶段性成果。因此，各家广告公司对提案过程都特别重视。创意好是一方面，适当的提案技巧也非常重要。

正式演示和提案通常由广告公司客户部、创意部等主要部门的负责人负责，由他们共同联手将广告创意方案表述给客户。常用的销售创意的技巧是准备两套以上的方案供客户选择。提案其实就是对创意的演示，赢得客户认可的一个关键在于通过各种手段让创意变得活灵活现。如何让创意表现得生动而深入，将观众，即客户决策人员，立刻带入创意想要表现的氛围或空间，是创意人员在苦思冥想创意本身之余，也要精心设计的一个环节。推销创意的方式好坏与创意本身的好坏一样重要。精彩的陈述往往会比较容易获得客户认同，从而让创意顺利得以通过。例如，有的广告公司会在正式提案的前一天专门对整个提案过程进行彩排，预防可能发生的问题，保证整个提案环节的流畅顺利；还有的公司会故意根据创意的内容和风格设计提案人员的发型和着装。这些细节的营造，都是希望利用出色完美的陈述让人产生实施广告活动的冲动。所有这些努力都是为了一个创意，或者说是为了让创意得以公之于世。创意工作就是这样既伟大又微不足道。但是，提案阶段的准备再充足，也会因为客户反馈不理想而遭受打击，重新进入下一轮的炼狱。客户毕竟不是专门从事广告创意工作的，他有自己看待问题的视角，他也许不是特别善于接受新事物，也许很固执，没有想象力，过分理性，这些个人化的因素都有可能导致创意的最后失败。一个创意从产生到面世，需要经历意想不到的重重关卡。因此，在提案之前有必要了解一下客户对创意的评估标准。

通常，客户都比较关注创意本身是不是符合企业制定的战略方向，包括对产品特点的定位、对消费者利益的表述、对品牌特性的理解及和品牌的关联度等；会比较关注广告创意是否和以往的形象比较接近，或是合理延续；还有广告创意发布之后可能引起的社会效果等。由此可见，广告创意最好与客户的策略、定位、目标等环环相扣，才有可能获得成功。

一个新的广告概念首先要经过广告公司创意总监的认可，然后交由客户部审核，再交由客户方的产品经理或营销人员审核，他们有时会改动一两个字，有时则会毫不留情地推翻整个表现方式。最后再由双方的法律部对文案和美术元素进行严格审查，以免发生不必要的纠纷，最后由企业的高层主管对选定的概念和正文进行审核。有些公司为了防止广告创意出现理解上的偏差或是文化误读，还会邀请专家学者对广告创意的一些细节表现再把关审核一遍。这种做法看似啰唆，其实很有必要。毕竟创意人员成天沉浸在创意作品当中，有时就难免会对一些画面或者元素产生的负面作用不够警觉。

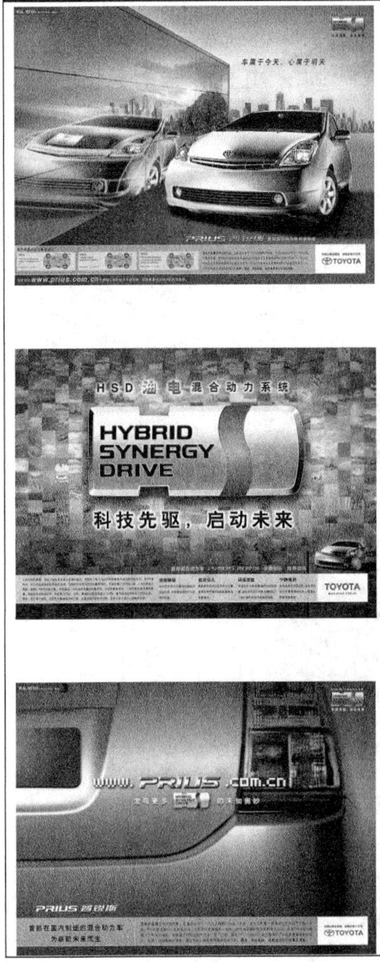

图 5-17　盛世长城公司对丰田普瑞斯汽车电视广告创意（此处未展示故事板内容）
及平面广告创意所实施的专家调查问卷部分节选

从图 5-17 所示的问卷中可以看出企业以及广告公司对创意所持的一种小心谨慎的态度。

5.3　创意实施：视觉、文字和创意逻辑

一个好的广告创意是一个系统工程，主要表现在广告主题、广告形象、广告语言、广告标题、插图、版面设计等诸多方面，表现在广告创意中，就是要能够运用语言、文字、符号、图画、音响、色彩等手段来贯彻和落实广告创意，以使完美的创意得到完美的展现。在创意实施过程中，需要考虑视觉、听觉与文字等多种表现手段，掌握娴熟的操作能力，充分利用富有逻辑的创意思

维将这些要素组合在一起。文案是广告的文字语言，艺术是广告的身体语言。如何将文字、图像、字体、声音和色彩组合成一个传播信息，让它们彼此相连、相互加强，是创意实施过程中特别需要注意的东西。

5.3.1　创意中的文字

创意表现中的文字，即广告文案，又称广告文稿，是指广告作品中的语言文字部分。平面广告的文案包括标题、正文、口号、随文等，电波广告的文案包括对话、旁白、字幕、广告歌词、广告语等。广告创意中的文字是增强广告表现力的重要手段。广告语言方面如果能够抓住消费者的心理，会有意想不到的良好效果。例如，20 世纪 80 年代的中国有一些广告语非常深入人心，如"人头马一开，好事自然来""今年二十，明年十八""车到山前必有路，有路必有丰田车"，人们早已不记得是谁撰写出这些经典的广告文字，但是毫无疑问，这寥寥数语的广告口号实在是抓住了中国消费者的"图吉利""爱美""亲切感"等心思，因此即便现在已经看不到当初的广告了，但广告语言本身反倒因其巧妙、易记、有趣等特质，被保留至今。毫无疑问，优秀的广告语言本身就具有超乎寻常的传播能力。普通的平面广告中的广告语言结构，如图 5-18 所示。

图 5-18　一则平面广告的文案构成

标题通常不超过整个广告空间的 10%～15%，标题可以在图形上方，也可以在下方。

绝大部分的创意都是以图文结合的表现方式为主。创意时应合理地设计和考虑文字的位置和作用。以画面为主的创意，文字在视觉效果上也要成为画面的一部分；以文字为主的创意，文字本身就要特别注意字体、字号大小、形状、色彩等排版和设计，包括标点符号，都是文字表情的一部分。上述因素都是广告中文字表现力构成的内容之一。

| 我们让
挖掘机停下，
让5 000棵树
的生命延续。 | 为缓解
全球气候升温，
我们的
行动正在升温。 | 为今天
开采能源，
更为明天
开发能源。 |

图 5-19　英国石油（BP）的一系列以文字为主的创意广告

图 5-19 中唯一的图形只有 BP 的标志而已，这种简单的创意也能够直截了当地有效表达广告主的社会公益心和环保主张。

对于平面广告，文案人员需要稍微了解一下排版知识，对文字所处的位置和功能有深入了解，才能增强文字表现的综合效果。下面将针对标题、副标题、正文、广告口号等分别进行简要介绍。

标题。在平面广告中标题非常重要，人们在阅读一则广告时很有可能第一眼就是阅读标题。虽然富有冲击力的画面也可能吸引眼球，但文字传播具有直接明了的特点，引起歧义的几率比画面小很多。有研究表明，在长期记忆方面标题比图形的作用更大。富有吸引力的标题是一幅平面广告成功的关键，因此许多标题的字体都比较大，而且位置都比较突出。因为标题通常不可能特别长，撰写富有吸引力的标题，精炼标题中的每一个字，是广告文案人员的日常工作内容之一，标题可长可短，要视情况而定。大卫·奥格威就十分善于撰写长标题，著名的"在时速 60 千米行驶时新劳斯莱斯上最大的噪声来自电子钟"（At 60 miles an hour, the loudest noise in the new Rolls-Royce comes from the electric clock）包含了 18 个单词，据说这是修改 40 遍之后的产物。根据广告战略的不同，文案会采用不同形式的标题，例如，"请你按下快门，其他的事由我们来做"（柯达）是承诺利益式的标题，"从 12 月 23 日起，大西洋将缩短 20%"（以色列航空）是新闻式标题，启发式标题"又带着'两梳蕉'去探友，怎么好意思啊！……送丹麦蓝罐曲奇，对谁都合适，什么时候都合适。"（丹麦蓝罐曲奇），疑问式标题"今年送礼送什么？"（脑白金），命令式标题"我只在乎为何而动，而不是如何动，试着和你的身体沟通"（李宁）等。

副标题。副标题是附加的小标题，既可以出现在标题上方，也可以在下方。其中，位于标题上方的副标题，被称做肩题或引题，常常在下面画线，副标题有时也会出现在正文当中。副标题的字体一般比标题小，但比正文大，常以粗体或斜体的形式出现，或采用不同的色彩。同标题一样，副标题也可以迅速传递关键销售点，但传递的信息不如标题那么重要。副标题同样很重要，原因有两个：大多数人只看标题和副标题，副标题往往最能支持兴趣环节。副标题稍长一些，比标题更像完整的句子，它们是从标题向正文过渡的阶石，揭示下一步的进展。

正文。平面广告中的正文承担着众多详细信息的传播任务，更多关于承诺、信任等更高级别的沟通效果要通过阅读正文才能达到。正文（Body Copy 或 Text）中会介绍全部的销售信息，逐步引导阅读者产生兴趣、信任、欲望，甚至引发行动，因此正文的作用不可忽视，而且所有标题和副标题的逻辑发展都要在正文当中体现出来。正文内容主要是陈述有关产品或服务的特点、利益和用途，但是，正文也是平面广告阅读者非常容易忽略的部分，如何让标题吸引读者的注意力并引导他们继续关注正文，是广告文案人员要特别考虑的问题。一些疑问式或者悬念式的标题往往具有指向正文的作用和效果，如"看看省下来的钱都能做些什么？""喝掉一只橘子"等。而如何让正文真正做到言之有物，以理服人、以情动人，则可能要比标题的撰写更考验文案人员的综合素质。例如，美国保德信人寿保险公司的这几句广告文案："人有悲欢离合，人有生老病死，人有旦夕祸福。保德信重视人的价值，愿意分担人的苦痛与欢乐。"文句中反复出现的5个"人"字恰当地描述了这家公司重视人的价值，为消费者提供了到这家公司投保的充足理由。广告创意是一种灵感性思维活动，必须满怀激情才能创作出感染人心的作品，没有感情的思维必然是冷漠的、干枯的，这种创意制作出的广告文字，也肯定平淡乏味，形成不了强大的冲击力。因此，广告创作人员在构思时必须能够从内心深处流露出真情实感，同时善于从日常生活中撷取与消费者共通共识、情趣相投的场景，充分运用各种文字表现手法感染读者，诉之以情且富于文采。正文具体采取的风格有很多样，如可以使用诗歌的语言、对白或独白等戏剧式表现手法，也可以简单明了、幽默夸张或适当地使用些修辞手法。有经验的文案人员在撰写较长的广告文案时，会特别注意文字的起承转合，让长篇文字布局合理引人入胜。通常沿用以下模式：在开始的预备段落吸引读者的兴趣，在接下来的内容段落详细陈述承诺支持点培养读者好感，在收尾阶段建议读者采取行动，在结尾阶段提供一些采取行动的途径，如电话预约、网站浏览等。

广告口号。广告口号（Slogan）是广告创意中非常独特的一种文案创作。它一般比较短小，朗朗上口，而且口号的内容与品牌利益密切相关。例如，李宁的广告语"一切皆有可能"（Anything is possible）就是很成功的广告语，甚至还引发了很多同类品牌的模仿。当备受欢迎的广告语不能够完成品牌区隔的使命时，李宁新近改变的广告语"让改变发生"（Make the change），又成功地帮助李宁进一步完成了品牌的区隔。显然，广告口号的根本作用就是能使广告便于记忆，不易混淆，有利于本产品和其他产品之间形成区别。从广告实践的角度讲，广告口号能为广告活动提供一种延续性；另外，广告语是一种便于记忆的、简洁的、利于重复的词语短句，非常适合用来表明广告主意欲表达的定位声明。有时候，简单的一句广告语就会令整个广告活动变得个性鲜明，平凡的广告语则削减整个广告活动的力量。例如，对比同样是凉茶饮料的广告语：王老吉"怕上火喝王老吉"和霸王凉茶的"好喝有回甘"，广告语对广告活动的助力作用显然有巨大的差别。广告口号的创意中，最重要的就是承诺。因为只有最真诚、最绝妙的承诺才能最终打动消费者。无论是雀巢咖啡的"味道好极了"，可口可乐的"挡不住的感觉"，潘婷洗发水的"爱上你的秀发"，还是箭牌口香糖的"运动你的脸"……每一个承诺都告诉消费者拥有产品的好处和利益，而这正是消费者最关心、最想了解的产品品质。18世纪的英国词学家约翰逊曾一再强调："承诺，大大的承诺是广告的灵魂。"在广告口号的创意中，真正吸引消费者的是简短文字背后的承诺，其次才是文字本身是否对仗、押韵等表现形式上的东西。广告口号的创作，有时源自某个成功的标题，经过持续不断的运用，最后演变成一种统一的声明。例如，力士香皂的"我只用力士"、巴黎欧莱雅的"你值得拥有"等广告口号，就是经过反复运用而在每一则广告中沉淀下来的，最终成为了该品牌的标志语言。有的广告语因为来自其他种类的语言，则需要考虑翻译的语言技巧，例如，万事达卡的"万事皆可达，唯有情无价"，以及戴·比尔斯的"钻石恒久远，一颗永流传"等，都是广告口号翻译的佳作。不可否认，翻译也是一种再度创作。例如，李宁品牌的新广告语"Make the change"的中文翻译就让广告代理公司李奥贝纳很为难，一度准备了500条广告语来匹配英文 Slogan，都难以找到真正贴合的解释，最后才正式采用了中文广告语"让改变发生"。成功的营销传播自会有其生命力，多年来，广告公司为其客户创作了许多成功的产品广告口号，有的甚至成了我们流行文化的一部分，有些则成为留在我们记忆中最著名的广告口号。

印签、标志和签名。印签标志和签名是广告主的公司或产品名称的一种特殊设计，会在所有企业广告中出现，就像商标，它们使产品独具个性，并能在售点迅速被人识别。

对于广播电视广告，文案人员需要稍微了解一下与脚本相关的各类知识，对文字所扮演的角色和功能有深入了解，才能增强文字表现的综合效果。下面将针对脚本创作所注意的要点进行简要介绍。

广告脚本主要针对广播广告和电视广告创意而言，脚本是广播电视广告的文字性说明文案，是制作广告的依据，一般包括以下几项内容，产品名称、播出时间长度、文案主体、广告类型、音响效果、声音、音乐说明等。文案的工作是要用语言描绘广告时间内可能出现的文字或语言内容，广播广告的脚本需要列出所有出现的音响效果和音乐描述，而且要特别注意对白设计。电视广告的脚本则以配合故事板的文字内容为主，分视频和音频两个部分。视频方面需要描述拍摄角度、镜头类型、表演要求、场景布置、舞台效果等方面的具体要求；声频方面则需要写清楚配合画面的口头文案、字幕文案、音效及音乐等。以下内容就是表现一则电视广告的故事板的详细文字内容。

中国传统音乐背景下，黑白图像画面慢镜头播放，无旁白，一个女孩拉着高高堆满蔬菜的平板车，缓缓穿过镜头。

叠：别人的孩子供给你一日三餐。

一位筑路工人正在干活的画面，淡入画面。

叠：别人的孩子为你铺路。

一辆沿着古街正在行驶的出租车画面，淡入画面，车窗玻璃上树影婆娑的倒影。

叠：别人的孩子每天载你上班。

警察在胡同里抓小偷的场景，淡入画面。

叠：别人的孩子保护你远离危险。

一辆救护车驶达医院大门，一群护士冲出来打开车门，画面淡入。

叠：别人的孩子救护你的生命。

一名坐在军车上的战士的面孔，画面淡入。

叠：别人的孩子甚至为你把生命奉献。

老师在黑板上写字，同学举手，画面淡入。

叠：他们只要一个机会，长大成人。

（联合国儿童基金会）标志淡入。

广告语：儿童之友。

这则由盛世长城北京公司创作的公共服务类广告，从新的角度展示了联合国儿童基金会的工作内容。黑白效果的拍摄画面非常优美，配以合适的广告文案，恰当地传达出我们都依赖于"别人的孩子"而生活这一事实，其中就包括受资助的儿童。整个创意思想的表述，除了故事板之外，一些关于镜头细节的描述，也是创意脚本的重要组成部分。

脚本的创作需要密切结合媒介的表现力特点。例如，广播广告完全依靠声音来表现产品的承诺，而且广播收听行为的伴随性又很强。如何在广告开头的 5~8 秒内吸引消费者的注意力非常重要。创作脚本时就需要设计一些吸引听众注意力的手段，例如，提出一个问题"中秋节怎么过？""晚饭去哪儿吃？"，或者播放一段悦耳动人的音乐等。例如，中国移动动感地带上市之初在电台播放的广播广告，脚本如下"（男声 Rap）M-Zone——My Zone, Movie Zone, Magic Zone, Modern Zone, Max Zone, Meadow Zone, Medicine Zone, My Lorry Zone, Mister Zone…动感地带、金属地带、魔术地带、主人翁地带、大地带、小地带、节奏地带、少数人的地带、神奇地带、我的动感地带——（男声）无论叫什么都可以，因为在 M-Zone，有最新的通信服务、我决定的服务方式、个性铃声、图片下载、超值短信套餐、移动 QQ 及智库游戏下载，全跟我走，听我号令。M-Zone，动感地带，我的地盘听我的。三月全面上市。中国移动通信。"而电视广告由于画面性很强，则需要文案人员决定采用什么样的语言风格，再由语言风格决定采用什么图像以及何时出现图像等。

知识链接 世界知名品牌广告口号&国内消费者熟悉的广告口号

美国《商业周刊》杂志曾评选出前100名知名品牌的广告口号，节选如下。

1	可口可乐 Coca-cola	生活就是好味道。Life tastes good
2	微软 Microsoft	今天你想去往哪里？Where do you want to go today
3	诺基亚 Nokia	以人为本。Connecting People
4	AT&T	没有边界。Boundless
5	万宝路 Marlboro	万宝路的世界。Marlboro Country
6	惠普 Hewlett-Packard	创造。Invent
7	索尼 Sony	改变你看世界的方式。Change the way you see the world
8	宝马 BMW	终极驾驶机器。The ultimate driving machines
9	雀巢咖啡 Nescafe	唤醒你的感觉。Awaken your senses
10	柯达 Kodak	分享瞬间，分享生活。Share moments. Share life
11	任天堂 Nintendo	感觉一切。Feel everything
12	耐克 Nike	Just do it

国内消费者熟悉的部分广告口号。

服装服饰。

一切皆有可能/让改变发生（李宁）

飞一般的感觉（特步）

穿什么就是什么（森马）

不走寻常路（美特斯邦威）

钻石恒久远，一颗永流传（戴·比尔斯）

我的代言，我的K-Gold（K-Gold）

饮料。

野酸枣，滴溜溜圆，福运泉，纯天然（福运泉野酸枣汁）

统一鲜橙多，多C多漂亮（统一鲜橙多）

晶晶亮，透心凉（雪碧）

农夫山泉有点甜（农夫山泉）

就是酸一点（九龙斋酸梅汤）

食品保健品。

小身材，大味道（Kisses巧克力）

好丽友好朋友（好丽友巧克力派）

喜欢你，没道理（巧乐滋）

开心时刻，必胜客（Pizza Hut）

有了肯德基，生活好滋味（KFC）

牛奶香浓，丝般感受（德芙）

今年过节不收礼，收礼只收脑白金（脑白金）

化妆品日用品。

天生的，强生的/因爱而生（强生）

飘柔，就是这么自信（飘柔）

爱生活，爱拉芳（拉芳）

好迪真好，大家好才是真的好（好迪）

美来自内心，美来自美宝莲（美宝莲）

大宝明天见，大宝天天见！（大宝）

巴黎欧莱雅，你值得拥有（欧莱雅）

其他。

原来生活可以更美的（美的）

真诚到永远（海尔）

新飞广告做得好，不如新飞冰箱好（新飞）

感动常在（佳能 EOS）

神州行我看行（中国移动神州行）

我的地盘听我的（中国移动动感地带）

英文类。

Just do it!（耐克）

I'm lovin it!（麦当劳）

Nothing is Impossible（阿迪达斯）

Ideas for Life（松下）

Keep Walking（Jonnie Walker）

Life is Good（LG）

5.3.2　创意中的视觉

创意中的视觉构思也非常重要。采用什么画面？什么基调？什么色彩？如何安排一幅或多幅画面？如何设计画面的效果？如果是影像广告，则要考虑画面的构图、镜头拍摄的角度、镜头之间的衔接、剪辑的节奏等，这些都属于创意中视觉设计所需要考虑的问题。有些广告的创意完全要依赖画面的表现力来呈现，因此就会对图像的要求特别高，例如，一些高级时装或化妆品的杂志广告，一般都会聘请专业摄影师来拍摄广告图片，广告画面中如灯光的角度和亮度、模特的表情和姿势、布景的效果、服装的质感和款式等，都是非常重要的视觉元素，它们发挥着比语言文字更重要的塑造品牌形象和质感的作用。这类广告要想有说服力，就必须创造性地使用上述视觉因素强化文字信息，而美术人员则掌握着对这些因素使用与否以及利用到何种程度的权力。色彩、布局、图像等如果合理运用，就能使广告更加生动，同时还能有效刺激人们的情感。

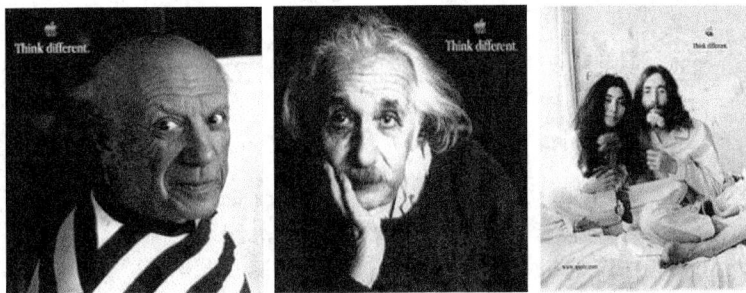

图 5-20　苹果电脑（APPLE）的一系列以名人肖像的黑白摄影画面为主的创意广告

广告中唯一的文字只有点缀在画面一角的两个英文单词"Think different"（不同凡想）。广告借助对历史上产生重要影响的毕加索、爱因斯坦、列侬等著名的叛逆人物表达苹果锐意创新的品牌主张，直接有效。

若想在创意中很好地使用图像，需要具备视觉思维的能力，即针对某个广告诉求点，能够找到相匹配的画面来表现的能力，这是和文字创意非常不同的一点。表现广告画面创意的两个基本工具是照片和绘画。照片可以产生现实感、亲切感和动感，看看苹果电脑的广告就可以发现视觉艺术中照片独具的写实效果。当然，绘画的艺术表现力也非常丰富，还记得图5-12中那些动人的插画艺术作品吗？在创意工作中，美术人员的头脑中先是构想出某一个画面：例如，想要一幅表现"宁静"意境的风景画或是表现某种"怪诞"场景的画面，然后再想办法找到这些图片。首先是从现成的电脑图库中寻找，现在有许多专业的图片公司能够给广告公司创意人员提供海量的分类图片库，当然是在付费的前提下，这样就能够很方便地找到一些有用的基础图片，然后再在此基础上利用计算机图形处理软件得到最后想要的效果；如果图片库中找不到类似的图片，例如，为了表现汽车的安全舒适，需要画面中出现一个母亲温柔地怀抱一个小汽车模型的照片，没有现成图片的情况下只能要求专业的摄影师在影棚里拍摄，这时就要动用模特、化妆师、服装、道具、灯光等配合拍摄，整个制作过程就会相对麻烦一些。现在还有一种常见的做法是，在拍摄影视广告的过程中"套拍"同系列的平面广告，这样可以节省一笔可观的制作费用。美术人员的重要作用，就在于能够找到这些最佳反映广告诉求的画面表现。

图 5-21　米兰一家广告公司创意的 Vitakrah 牌犬用护毛洗发香波的系列广告

图 5-21 所示广告的主要诉求是让你的爱犬毛发柔顺光滑，像棉花糖一样惹人喜爱。广告创意就是典型的将产品利益点视觉化的思维方式。

广告公司的美术人员在进行图像创意过程中经常会用到以下一些工具。

布局图。布局图主要针对平面广告而言，简单讲就是一份比较完整的平面广告构思设计草稿。所谓布局，主要指一条广告所有组成部分的整体安排，包括图片、标题、副标题、正文、口号、印签、标志和签名等广告元素，在同一幅画面内所占据的相对位置和面积比例。多数人在看平面广告时都遵循先看图片，再读标题，最后看正文的顺序，设计布局图时可以参考这些阅读习惯。有些广告特别讲究氛围和意境，就需要使用面积相对比较大的图片来帮助塑造这种氛围；有些广告追求简单直接的效果，可能仅仅安排好文字表达就足够了；大多数广告希望文字和图片均衡搭配，形成视觉上的美感。不同的布局图能够在广告最终成品出来之前，提供一个样图和草稿。这份草图有助于和创意部同事、其他部门工作人员以及客户展示和沟通广告设计的最终模样，为大家讨论中提出建议和修改意见等提供的一个有形的依据。突破常规的布局有利于瞬时内吸引读者的眼球，独具匠心的布局能够引起读者更细致的关注，如何向客户或同事表达你的构思呢，布局图就是一种很有效的沟通手段。

故事板。故事板（Storyboard）是电视广告艺术化作业过程中，借助于美术手段对广告创意所做的图画和文字说明，又称故事画纲。有时候是手绘的类似于连环漫画的电视广告"故事板"；有时候则是可以看到被称为"动画"的模拟影像——即把一些画面剪辑好并配以音乐，看上去很接近真实的播出状况。故事板的使用可以使创意进一步视觉化，便于向客户说明创意，为电视广告制作单位提供制作依据。故事板一般包含客户名称、产品名称、长度、画面、声音的说明、镜头与镜头的连接方式、拍摄方式等内容。具体表现参见下面的××品牌牛奶的广告创意故事板，显而易见，通过这种方式，任何人都可以很清楚地明白广告创意想要表现的内容了。故事板的运用，避免了仅仅通过语言沟通所产生的语意模糊、理解不统一等问题。

TVC Script

客户 Client：	安徽××乳业有限公司	版本 Version：	梦境篇
产品 Product：	企业形象/牛奶	长度 Length：	30 秒
工作号 Job No.	BD-TV-200305-1		

Video	Audio

创 意 简 述

突出"新鲜"的概念，并强化"近在身边，当然新鲜"的产品利益，利用孩子的梦境来表现独特的视觉冲击力。"梦境篇"利用梦境塑造了一个人与奶牛之间的特殊关系和情境，孩子骑在牛上，人们和奶牛亲密平和相处，虚构了一个夸张的"近在身边"的视觉意象。

通过这个广告，把××品牌牛奶一贯强调的新鲜表现得更形象、更充分。

• 场景设定：梦境部分是城镇的小街道，要显现出市井和人文气息，牛和人的关系才能显得更具有戏剧性。

• 演员设定：主角为一个 10 岁左右的小男孩，用孩子做主角容易讨主妇喜欢，选择年龄小的孩子以避免观众产生儿童与奶牛之间和谐的印象。

• TVC 节奏和调性设定：借助梦境表现视觉上的特异和美感，在三维部分理性强调品牌和产品特点，梦醒部分补充家庭和母亲的概念。整体调性干净、亮丽、健康，如图 5-22 所示。

CUT-1 仰近景 10岁左右的小男孩端着一杯牛奶，惊喜的表情		（悠扬空灵的音乐起……）
CUT-2 镜头拉开 小男孩竟然坐在一头奶牛背上，神气活现的样子		（奶牛在路上走动的声音，鸟叫声……）

图 5-22 某牛奶广告创意的故事板

CUT-3 镜头摇 小男孩和奶牛竟然行进在城市的街道上，男孩与身边经过的行人和骑自行车的人们打招呼……		（音乐节奏加快）
CUT-4 叠，大全俯 在男孩经过的这个街道上，奶牛像人们的宠物一样随处徜徉……		
CUT-5 中全景 男孩看见迎面走来一个可爱的小女孩，把自己的牛装扮得花枝招展……		
CUT-6 仰，中景 男孩高兴地向小女孩打招呼，举起手中的牛奶杯向她示意，男孩的奶牛也附和地叫了一声		（"哞——"奶牛叫声……）
CUT-7 近景 小女孩也举起手中的杯子笑着回应，示意自己的奶牛向对方的牛表示友好		（"哞——"奶牛叫声……）
CUT-8 特写 男孩举起杯子把牛奶一口喝尽		（喝奶的声音，畅快、美味的感觉）
CUT-9 三维动画 用时钟表现"××"牛奶在第一时间保障新鲜		（旁白："美味的牛奶来自××第一时间的新鲜……"）
CUT-10 三维动画 模拟的牛奶车在画面上高速驶过		（旁白："送抵您的身边"）

图 5-22 某牛奶广告创意的故事板（续）

CUT-11 特写 小男孩回味着刚才梦中的情景，禁不住舔着舌头		（小男孩咂嘴的声音，母亲的轻唤："起床了……"）
CUT-12 中近景 男孩的视角，母亲正端着一杯牛奶，摇动他起床		（母亲："起来喝'××'牛奶了"！）
CUT-13 中景 男孩抢过杯子，一口把牛奶喝下，竟听见肚子中奶牛的叫声，母子俩大吃一惊		（肚子中奶牛的叫声："哞——"）
CUT-14 三维动画，产品，广告语		（旁白："××牛奶，近在身边，当然新鲜!"）
CUT-15 标版 企业标志，品牌口号		（旁白："××"）

图 5-22　某牛奶广告创意的故事板（续）

对于电视广告，由于广告表现形式涉及的方面比较多，因此在制作上更为复杂，需要的人员数量和周期也会较长，相应的制作成本也比较高。通常 30 万～50 万元人民币的制作费用只能够拍摄制作一条非常普通的广告影片，如果创意中需要使用名人代言，单是代言费用就有可能几十万元甚至上百万元，广告成本一下子翻倍增加；如果需要一些特殊镜头的效果，必须通过如航拍、水下拍摄或者后期增加计算机特效才能做出相应的效果，那么广告成本都会相应增加。因此，广告公司的创意人员如果联系实际可得的预算规模再创意的话，就会感到约束很多。了解广告创意的实施过程，能够让创意想法更加切合实际。

创意实施的执行层面非常重要，尤其是电视广告，如果没有完美的贯彻执行，再好的创意也有可能毫无表现力。相反，如果创意一般，但是执行得很漂亮，也有可能获得不错的广告效果。现实生活中就有很多没什么创意但是很好看的片子。与执行一个好创意需要的复杂程度和耐心程度相比，诞生一个好创意相对要更容易一些。因此，绝对不可忽视广告创意实施方面的重要性。这部分工作一般由富有经验的制片人来负责完成，他们会在短时期内调动所有的资源来服务一条广告影片的拍摄制作需要，大到聘请合适的导演和演员，小到准备一个茶杯道具和剧组盒饭，中间还有租用影棚、演员档期等问题，整个制作过程远比想象的复杂。如图 5-23 所示，就是一则貌似平凡的平面广告创意背后复杂的广告道具制作过程。

图 5-23　尼桑逍客汽车平面广告及制作过程

左上角图中周围五颜六色环绕的小物件为炮弹之类的东西，意在说明汽车像在闯关游戏中表现的一样所向披靡、性能良好。负责创意实施的是法国巴黎的创意团队 Le Creativ Sweatshop。为制作这张平面广告，团队成员用极大的热情和耐心亲手制作了所有道具，这些用彩色纸张和塑料制作的道具通过各种隐蔽支撑使它们仿佛真的环绕在汽车周围一样。

5.3.3　创意中的逻辑规律

创意无规则，但是一些逻辑规律如果能够巧妙应用到创意思维中，会使创意的过程更为简单一些。W+K 公司的创始人之一丹·威登（Dan Wieden）曾说过，"我们拥有创造性，但是创造性是服从规律的，创造性是符合逻辑的。"这句话揭示出广告创意中确实存在一些可以遵循的逻辑规律。借助创意中的逻辑规律，可以比较轻松地发现新的想法。这也是创意当中可以有意识加以学习和利用的一部分内容。

1. 旧元素的新组合

美国广告专家詹姆斯·韦伯·扬明确提出："创意是把原来的许多旧要素作新的组合。进行新的组合的能力，实际上大部分是在于了解、把握旧要素相互关系的本领。"日本千叶大学教授多湖辉认为："策划内容里的 97.9%是任何人都知道、非常常见的东西，当他们被一种新的关联体重新组合起来，具有相当的有效性时，就能产生从创意。"这些说法的核心观点都是在说明广告创意的一个特质，就是当把两个从来不相干的事物组合在一起并赋予合理的解释时，这种新鲜而陌生的关系所产生的独特效果就是一种创意。例如，在广告中把世界名画与产品结合起来的创意就相当巧妙。当然，并不是所有的旧要素的新组合都能产生创意，只有经过创造性的联想和组合，才能产生与众不同的创意。组合是产生创意最重要的源泉，而创意过程是一个发现独特观念并将现有概念以新的方式重新进行组合的循序渐进的过程。

2. 反向思维

正常的思维方向和结果谁都想得到，因而失去了新鲜感，更无创意可言。但如果故意反方向试一下，打破传统的思维方法和方向，反其道而行之，更容易产生良好的效果。逆反思维技巧用在广告上会有一种"曲径通幽"的效果。从反面看待事物，有时，所期望的结果的反面恰好具有很大的冲击力和记忆度。例如，下面这系列广告就是典型的反向思维，故意找一些荒谬的、不可能存在的商品，在广告中说它们在广告公司的成功代理之下"销售一空"，逻辑上是正常的，但"现实"中却是反常的，因而能达到一般正向叙说该逻辑的广告所不能达到的效果。因此，在创意短路时，不妨试下反向思维。

图 5-24　灵智大洋广告公司宣传自己的广告

如图 5-24 中广告声称自己能卖掉任何东西，包括"左手使用的锤子""黑色的荧光笔"以及"防火火柴"。显然，这些东西的存在都是不可思议的。

3. 尝试改变视角

改变视角和反向思维一样，都是为了改变正常的思维带给人们的可以预料的结果和方向。只不过反向思维的创意视角是从正向思维的对面寻找创意，而改变视角则可以从多角度发现灵感。角度的变化，通常能够带来意想不到的新意。例如，如图 5-25 所示的一系列画面独特的杂志广告，手持杂志正在阅读的人物与所处环境之间的奇怪的关系，令人好奇、驻足并审视，最后发现画面正是杂志所宣扬的主旨"不同视角的新加坡"独特而直接地阐释，因此广告创意显得特别自然、贴切。

4. 故意夸大或缩小

夸张是广告增强表现力的惯用手法，即便一则广告毫无创意，也会自然而然地将汉堡的色泽拍摄得特别诱人，将模特的皮肤显示得特别完美。而将夸张朝向特别夸大或者特意反方向夸张，往往也会达到别致的效果。有很多成功的案例都不自觉地运用了这一原则，例如，如图 5-26 所示的创意作品，就是主要依靠故意夸大和故意缩小的方式来吸引眼球的。

图 5-25　Spade 杂志"不同视角的新加坡"是通过"改变视角"获得创意的典型案例

图 5-26　新加坡 Lowe 及伙伴公司创意的狗粮广告，旨在说明有了很棒的狗粮，宠物小狗也能办大事

5. 类比和比喻

类比也是广告创意中常用的一个手法。例如，德芙巧克力说自己"丝般感受尽在德芙"就是

用可视触的丝绸类比巧克力入口之后的味觉感受，这样类比的好处是能够将某种原本无形的感觉通过类比很好地视觉化；哈根达斯冰淇淋说自己是"冰淇淋中的劳斯莱斯"，也是一种类比，是按照自己在同类产品之内的位置来比较的。如果只是单纯地自夸"我的冰淇淋是同类产品中最棒的"，显得毫无新意，更无吸引力，但是用豪华汽车劳斯莱斯作比，想说的内容立刻跃然纸上，而且容易激发人们的想象力和正面评价。因此，所谓类比，就是指根据不同事物和现象在一定关系上的部分相同或相似来进行归纳、比较和分析，从而发现它们之间的联系，得出新的结论的推理方法。通过类比，可以把陌生的对象与熟悉的对象进行比较，举一反三，触类旁通，从而产生新的构思。优秀的创意人员，无论文案还是美术人员，一定都具有超强的联系、比附能力，因为只有这样，才能又快又好地发现新创意。类比和比喻的实质就是用一个概念去描述另一个概念，只不过在创意中讲究使用一个人们不惯用的喻体去作比才会产生良好的创意效果，如图5-27所示的两幅表现头发乌黑和柔顺的作品，就是借用了毛笔和梳子的形象来做了一个有趣的对比。

6. 故意隐藏

绝大多数广告都迫不及待地想要告诉受众产品有多好多好多么值得购买或是应该如何做，这时候故意反其道而行之，将广告意图隐藏起来或是不直接说出广告诉求，让消费者自己去寻找、探索和研究，这样就会赋予广告创意一种独特的魅力，同样也会让消费者自己感受一种发现的乐趣和获得成就感。因此出现了很多"谜语式"的广告，尤其是在那些好奇心比较重的年轻人群体中大有市场。例如，一些电视连续剧式的广告"若想知道结果，敬请关注下一期广告或登录某某网站"，就是将剧情的结果进行隐藏；绝对牌伏特加瓶子系列的广告本身就是一些言之未尽的谜语，消费者必须进行一番猜测才能知道它的全部意义，将意义隐藏是其创意特点。还有一些广告创意甚至将广告主都隐藏起来了，如一些企业投资的公益性质的广告，不留意还真有可能不知道是谁做的广告，但是即便这样，一旦人们发现了广告背后的投资者，还是会积极评价它的行为。而且，请相信，人都是生来好奇的，你越是不告诉他是什么，他越会在好奇心的驱使下去发现真相，故意隐藏就是利用了人们心理上的这一特点，如图5-28所示。

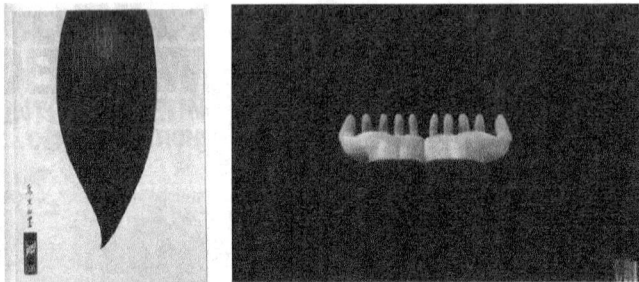

图 5-27　香港李奥贝纳广告公司为宝洁公司制作的两个产品创意的广告作品，都巧妙运用了视觉类比的手法

图 5-28　"故意隐藏"反倒能够有效激发起人们探究的好奇心

新加坡李奥贝纳广告公司为防止虐待动物协会推广一项流浪宠物资助服务而制作的公益广告，仔细察看这则"动物保护"的广告才能找到那些因遭受虐待而躲藏起来的动物。

7. 滑稽模仿

娱乐性一直是广告的自然属性之一，滑稽模仿就是通过玩笑、逗乐等方式来发现幽默与创造性之间的关系。娱乐界中出现很多明星模仿秀非常火爆的现象，这能够很好地说明滑稽模仿的效果——人们都很熟悉某一个明星，如孙楠，如果你能够惟妙惟肖地模仿孙楠的歌喉但你确实不是孙楠，这样的话你的表演就很容易有看点而且模仿者自己也容易被人接受。滑稽模仿拥有奇迹般的沟通效果，尤其是在今天人们普遍压力巨大的背景之下，它独特的减压作用也为广告赋予了另一种价值。如果运用得当，滑稽模仿能够展开思维广度，通过针对某一点相似性的夸张表现，就可能产生出色的广告。例如，美国飞乐（Fila）公司表现一只螳螂脚穿飞乐运动鞋飞快地爬上叶梗，以逃避杀手般的配偶的电视广告，获得《广告杂志》的如潮好评。图 5-29 中动物园的系列广告创意则是通过发现人类面部表情和动物之间的相似性来产生一种滑稽的效果，同时通过文案点明了和人类相比，动物所具有的无可比拟的优越性。

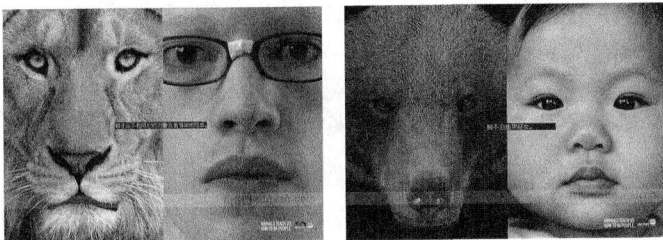

图 5-29　动物园的广告

文案分别是"狮子从不利用自己的威严欺负同类""熊不会重男轻女"。

8. 完全想象

如果改换视角、夸大变形、滑稽模仿都不能帮你找到大创意的话，那么就扔掉这些条条框框吧，彻底不受约束，让想象长上翅膀，这样也能发现一些很棒的创意。试着大胆问一下自己"如果……会怎样？"，不要担心出格、荒诞或者没效果，有时候大创意就隐藏在这些大胆的想象之中。如果让外星人来喝我们的可乐怎么样？让乌龟、青蛙、蚂蚁、小狗来跟我们人类争抢啤酒会不会很有意思？如果我们能在广告中带领消费者做一个美妙的梦会不会很有趣？能不能用一个人的形象来扮演自然界的"风"呢？如果你觉得上述这些问题不可思议，那么很遗憾，这些表现手法早已经在广告创意中用过了。因此，你的想象还可以更加大胆。揽胜广告公司主营房地产广告，他们用自己无比自由的想象和丰富的艺术手段，在广告创意高度雷同的中国房地产广告界开辟了一个独特的新天地。看过揽胜广告的人，才蓦然发现自己的思维原来一直也没有越出雷池半步。

需要说明的是，在各种各样铺天盖地的广告中，创意雷同在所难免。这时，广告人就必须遵循"先来后到"创意原则。如果已经出现了类似的广告创意，就必须放弃已经完成的构思。广告大师克劳德·霍普金斯早在 20 世纪 20 年代就提出了广告创意中的"预先占用权"理论。他认为，如果谁第一个提出该行业内非常普遍的产品特征或产品质量，并且给人们造成第一个拥有它的印象，那么谁就占有了它，这就是"预先占用权"。现在的广告创意则可以通过法律手段来获得保护，如知识产权保护法中就有利用版权法保护各种作品的说明。广告作品中的许多元素，如声音、图像、文字等，在一定条件下都可以作为独立的作品使用。例如，可口可乐的广告配乐就可以作为音乐作品受到版权保护。因此，在需要借鉴他人的成果进行创意时需要特别小心不要触犯法律。

图 5-30　昆明 "25 纬度建筑" 房地产项目广告

揽胜广告的创意气质非凡、自成一格。画面的荒诞不稽反倒衬出广告背后严谨的哲学思考，被称为 "中国的意识形态广告"。广告画面通常都很古怪，但耐人寻味，上图从左至右的广告语分别是 "复制其他地区的建筑，就如复制那里的空气一样不可理喻" "复制其他地区的建筑，犹如复制那里的天气一样荒谬" "盖一栋古代式样的新房子，就如仿真老祖宗一样没有必要！"。

5.4　媒介形式与创意

创意人员在思考创意时必须遵守一个严格的默认条件，即广告创意必须与媒介特点密切结合。以往出现过不少仅仅依靠单一形式的媒介传播就能达到广告目的的成功案例。例如，绝对牌伏特加酒就是单凭平面广告就达到了非同寻常的宣传效果，但现在的媒介环境下制定出的广告策略，只有极少情况下才依靠某一种媒介形式。那么，在创意构思时，结合广告信息所出现的媒介环境一起来考虑创意表现是非常必要的。创意和媒介其实是相互依存的关系：有些创意一定要通过某种媒介才能体现出预计的效果；而有些媒介只有采用了富有创意的方式才能突出该媒介的作用。广告公司必须帮助广告主让自己的信息战略适应不同的媒介。因此，广告代理公司无论是在创意还是在媒介工作中，都需要将二者有机结合起来，才能将创意的影响力效果和媒介的传播效果做到最大化。广告媒介各有特点，作为广告策划人员，需要充分了解不同媒介的特点和运作规律，才能够让广告创意发挥出更大的沟通效果。

对于影视广告创意，讲究的是声、光、影、文的综合刺激。影视广告最大的特点就是提供了很强的观赏性，但在电视或者影院播放的广告都有一个致命的问题，即播出时间太短，消费者看过之后容易什么都记不住，除非是特别有创意的广告形式。但是现在的受众广告看多了之后，欣赏水平也不断提高，一般意义上的创意也很难入消费者的法眼。因此，现在很多电视广告都特别注意和其他媒介的配合，如网络论坛、声讯电话、平面媒体等。就是希望，通过媒体间的联系配合，让电视广告的画面和信息都能够在电视画面之外得到有效重复，增强广告最后的传播效果。

对于平面广告创意，主要追求的是视觉传达的魅力。如何让画面突破环境限制，有效抓住人们的眼球。现在，一些杂志和报纸都提供异型版面供设计人员发挥创意，加入一个硬的插页、设计一个互动的小游戏让画面活动起来或者让广告页面比周围的多出一点。总而言之，如何利用版面空间让广告画面吸引人，是平面广告创意时特别需要加以利用的。

对于广播广告创意，重点在于塑造听觉的记忆。广播广告创意最好突出一个主要售点，不适宜列数要点或长篇大论。为了让记忆留存，需要在创意中尽早提到广告主的名字，而且尽量重复。广播广告的情景营造非常重要，各种声音效果都可以在听众心目中产生视觉形象，音乐也可以发挥同样的功效。那些能够描绘画面的词句、朗朗上口的字眼和短小的句子，都能够有效增加广告的作用。广播是一种地方性媒介，信息设计时的针对性也非常重要。声音对信息的塑造作用非常大，创意时适当的语言表演、速度控制、俏皮话和音响效果都可以使表演生动活泼。广播广告创意最困难的在于控制好剧本长度，因此文案人员写完广播广告之后都会大声朗读自己的脚本，测试一下时间是否够用。

对于网络广告创意，需掌握的一个基本原则是互动为本。网络广告中有许多有助于实现广告互动的技术，也需要网络广告设计人员掌握。现在，网络广告的范畴也越来越大，除了一般的图片、影片、文字和链接之外，还有一些成熟的博客、论坛等，都可以作为可资利用的媒介形式。由此可见，任何形式的媒介若想将创意进行到底，都需要将它可能用到的形式开发穷尽，这需要创意人员首先必须对媒介可能采用的形式有足够充分的了解，然后才能在此基础上进行创新。

对于各种户外广告，现在更多的创意表现在对周围环境的利用上，因此也被称为环境媒体创意。环境媒体的发展体现出媒介创意无止境的特点。如图 5-31～图 5-33 所示，环境媒体将创意与生活中常见的物品、设施或空间结合起来，反倒能够表现出一般媒体所不具备的独特含义，因此越来越受到创意人士的青睐。这种创意设计本身也暗含了一种新媒体开发的角色。因此，媒介和创意之间密不可分的关系，在此也体现得淋漓尽致。

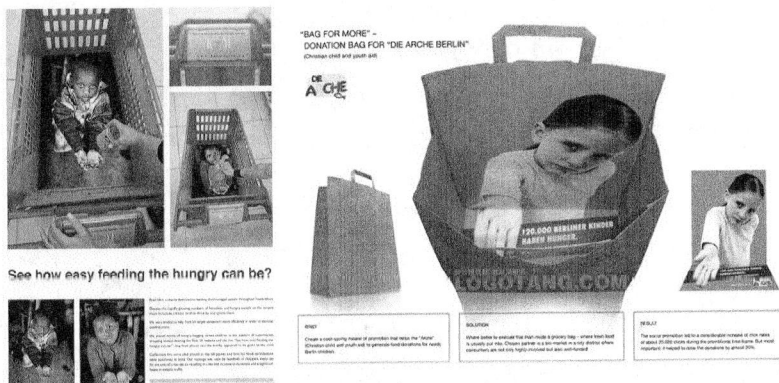

图 5-31　两家儿童保护组织的公益广告

两家不同的反饥饿和儿童保护公益组织巧妙利用超市购物车和购物纸袋引发人们的怜悯心，同时也传神表达出为这些有需要的儿童捐助物资的便利性。

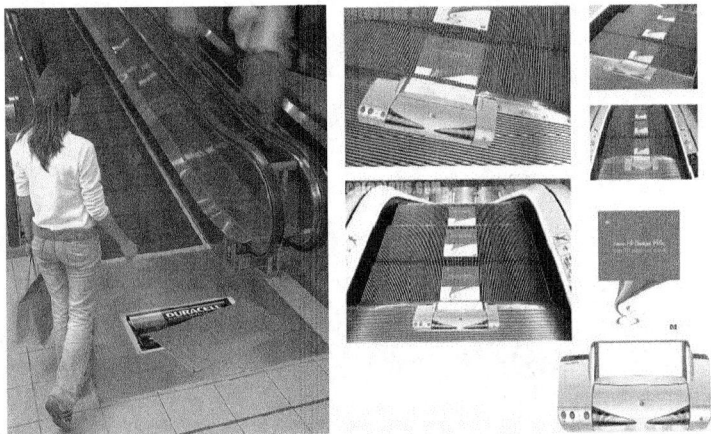

图 5-32　金霸王电池和惠普打印机广告

电动扶梯原本不是一种常用广告媒介，但是经过金霸王电池和惠普打印机富有创意地利用之后，巧妙表现出电池产品电力持久和打印机产品高效打印的特点，令人过目难忘。

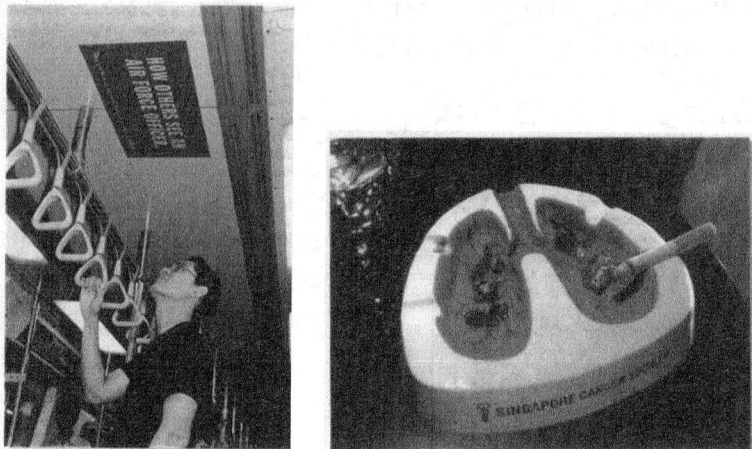

图 5-33　车厢内部的天花板和酒吧里的烟灰缸经过创意设计，也能成为行之有效的广告传播媒介

左图为新加坡的空军征兵广告，张贴在天花板上的文字为"人们看待一名空军士官的方式（仰视）"；右图为新加坡癌症协会的广告，意为吸烟严重伤害你的肺部。

广告探索

"广告创意"实践

许多年轻的广告创意人员都使用"50盒子法"练习产生创意。这种方法要求练习者们针对每项任务提出至少 50 种创意。因为他们知道，自己的想象力最终会带出越来越好的创意。这种方法耗时颇多，但却是年轻人获取同行认可最便捷的办法。有人的确能够因此获奖无数，在20多岁的年纪拿到相当可观的薪水。现在，请同学们也按照这种方法来实践你的创意才能。在本章众多广告案例中任选一个，以尼桑"逍客"汽车为例，从广告中截取产品卖点，如逍客汽车就是"无所不往的驾驶表现"，再以该卖点出发，通过头脑风暴的方式，以小组讨论的形式，每个小组最后提交至少 50 个以相同命题为创意基准的想法。我们相信，和原作品一样好的想法，甚至是比原作品还要优秀的想法，就藏在这最后的 50 个创意当中。

第6章

广告策划第五步：到达目标受众

"在你把目光放在广告上之前，再检查一下战略……你的目标受众，消费者的利益点，你的承诺以及对这些承诺的支持……你的广告效果更依赖于你的产品和服务如何定位，你想让消费者如何看待它们，而不仅仅只是你的广告写得如何……就像在战争中一样，战略是战役的一半，另一半则是广告本身。"

——肯尼斯·罗曼（Kenneth Roman），简·马斯（Jane Mass）

学习目标

通过对本章的学习，你将能够：

- ☑ 了解媒介策划的基本内容
- ☑ 了解媒介策划在广告策划中的重要作用
- ☑ 了解各种常用媒体的主要特征
- ☑ 了解媒体策划的一般流程
- ☑ 掌握媒介计划中常用术语的含义和意义
- ☑ 了解媒介计划中排期的类型、作用和目的
- ☑ 了解媒体策划与其他广告运作环节的关系

本章任务

熟悉网络的人都知道腾讯公司，特别是那只可爱的网络小企鹅 QQ 的形象。近两年，腾讯在网络行业业绩突出，为此也更抓紧在营销上不断创造和把握各种契机来提升自己的品牌形象。作为 2010 年上海世博会唯一互联网高级赞助商，腾讯抓住这一机遇，全力打造世博网站、网上世博 3D 体验、城市世博互动社区这 3 项世博产品。众所周知，2010 年上海世博会是各家赞助商觊觎已久的商业和时事密切结合的一个良好机遇，如何利用和把握好这个机遇，有效

利用自身优势，通过广泛宣传将品牌形象提升至一个新的高度，是每一个赞助商品牌所要考虑的问题。

TBWA广告公司的北京团队为2010上海世博会精心设计了以"世博精彩无处不在"为核心概念的一系列广告作品，如图6-1所示。广告以上海籍的运动明星刘翔的口吻，向受众描述网络无处不在的便利性，将生活现实和世博会的网络精彩有机结合在同一画面中。

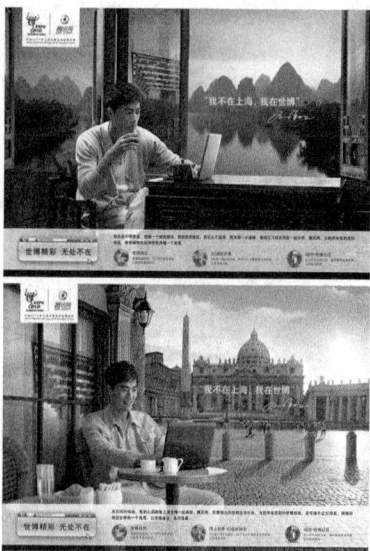

标题："我不在上海，我在世博"

刘翔

正文："我总是不停奔波，但每一个精彩瞬间，我都没有错过；我也从不孤单，因为每一次感动，都有亿万好友同我一起分享。腾讯网，以前所未有的在线体验，将世博舞台延伸到世界每一个角落"。

标题："我不在上海，我在世博"

刘翔

正文："无论何时何地，我的心都随着上海世博一起跳动。腾讯网，凭借强大的在线生活平台，为我带来空前的世博体验。更可携手亿万网友，将精彩伸至世界每一个角落，让世博盛会，永不落幕。"

图6-1 腾讯网以上海籍运动明星刘翔为代言人的网上世博平面广告

现在，假设由你来负责制订腾讯网上世博推广活动的媒介计划，时间跨度要求在整个世博会期间，主要要求如下。

第一，首先要充分利用网络媒介这一传播途径。

第二，推广时间延续整个世博会期间，主题必须与世博紧密联系。

第三，适当增加媒介传播的互动性让受众积极了解并参与到网上世博中去。

那么，你需要考虑以下问题。

1. 本次推广活动主要瞄准的对象是谁？他们都有什么特点？

2. 如果要针对他们设计媒介策略，你会建议腾讯选择哪些类型的媒介？具体到某一类型中，你会推荐哪几个具体的媒介？

3. 这些媒介收费如何？打算怎样安排整个媒介计划的预算支出和媒介配置？

4. 在限定时间内，如何安排媒介计划？依据是什么？

最后，把上述问题的思考答案写下来，和小组成员商讨。

任务提示：

（1）访问腾讯网上世博的主页，了解网页构成、主要服务、理念等内容。

（2）阅读本章相关内容，掌握媒介术语的基本概念并学习运用。

（3）根据任务要求，结合现存各种媒介的特点，确定最后选取的媒介类型。

（4）根据选定的具体媒介进行寻价和预算分配等工作。

（5）参考媒介计划制定的格式和要求，制订详细的书面计划。

（6）最后把计划书提交给指导教师。

腾讯——互联网时代的广告和媒介传播

腾讯品牌多年来一直和互联网产品以及互联网各种用户密切相关。随着社会变化以及竞争加剧，腾讯需要加大广告的投入量，一方面继续维护自己在互联网行业的领导者品牌形象，一方面需要对自己的产品用户进行更详细的细分需求了解。于是，腾讯近年来发布了大量的广告，主要针对在中国的各种腾讯产品用户。

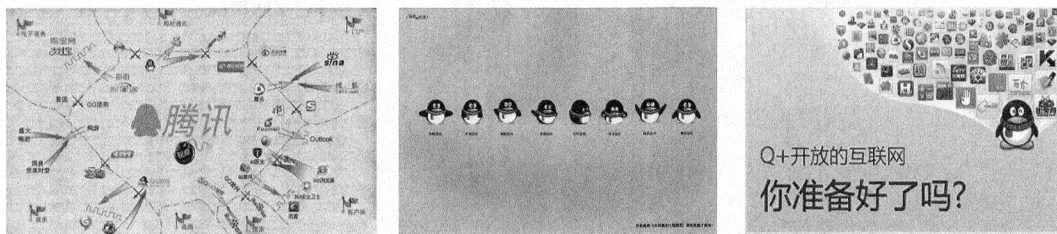

图6-2　腾讯的广告

图6-2上图为腾讯公司的各种品牌形象广告，主要是利用小企鹅的形象进行互联网业务的宣传。

这些传播策略的执行，都需要借助媒介的力量来完成。腾讯公司的广告媒介发布情况比较特殊。因为和其他的产品不同，腾讯自身就拥有大量的互联网产品类型以及内容发布权，这些产品和内容在互联网时代本身就能够作为一种传播媒介加以利用。因此，除了在传统的付费媒体上，例如，在电视上播放广告之外，腾讯公司大量的广告传播媒介是利用自身的媒介信息渠道进行传播的。

图6-3　腾讯公司提供的各种互联网业务系列广告

图 6-3 分别是腾讯网的读书频道、腾讯网、手机管家以及 QQ 浏览器的广告。这些广告本身就是腾讯公司在互联网上发布内容，媒介和信息在此合二为一。

以腾讯微博为例，下图 6-4 所示的是传统意义上的腾讯微博广告，从表现形式上来看并没有什么不同。但是，互联网时代的广告传播路径和传统媒体的不同之处就在于，信息可以成为媒介，而媒介本身就是信息。如果一个腾讯微博的用户发布了一条原创内容的微博，然后出于某种原因，该微博得到了大量的转发。那么这条信息以及信息发布的地址——腾讯微博，一同得到了扩散和传播。传播信息的媒介也成为信息的一部分。

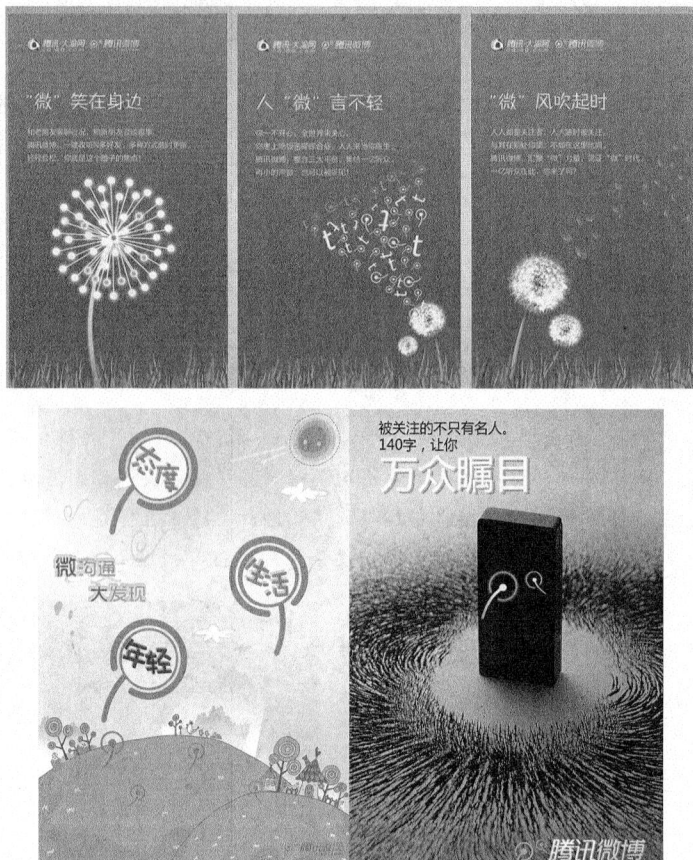

图 6-4　腾讯微博广告

因此，在互联网时代的广告，除了要获得消费者的广泛认可之外，如何成为媒介关注的热点形成再次传播也很重要。广告需要更加注重互动的设计，让广大消费者、媒体和公众能够看见并感受到品牌的存在，激发起对品牌的兴趣与热情。

事实证明，随着日益强大的 "UGC" ——互联网术语，全称为 User Generated Content，即用户生成内容，最早起源于互联网领域，指用户将自己原创的内容通过互联网平台进行展示或者提供给其他用户——传播模式的兴起，互联网用户的交互作用得以体现，用户既是网络内容的浏览者也是网络内容的创造者。这是一种以提倡个性化为主要特点的用户使用互联网的新方式。可以想见，互联网时代的媒介和受众确实发生了本质性的变化。

本章重点内容就是介绍在一个广告战役中，应该如何有效安排媒介的选择、时机、强度以及不同媒介之间的相互配合等问题，让适宜的媒介策略为出色的广告创意加分添彩。

学习内容

确定了广告传播信息之后，接下来的工作就是要把这些信息附带创意的表现方式，尽量广泛地传播给目标受众。在广告策划中称为"到达"。广告作品好比是广告主写给受众的一封信，不管这封信写得如何巧妙动人，如果压根没有人看到或者看到的人很少，这封信能够起到的作用一定非常有限。那么如何把广告这封"信"送达到更多的消费者手中，就是广告媒介起到重要作用的时候了。因此，什么是媒介？什么又是广告媒介？广告媒介的发展都经历了哪些历程？对当今的广告媒介格局有何影响？广告媒介都有哪些类型？不同类型的广告媒介都有哪些特点？如何从全局上把握这些特点等问题都是一些关于广告媒介最基本的了解。为了让"送信"的任务完成得更加圆满，广告策划人员还需要了解关于广告媒介支出、媒介排期、媒介计划和媒介购买等方面的常识。这些都是本章要重点关注的问题。

6.1　媒介概念

媒介，也叫媒体，英文名称为 Media，指任何能够将信息传播给社会大众的工具，美国著名传播专家施拉姆在《传播学概论》中写道："媒体就是在传播过程中用以扩大并延伸信息的传播工具"。媒介是广告传播的核心概念之一。

广告媒介主要指广告主有意识地加以选择和利用的、目的在于向受众传播广告信息的工具，如广播、电视、报纸、杂志、路牌、霓虹灯、网络、商品陈列、橱窗、包装等都可以包含在广告媒介范畴之内。只有借助这些广告媒体，广告信息才能得以扩散、传播和发挥作用。广告传播中的媒介，一方面指上述这些传递信息的载体，一方面也指从事信息采集、加工和传播工作的社会组织，即各种传媒机构，为了让广告信息顺利出现在广告媒介上，广告公司需要与各种传媒机构保持密切的接触和交流。

6.1.1　媒介发展概述

整个世界发展史上，恐怕没有哪个词汇如"媒介"一词这样富有时代特征。在信息传播手段匮乏的年代，招牌、叫卖、实物甚至一枚徽章，都被称为信息传播的媒介。人们利用这些有限的手段传播信息，构成了原始的媒介传播图景。工业革命后，纸张和印刷技术的普遍应用，带来了第一种现代意义上的媒介——报纸。报纸杂志等纸质媒体一度是世界上最重要的媒介形式，人们的信息传递、知识教育，包括民主启蒙等都依靠纸质媒介来完成。自从 20 世纪 60 年代电子媒体逐渐取代印刷媒体的主流地位，成为新主流媒体之后，媒介一词的内涵就开始了日新月异的变化，历数近几年来出现的与网络传播有关的网络热门词汇，如博客、播客、微博、MSN、开心农场、帖子、论坛、豆瓣、病毒视频等，几乎每个词汇后面都隐藏着一种与受众沟通信息的可能性。这一现实有效证明了在当今社会中，媒介含义的迅速扩充和变化。难怪加拿大学者马歇尔·麦克卢汉（Marshall McLuhan）称"媒介"一词变成了通用词汇[1]，事实上兴盛已久的"大众媒介"这一词汇也失去了确切意义。当全世界的受众保持一个基准规模不变，供受众选择的媒介类型却翻倍增长时，所谓的大众其实已经被分割成无数更小规模的受众群体了。虽然，还会存在一定规模的媒介受众群体，但此时的"大众媒介"只能是相对意义上的，此"大众"非彼"大众"也。

即便在广播、报纸、电视 3 大媒介同时存在的时候，媒介世界也还呈现出一派和平气象。3种媒体各司其职，分别利用自己不同的特点互相辅佐。在快速发展的新媒介到来之前，电视和广

---

[1] （法）雅克·郎德维，阿尔诺·德·贝纳斯特. 綦玉宁译. 广告金典. 北京：中国人民大学出版社，2006：263.

播扮演着媒介神话的角色。但随着信息技术、计算机产品、互联网络等的发展，媒介形式如同裂变一样，一夜之间就可能产生数量繁多的新媒介类型。"信息爆炸"时代，其实首先是媒介数量和类型的爆炸，然后才是信息总量的爆炸，相应的媒体受众也被分割成零碎的小规模群体。正是出于这种原因，才有了麦克卢汉的"大众媒介"一词已经消失的说法。不管怎样，媒介发展表现出以下两个方面的趋势。

第一，媒介种类数量日渐丰富。表现在最近几年来，各种媒介不仅在数量上逐年增加，在种类上也日渐丰富。从工业革命前后一统天下的书籍和报纸时代，到今天借助卫星和互联网手段可以在一分钟内全球共享某一信息资源，随着现代电子技术的兴起和市场的不断成熟，可供选择的媒介比过去多了，而且每一种媒介的选择余地也更多，例如，杂志已经细分到按区域和人口来发行的地步。毫无疑问，媒介类型将持续增多。这就是新时代广告媒体的特点：零碎化、多样化、个人化、多变性以及即时双向沟通性。过去，大广告主只要在电视上投播广告，基本上就可以保证有大量的受众，但现在要到达大批受众却是非常困难的事情了。

第二，媒介之间界限逐渐模糊。关于媒介的传统分类标准已经越来越不适应今天的媒介发展趋势了。举例说明，过去的报纸是以纸质油墨印刷的形式为主，但是现在出现了电子报、手机报，报纸内容可能还是一样的，但是传播渠道和阅读方式包括所采用的介质都发生了根本性的变化，这时候很难说电子报究竟还是不是报纸。人们面对一个电子屏看新闻时，和手捧纸张的阅读是非常不一样的，那么出现在报纸版面上的广告将何去何从，是一个严峻的问题。电视也一样，几乎所有的电视台正常播出的节目现在在网络上都可以轻易地重复收看，通过计算机或手机终端收看春节晚会或赛事直播，早已不是天方夜谭。那么，当我们再次评价某个电视节目的收视率时，这个收视率百分比就是一个值得推敲的数字了，因为那些没有坐在电视机前收看该节目的人并没有被统计进这个百分比中去。时间和空间的距离被缩小甚至消除，是新的电子媒介给媒介世界带来的最大的变化。

由此可见，"媒介"作为专有名词是一个开放型的词汇，它的内涵受时代、技术、环境变化的影响很深。掌握了媒介的这一特点，有助于辩证地去看待以往总结出来的有关媒介使用方面的一些经验和做法，同时对新事物保持足够的关注和敏感。

6.1.2　媒介类型

关于媒介类型的划分，以往有很多种划分方法，如传统媒体和非传统媒体，主流媒体和非主流媒体，大众传播媒体和非大众传播媒体，视觉媒体、听觉媒体和视听觉相结合的媒体等。这些常见的划分媒介类型的方法，都依据了各自不同的角度。但如前所述，媒介世界发生了天翻地覆的变化，原有的一些划分标准可能会出现一些不适应新变化的情况。因此，这里主要介绍一种新的媒介形式划分标准[1]。

1. 自主型媒介

所谓自主型媒介，就是指媒介本身就负载全部信息的媒介载体，如书籍、报纸、杂志、录音带、录像带、软件等都属于自主型媒介，包括灯箱、车身、霓虹灯、路牌等传统意义上的户外广告也都属于这一类型。自主型媒介是一种完全型的信息载体，这类媒介不需要与外界发生联系，受众只要拿到媒介就拿到了所有的信息。如一份报纸，上面刊载的所有内容就是该媒介上存在的信息，这些信息是固定的、不变的，因而也是静态的、相对比较死板的、无法更改的。传统的印刷型媒介都属于这种类型。但现在还有一些电子型的自主媒介，需要受众准备好相应的专用阅读设备，如录音机、录像机或家用计算机等，才能阅读这些电子型自主媒介上传播的信息内容。例

---

[1]　（法）雅克·郎德维，阿尔诺·德·贝纳斯特. 綦玉宁译. 广告金典. 中国人民大学出版社，2006：267.

如，一些早教机构为了推销自己的教学软件，会事先邮寄给目标受众一张 DVD 光盘，里面会有目的地节选一部分内容，当受众通过计算机或 DVD 播放机收看完毕并感觉很满意的时候，就可以按照光盘上显示的电话或网址进行订购。

2. 播送型媒介

播送型媒介，是指各种以不同类型的电波发射和接收为媒介，对受众进行信息传播的媒介类型，包括广播、电视以及早期的无线电报等都属于这类媒介。需要说明的是，这类媒介由于电波的覆盖面广，以及现代社会卫星传送技术的成熟，已经发展成为很稳定的一类媒介。这类媒介的传播手段大都以单向传播为主，信息流向主要从信息发送者到受众，手段、形式等都比较单一。

3. 沟通型媒介

沟通型媒介，是指以各种手段在远距离的双方或多方之间建立联系的双向联系型媒介，包括固定电话、移动电话、互联网络等。通过沟通型媒介，人和人之间、群体和群体之间、个人与机构之间，都能够很方便地进行对话和沟通。信息以一种双向的方式流动，信息内容和形式都不是固定的，受众本身也能够以反应和回馈等方式表达自己的意见，而不只是被动的接受信息。通过沟通型媒介可以进行多方沟通，信息的传播过程和路线都被改变了。如图 6-5 中所示的新型售鞋网站的做法，客户可以将个人信息传送给网站，网站能够根据客户的具体情况和要求推荐合适的鞋子，需求信息和产品信息之间是一种良性互动的关系，这正是沟通型媒介最大的优势所在。

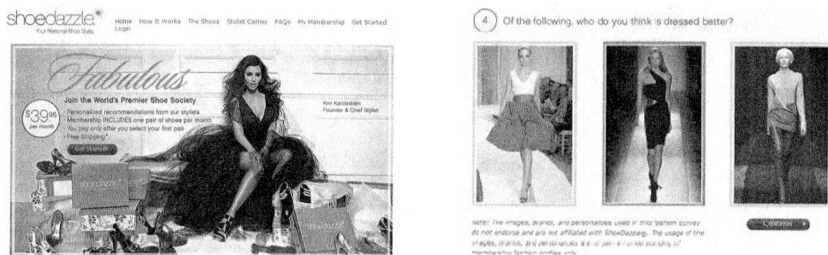

图 6-5　电子商务给顾客带来了全新的购物体验

图中 shoedazzle（www.shoedazzle.com）是 2009 年在美国成立的一家专门经营女鞋的网站，创办人金·卡戴珊（Kim Kardashian）是一名专业服装造型设计师。该网站独特之处在于初次购鞋时，系统会通过 20 多个问题询问客户对时尚风格的看法并分析对鞋子的要求，如年龄、鞋码、颜色偏好等，成功付费后的每个月网站都会向客户提供 5 双鞋子以供挑选，让普通顾客也能感受专业设计师的高品质服务。

不管媒介被划分成什么类型，都不是绝对的。上述 3 种类型的划分，很好地概括了一般意义上传统媒体之外的一些新出现的媒体类型，但是为了提升效果，不同类型的媒介如果能够组合使用，效果就会得到大大提升。例如，在一些广告策划中故意将电视广告和网络广告、通信广告结合起来，让消费者在电视上能很方便地看到广告影片，让对故事情节感兴趣的人可以通过浏览广告片中提示的网址或是拨打广告片尾出现的声讯电话，继续对广告信息保持关注。李宁在推出新版广告语"让改变发生"的广告策划中就使用了这种多媒介组合的手法。广告中出现了 3 个普通的"90 后"年轻人，如果观众想知道这 3 个人身上都发生了什么故事，就可以拨打广告提示的电话去收听。这种设计，将只能进行信息单向传播的播送型媒介——电视的广告效果加以改善和延伸，只要愿意追索更深入的信息，受众就可以通过电话来进行互动。打破媒介之间的类型界限，组合使用不同类型的媒介优势，是广告媒介策划的一个发展趋势之一。

广告必须利用媒介传播信息争取目标受众的关注，对于媒介自身发展而言，广告也扮演着非常重要的作用。自古以来，广告对于传播媒介的生存与发展就起着重要作用，主要表现在以下几个方面：

第一，广告有助于传播媒介自身形式的进一步发展。可以说，从来没有任何一方会像广告一样对媒介形式给予特别多的关注，因为如何在媒介上脱颖而出，是广告商最关心的事情，那么如何在有效范围内尽可能多地利用某种媒介，也是广告策划人员绞尽脑汁想要达到的目的。以杂志广告为例，在广告商的促进下，现在的杂志广告可谓琳琅满目：硬插页、拉页、夹页、别册、连幅广告、附送样品、腰封等，这些花样都是广告策划人促动的结果。其他类型的媒介在形式开发方面，也大都如此。第二，广告也促进了社会大众对传播媒介的发现和利用。第三，广告经营对传播媒介商业化、企业化方面发挥重要作用。尤其是对于报纸杂志等印刷媒介，广告收入的培育发行作用也非常明显。

6.1.3 媒介支出

广告界有一句非常有名的感慨"我知道我花在广告上的钱有一半是浪费了，但我不知道是哪一半"，这句话出自一家百货商店的创始人约翰·旺纳梅可。仔细分析这句话的含义可以发现，其实绝大多数的广告花费是支付给了各式各样的媒介，如同前面论证过的一样，媒介载体是广告信息得以浮出海面的水平面，没有大众传播媒介，受众就没法看见这些广告，广告信息将会永远淹没在水底，既达不到传播目的也达不到营销目的。这些被浪费的钱，其实就是指浪费在媒介花费上的钱。图 6-6 是 CTR 市场研究机构最新发布的一组数据，可以看出，广告主支出广告费最多的电视媒体，以日用产品和服务的企业为代表，他们最喜欢在电视媒体大做广告，表中所列的10 个企业，毫无疑问就是我们在电视上经常能够见到的广告商。

数据来源：尼尔森网联AIS全媒体广告监测
数据日期：2013年1月-2015年6月
媒体类型：电视

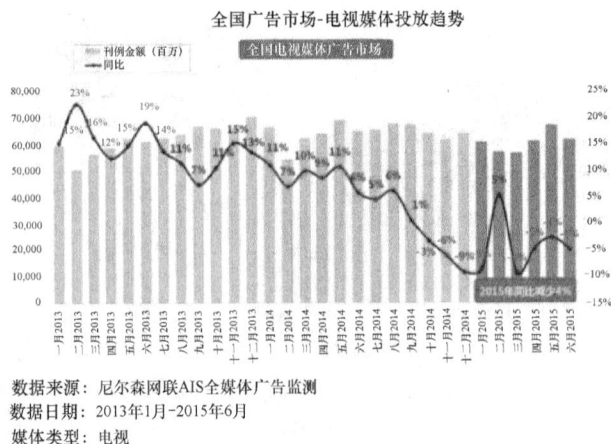

数据来源：尼尔森网联AIS全媒体广告监测数据 媒体类型：电视
数据日期：2015年1月-6月，同比日期：2014年1月-6月

图 6-6　CTR 市场研究公司发布的电视广告媒介支出、行业广告支出情况统计表

　　那么，对于上表中宝洁公司、可口可乐和欧莱雅这些企业，一年超过 30 亿元人民币的广告支出是不是都有一半被浪费了呢？如果浪费那么多，企业为什么还要坚持不懈地做广告呢？众所周知，这些品牌不只是最近几年才开始重视做广告的，在此之前它们的广告支出排名就应该很靠前。显然，广告支出在这些企业身上是能够得到理想的回报的。因此，如何尽量降低媒介支出上的浪费，如何让媒介支出更加合理化，让广告投入的回报率增高，都是广告媒介策划所要重点考虑的问题。毫无疑问，没有广告媒介在产品和受众之间搭建桥梁，广告信息就无法到达受众，但是现实情况却是，大多数广告媒体都是昂贵的，搭建信息沟通平台所需成本亦是比较高昂的。一年数亿元的广告费貌似很多，但是被分割在不同媒介上之后，就显得捉襟见肘了。而且，在媒介选择余地增加的同时，需要传递的信息也日益膨胀，甚至超出了消费者的处理能力，结果造成到达目标受众的媒介成本普遍上涨。越来越高的成本使媒介策划工作比过去更具挑战性，对那些预算较小的企业来说更是如此。客户总是希望媒介策划人员能够真正充分利用自己的媒介经费。因此，有必要对媒介以及媒介特点进行深入了解，才能制订出合理有效的媒介计划。

　　广告支出同时也是投入，但是这种投入的即时回报率通常没有想象中或是期望中的那么高。有研究表明，平均广告弹性（Average Advertising Elasticity）非常低，也就是说广告投入增加一个百分点，销售额预计增长的百分数很低，在 0.22%左右[1]。当然，这只是一个平均值，具体还因所处行业不同而有差别。而且，该数值只是考评了销售额一个方面，而没有考虑到广告投入在品牌塑造方面的无形贡献，以及在促进销售方面的长期影响。因此，在制定广告媒介预算的时候，需要综合考量。

6.2　常用广告媒介

　　尽管在前面对当今媒介的基本类型做了新型的划分。但是在制订媒介计划的时候，还是需要对每一个具体的广告媒介类型有充分而详尽地了解，才能够对某一种具体的媒介物尽其用。关于各种媒介的特点和优缺点，基本上所有的广告策划类或媒介策划类书籍中都有详细介绍，同学们可以结合自身体验，对下列媒介的特点进行总结，形成自己的结论和看法。

6.2.1　电视

　　电视广告是所有媒体中唯一"大而全"的一个——集声光影像于一体而且覆盖人群非常之广。通过电视播放广告能够给人产生印象深刻的效果，因为人们比较容易受到活动画面的吸引，这是电视广告得天独厚的优势所在。因此，当广告试图在短时期内快速影响大多数人时，电视广告是比较适合的选择。但是电视广告也有它的弱点，它所拥有的广泛的到达率意味着它几乎不可能对准某些特定的受众群体，而且还可能会漏掉那些较高层次却很少看电视的消费者[2]。但是现在的电视频道越来越细分化和专业化，能够部分解决这个问题。电视广告的制作成本也是所有广告类型中最昂贵、花费时间最长的。若要持续播放电视广告，其支出必然高昂。例如，2004 年 1 月 1 日中央电视台公布的新广告价格表规定，《焦点访谈》后 20：00 开始的黄金时段 5 秒标版广告的价格是 51 000 人民币。这表明，当广告预算非常有限时，电视广告不是一个合适的选择。

　　电视媒介提供的广告类型主要有节目广告（特约播映、冠名节目）、插播广告、广告节目、报时广告等类型。

---

[1]（美）Rajeev Batra, John G·Myers, David A·Aaker. 赵平，洪靖，潘越译. 广告管理（第五版）. 北京：清华大学出版社，1999：348.

[2] May Lwin, Jim Aitchison. Clueless in advertising. Pretice Hall, 2003：63.

其中节目广告是电视台专门划出一段固定的节目时间，这段时间的节目名义上由广告客户提供，例如，中央电视台一套的"纳爱斯特约剧场"每天晚上8：00～9：40这段时间专门播放电视连续剧，冠名企业可以在节目播出的过程中间插播自己的广告，不过一般收费较高。目前电视台的众多节目都习惯于找企业赞助播出，如"王老吉食全食美"等。

插播广告就是在两个不同的节目之间播出的广告，广告节目就是在一个固定的时间段里，连续播放数家广告客户的广告。插播广告和电台广告节目通常按照一般的标准收费。其实二者都属于专门的广告播出时间段，一般不超过10分钟，是集中播放广告的时间。这段时间因为相对比较长，观众极有可能换台，因此收视效果不是特别好。为了吸引观众在广告时段保持不换台，现在许多电视台会有倒计时提示，或者用字幕形式发布谜语、心理测试、家庭常识、下节节目预告等内容，希望能够留住观众，不要换台。

报时广告指的是在报时的时间间歇播出广告，通常是手表企业的广告，报时广告既是广告，也提供报时服务，听众的关注度比较高，广告价格也相对较高。

除此以外，电视台还有很多其他形式的广告，如冠名电视比赛"SK状元榜"、专门地名天气预报广告"温都水城气温××度"、在晚会小品中植入"××品牌手机道具"等，费用都不低。

需要指出的是，电视广告的收费通常都是按照收视率高低作为标准，将插播广告和广告节目划分为A、B、C不同的等级，制定差别很大的收费标准。为了让黄金时段的广告时间带动非黄金时段的广告销售，有时会把A、B、C时段的电视广告打包销售，让客户不得不同时买下很多时段的广告时间。电视广告的规格通常有60秒、30秒、15秒、5秒几种，制作电视广告时需要严格遵守电视媒介对广告规格的限制，因为在电视台播出的节目需要精确到秒，节目和节目之间、广告和广告之间都不能有丝毫空隙。

图6-7　被誉为经典之作的"100年润发"电视广告

图6-7所示的广告由香港著名影星周润发主演，广告用电影的手法讲述了一场悲欢离合的爱情故事。这种内涵丰富的品牌形象只能借助电视才能有效塑造出来。

6.2.2　广播

广播广告是一种到达固定目标受众的最佳媒体。它可以在一段时间内反反复复地播放广告，提高广告的播出频次，从而加深人们对某一信息的印象。专门的广播节目会有忠实的听众，能为某类产品提供特别的目标受众群。而且，广播能够在最短时间内把信息传播给消费者。它还有一个优点就是制作成本低廉。录制一条广播广告可能只需要30分钟的时间，需要动用的人员和设备也比较简单。然而，它同样具有一些与生俱来的缺陷：第一是声音的转瞬即逝，很容易让人听过就忘记；第二是广播的伴随收听，即大多数人开着收音机却没有积极主动、仔细收听。因此，当广告播出的时间紧迫、预算有限、信息单纯，或者受众恰好符合某类广播节目的时候，广播广告不失为一个很好的选择。

和电视台的广告一样，广播电台提供的广告类型也主要有节目广告、插播广告、广告节目、报时广告 4 种类型。不同的是，电台的节目广告和电视节目有很大的不同，除了冠名播出以外，还可以通过邀请嘉宾、开通热线、短信互动等方式强化某一节目的广告效果。广播广告一般也有 60 秒、30 秒、15 秒、5 秒规格的要求，但只是对于录播的广告时间有严格限制，而由播音员或节目主持人现场播音的广告，时间限制则没有那么严格。

6.2.3　杂志

杂志广告是目前细分程度最高的一种媒体。杂志的读者一般会固定在某一群人当中。通常，杂志的传阅率比较高、保存期长，这意味着同一则广告的读者数量可能会加倍。一项调查显示，所有广告类型中，读者最不排斥的就是杂志广告。因为杂志广告通常印刷非常精美，信息细致，读者往往愿意花较多时间浏览杂志。杂志的图片再现是所有媒体中最棒的，尤其是色彩方面。杂志还是夹带优惠券或样品试用装的最佳媒体，目前已有越来越多的杂志夹带各种各样的小商品，商业化的色彩越来越浓。杂志广告最大的问题是频次较弱，最频繁的周刊杂志也是一周一次，因此在广告出现频次上远远不如其他媒体。杂志出版一般会因为印刷装订等程序，要求在正式出版前好几个月就事先预定广告版面。而且，杂志若想到达它的全部受众，也会需要比较长的时间，因为大家翻阅一本杂志会花好几天的时间。如果客户的广告如活动赞助、招聘启事等只有一两周的时间，杂志的这种缺陷将是个大问题。

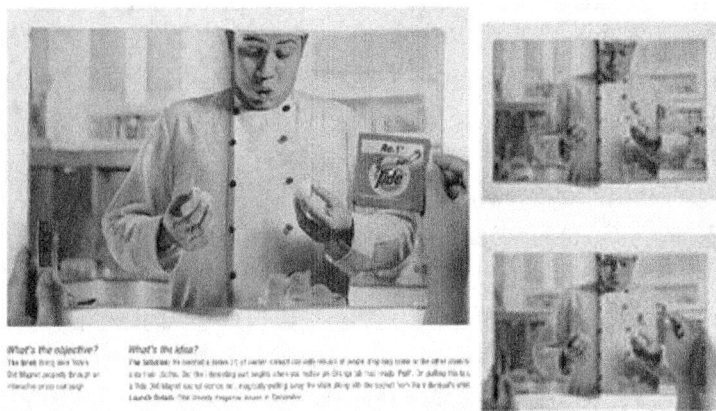

图 6-8　汰渍洗衣粉富有新意的杂志广告

读者只要拉动厨师衣服上的橘红色纸片，厨师胸前的污渍就会消失，纸片全部拉出后是一小包的汰渍洗衣粉。

杂志广告一般有封二（封面的背面）、封三（封底的背面）、封底、内页广告等版位，现在有的杂志连封面也可以作为广告版面。杂志广告版面的规格有跨页、整版、1/2 版、1/4 版、1/6 版等几种，一般封二、封三、封底只刊登整版广告，内页广告则可以包括不同的规格。杂志页面有固定装帧次序，而且无法移动，所以杂志的广告版位往往直接影响到广告注目率，也直接影响到广告的价格。一般说来，封底价格最高，封二次之，封三再次，内页版位价格最低。

另外，还有一种广告样式，是以杂志正文的形式让产品信息参与到文章中去，例如，一些美容杂志邀请专业人士推荐合适的美容产品，这种信息其实就是一种变相的广告。现在还有越来越多的杂志附带随刊赠送的业务，从笔记本、化妆品小样、T恤、帽子、眼镜、包包、饮料、雨伞等，无所不包。有人称现在的杂志更像一个包裹，里面什么都装。这一广告形式，充分利用了杂志零售发行的媒介特点，也成为杂志广告的特色之一。

每家杂志社都有一张价目表，标明整版、1/2版、两栏、一栏以及半栏的售价，同时还标明黑白、双色套印和四色彩印的价格。杂志的价目表一般是杂志的标准定价，但也有的杂志社愿意与广告商协商价格，并对批量购买的广告主给予大幅度的折扣。除了标准价目外，杂志社还对出血版（Bleed Page）收取额外的费用，所谓出血版，即广告的背景色一直延伸到版面的边缘，取代标准的白边。折页广告（Gatefold Ads）是一种超宽的广告，这种广告也要额外支付费用，广告主经常在高档杂志的封二采用折页。

6.2.4 报纸

报纸几乎成为了人们生活的一部分。不同于杂志，报纸能在非常短的时间内迅速覆盖它的全体受众。许多读者习惯于把报纸当做获取各种信息的快速渠道，使得报纸成为一种行动型媒体。预定报纸广告需要的前置时间比较短，因此对当地市场的渗透非常有效。报纸广告的不足之处在于印刷质量不够精细，报纸的阅读人群比较广泛，细分程度不如杂志明晰，而且人们大多阅读报纸的过程比较粗略，在阅读过程中容易忽视广告的存在。因而当客户的广告需要高质量的视觉画面，需要面对更细致的受众时，就不适于在报纸上刊登了。

报纸广告的规格与报纸规格密切相关，因此报纸广告的尺寸相对杂志广告更复杂多变一些，创意设计人员需要根据实际规格要求调整最后的稿件。报纸广告一般有整版、1/2版、1/4版、通栏、双通栏、半通栏等几种版面规格。通栏的宽度就是横跨整个报纸版面，高度则是报纸版面高度的1/5，整版报纸可以分为5个通栏，双通栏为两个通栏的高度。分类广告的规格一般以栏/公分或者单以公分计算。此外，报纸还有中缝、报眼等特殊的广告位置。报眼位于头版右上角与报头对应的位置，是最醒目的广告版位，规格一般稍小于半通栏，价格则高于半通栏。

报纸广告的类型可以分为展示广告、插页广告和分类广告等几种。其中展示广告是最常见的一种类型，也就是前面介绍过的符合一般印刷广告"标题、正文、插图"等结构标准的广告形式。现在还有一些随报广告，称作插页广告，不是印刷在正常的报纸版面上，而是单独印制后夹带在报纸里发送给读者的。由于报纸通常都比较便宜、发行轻便，不能像杂志广告那样夹带很复杂和有重量的产品，因此，报纸广告顶多加送一些优惠券、广告页之类的比较轻便的东西。报纸广告中还比较常见的就是分类广告了，即那些以纯文字信息形式出现的报纸广告，许多分类广告的发布者是个人，如租售房屋、求职招聘、征婚、寻人启事等，一些小型企业或机构也很乐于发布这种价格相对便宜的分类广告，例如，一些教育培训机构的招生广告、餐馆的名称地点消息，还有一些房地产公司、汽车经销商、旅行社等也通过发布分类广告招徕顾客。

6.2.5 户外

户外广告是近年来发展得比较迅速的传统媒体之一。早期户外广告是伴随着集市和高速公路发展起来的一种媒介形式，今天的社会由于城市化进程的加速和道路、交通等城市基础设施的建设，户外广告也相应焕发出新的生机。依据美国户外广告协会（OAAA）的定义，户外广告可以分为广告牌、街道设施、交通工具和其他形式4种类型，由于交通工具类广告在户外广告中自成一体，而且具有一定的流动性，越来越被广告人所重视，因此在本书中将交通工具类广告单独加以讨论。这里的户外广告主要指出现位置相对比较固定的、消费者主要在家庭以外的环境下接触到的各种广告形式，如图6-9所示。

图 6-9　九寨沟风景区旅游宣传广告

图 6-9 中九寨沟风景区旅游宣传广告非常富有创意地将自然风景、景区宣传与旅游者心理有机结合了起来。

户外广告的信息内容可以很简单也可以很复杂，这要看户外广告出现的位置。例如，高速公路两侧的广告牌和高楼顶上的标牌广告通常都比较简单，因为人们在快速经过或是在很远的地方关注这些信息时，并不可能留意太多的细节，因此巨型的路牌广告中通常只会出现简单的画面、标识或者是几个字的广告语。对于这类户外广告，信息越简单，传播效果越好。但是对于街道边的灯箱、广告海报、电话亭、遮阳伞、商业街或商场内的广告牌、便利店的广告招贴等可以近距离接触的户外广告信息，就可以依据实际情况设计得丰富一些。例如，在北京一些人流密集的主街道附近出现过一些可以和消费者进行简单互动的户外广告作品，由于加入一些简单的电子显示设备，消费者可以对广告牌上提出的问题进行手动选择，并随时观看答案的变化。这类新型的户外广告越来越受到都市人们的欢迎，如图 6-10 所示。

图 6-10　腾讯网上世博在北京万达广场的户外互动广告

图 6-10 中所示的广告将中国馆模型放置在长安街边，指示标牌运用鼠标等网络符号，将传统户外广告牌与周围环境巧妙结合，让消费者在与作品互动中感受"世博精彩无处不在"的品牌信息。此外，还制作了视频在各大社区网站传播，将创意的影响力发挥到极致。

户外广告最大的好处是可以在固定地点大面积地出现，有利于营造氛围。例如，一些商场、餐厅等机构，就非常喜欢充分利用自身建筑物内外部的空间，在一段时间内大量张贴一些促销信息，如图 6-11 所示。对于那些每天有固定行动路线的消费者，户外广告就是一个不错的媒介选择，它可以保证经过一段时间的暴露，广告信息能够被消费者有效接触到。因此户外广告对建立品牌知名度和维持品牌记忆度有积极的效果。

图 6-11　办公用品户外广告

人行横道一端摆放着一瓶放大的涂改液，瓶盖和小刷直指斑马线，让行人感觉白色斑马线正是这瓶涂改液的作品。创意把产品、广告与交通标识结合起来，不仅引起人们的“注意”，还创造了行人和广告作品之间互动的机会。

户外广告也为创意提供广阔的空间，现在有一种媒介类型称作“环境媒体”，其实主要就是针对户外媒体而言的，通过创意或一些特殊的技术手段，将户外广告与特定环境巧妙地联系起来，让原本固定的相对比较死板的户外广告，也能够传达某种特别的品牌信息，同时还能因为创意的巧妙给受众留下深刻印象。

按照最直观的分类，可以将户外广告分为固定位置和实物两种类型。户外广告媒介中使用最多的是固定位置媒介，主要包括楼顶大型广告牌、电子翻板、LED 电脑看板、电子显示屏、充气模型等。传统的霓虹灯广告牌、灯箱式广告牌、外部照明广告牌等形式，一般都以文字为主，图案简单、鲜明，主要起到对企业名称和品牌名称的提醒。而各种电子媒介则可以变化出不同的文字和图案，甚至同步播放电视节目，其内容要比传统户外媒介丰富许多，但是造价昂贵而且容易损坏。实物户外媒介主要有气球、模型、条幅等，一般作为临时性使用的广告媒介，不是户外广告媒介的主要类型。

6.2.6　交通工具

交通工具类广告是指附着在移动的交通工具上的广告类型，如公共汽车车身广告、公共汽车车厢内部的广告，地铁广告、出租车或者卡车的车身广告。随着社会生活的发展、人员流动的增加，交通工具和交通场所的广告价值越来越受到重视，各式各样的交通工具广告媒介也被逐渐开发出来。例如，交通工具外部媒介，如各类车身、甚至飞机的机身等都可以描绘上相应的广告图案，还有出租车顶灯等部位也可以出现广告信息；交通工具内部媒介，如出租车的座位布套、火车车厢内的电子显示屏、地铁内的吊环拉手、飞机上的免费杂志等，基本上所有交通工具的内部空间都具有无尽的广告价值，而且人们在交通工具的内部空间内通常都会被强制要求待一段时间，这就具备了吸收上述各种信息的条件和环境；交通工具站点媒介，如公共汽车站的灯箱，地铁站的电梯扶手、车门，火车站内外的电视墙，机场内外的广告牌等；交通工具车票媒介指的是利用各种车票的背面或正面空间出现广告信息的做法，现在比较常见的是出租车票上的广告，地铁票是电子磁卡票，不能由顾客带走，但是地铁公司也经常会发行一些纪念票供顾客收藏，也算是票据广告的一种利用形式；交通路线媒介则是指利用交通线路本身的一些资源而发布的广告形式，如高速公路旁的大型路牌、铁路沿线的墙壁等，现在甚至在地铁运行的隧道中，都开发出利用列车运行速度收看的定格漫画播放形式的广告（见图 6-12～图 6-14）。

图 6-12　候车场所日益成为广告宣传的重要阵地

图 6-12 中，左图为 LG 手机在北京东直门地铁站台铺天盖地的广告；右图为 3M 安全玻璃候车亭广告。两块透明玻璃夹层中故意放置大量现金，创意旨在体现 3M 安全玻璃牢固结实的特性，强调有了 3M 保护，即使在人多的地方存放现金也可无忧。

图 6-13　送货车车身也可以成为适宜的广告媒介

图 6-13 中，左图为宜家家居在送货货车车身上的广告。注意，宜家广告产品形象是画在车厢上的，但价格标签是真的，消费者可以亲手触摸，一处小创意增加了广告的互动性。右图为百事可乐在卡车车身上的广告。

图 6-14　交通工具内部也日益成为都市广告的新宠

图 6-14 中多彩的沙发和窗帘出现在轻轨列车的车厢里，这是 2008 年宜家为宣传日本新店开张而将整个列车都布置成了宜家风格，座椅被换成了宜家沙发，车厢成了宜家的流动展厅。

6.2.7　POP 广告

POP 是英文售点 Point Of Purchase 的缩写形式，即售点广告，专指在各种售点的出入口、通道、墙壁、内部等位置设置的广告媒介，它属于一种直接面向店内顾客传播信息的"小众媒体"，通常是在一般广告形式的基础上发展起来的一种新型的商业广告形式。与一般广告相比，POP 广告的特点主要体现在广告展示，陈列的方式、地点和时间等方面。

POP 广告形式多样，以放在店头的展示物为主，如吊牌、海报、小贴纸、大招牌、实物模型、旗帜等都在 POP 范围之内。更广泛一些的含义是指凡是在商业空间，购买场所，零售商店的周围、内部以及在商品陈设的地方所设置的广告物，都属于 POP 广告，如店外悬挂的充气广告、条幅，商店内部的装饰、陈设，招贴广告，店内发放的广告刊物，甚至商店内进行的广告表演等都可以包含在内。

POP 广告一般样式灵活，方式不受限制，可以自由发挥，而且广告预算伸缩性较大，适合配合商品的促销活动。售点是唯一集广告、产品和消费者同时于一地的媒介，在零售场所促使人们注意某个品牌，不但能直接刺激消费者的购买意愿，还可以美化售点环境，增加销售气氛，提高顾客的购物兴趣，如图 6-15 和图 6-16 所示。

图 6-15　商场内部随处可见的立式、悬挂、张贴及以其他方式出现的 POP 广告

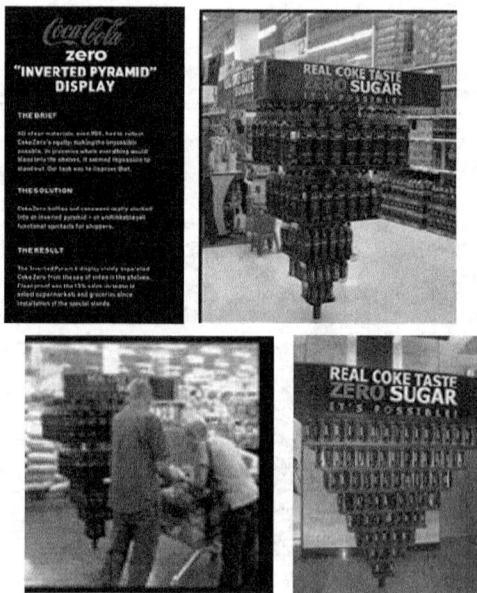

图 6-16　货架陈列也可以富有创意

马尼拉的李奥贝纳广告公司在超市里将零度可乐的货架摆成了一个不可思议的倒金字塔形状，该设计是为了与零度可乐的广告语"It's Possible"（什么都有可能）相呼应。"倒金字塔"货架让顾客们惊叹之余印象深刻，在设立"倒金字塔"的超市零度可乐的销售额平均增加了13%。

6.3　新兴广告媒介

除了以上传统的媒体类型之外，今天的媒体样式也已经有了很大的发展。特别是各种信息技术的长足发展，使得各种借助有线或无线网络传播的媒介形式，如手机、数字电视等迅速普及开来，尤其是在一些经济相对比较发达的地区。在针对这些地区制定广告媒体计划时，需要及时吸纳这些新媒体的新特性，创造性地为客户广告增添价值。所谓新媒介，主要是"利用数字电视技术、网络技术、多媒体技术、通信技术，通过互联网、宽带局域网、无线通信网和卫星等渠道，以电视、电脑、手机为终端，向用户提供视频、音频、语音数据服务、连线游戏、远程教育等集成信息和娱乐服务的一种传播形式。"[1] 与传统大众媒介相比，新媒介最大的特点就是即时交互性，同时在信息量、空间范围、时效性、多样性等方面也比传统媒介有更大的提高。新媒介的诞生和发展除了技术上的进步以外，也引发了营销观念的变革和对受众特点的新研究。各类新媒体，无论是移动电视还是网络、手机，都是基于分众过程下的小众群体。

互联网是广告发展的一个全新平台。它的出现颠覆了广告以往的原则和规律。把现代广告往前推进了一大步。新技术意味着新媒介，这一原则的最佳体现是在互联网里。互联网为广告主的广告展示提供了新的途径。计算机技术对广告产生了巨大影响：个人电脑、互联网、电子邮件和电子布告牌，都为广告主提供了到达潜在顾客的新媒介。全球信息高速公路以及随之而来的互联革命，配置了个人电脑、网络连接装置、CD-ROMs 和有线电视，广告便进入了一个双向媒介时代。

互联网广告传播的发展势头，通过一组数据可以明显地感觉出来：2004 年，数字广告只占全球广告收入的 4%多一点，到 2012 年，互联网广告已经占据全球广告支出的 18%的份额。当时的预测认为到 2013 年互联网将成为仅次于电视媒介的第二大广告媒介，搜索广告占据互联网广告收入的 46%，展示类的旗帜广告等占 21%，移动类的广告占 9%。[2]

6.3.1　互联网广告

若想给互联网广告下一个确切的定义非常困难，因为它实在是变化太快，旧的定义总是无法界定层出不穷的新形式。姑且将所有出现在互联网上的广告形式都称为互联网广告，但这个定义几乎等同于没有定义，因为现在的互联网广告的多样性和复杂性，早已经超出过去对互联网广告就是条幅（Banner）、按钮（Button）、动画（Flash）和主页（Webpage）等硬性广告的理解范畴了，如图 6-16 所示。随着 MSN、论坛、博客、微博、播客、视频网站、专业购物网站、网络游戏、网络社区等的出现，网络广告已经和微营销、微传播、社区营销等更为广泛的营销传播概念联系在一起。如果想利用互联网络强大的沟通能力做广告的话，就必须对这些形式和概念有足够清楚的认识。

1. 互联网广告传播的基本概念

根据互联网信息传播的发起者和互动性，可以将所有互联网信息传播形式分为如表 6-1 所示的 4 大类。其中，在互联网刚刚开始普及的初级阶段，前两种传播方式比较受各类企业青睐，但

[1] 王文科. 传媒导论. 浙江：浙江大学出版社，2006：316.
[2] Interactive Advertising Bureau.IAB Internet Advertising Revenue Report: 2012 Full Year Results. April 2013:12.

是伴随互联网技术的发展、使用人群的扩大以及应用水平的不断提高，互联网无与伦比的强大互动性特点被充分发掘出来，后两种互动传播形式愈演愈烈，如今已经成为当之无愧的主要发展趋势，这就是被人们广为称道的"Web 2.0时代"。

表 6-1　　　　　　　　　　　　　互联网传播基本分类

基本分类	主要表现形式
官方形式的单向传播	企业网站、新闻软文、网络硬广告等
非官方形式的单向传播	媒介报道、新闻专访、个人发帖等
官方主动发起的互动传播	企业论坛、企业博客、企业微博、网络社区、病毒营销等
用户主动发起的互动传播	即时消息、论坛发帖、博客、个人微博、网络社区等

基于上述基本分类，网络广告还进一步表现出强劲的多样化趋势。早期网络广告主要是在传统的平面广告基础上，以图片文字为主要手段展开传播，后来逐渐发展出频道冠名、专题策划等新的推广形式，但是这些广告形式并不真正体现了互联网的特点。对于广告主来说，如何通过网络途径轻而易举地找到想要的重点客户，才是网络广告最有吸引力的地方。表6-2列出了网络上一些常用的信息传播方式，对照它们查看一下具体每一种形式都有什么样的利用空间。

表 6-2　　　　　　　　　　　　互联网传播专有名词一览表

名词	主要内容
博客	即网络日志（Web Blog）。一般由大的门户网站免费提供空间和模板，用户只需经过简单注册就可以拥有自己的个人网站，通过文字、图片、链接、影音等建立个性化网络世界，并在网络上和他人分享自己的生活。它是网站应用的一种新方式，也是一种新型的个人互联网出版工具
微博	即微型网络日志。内容以总数不超过140个字的文本为主，随时随地记录事件和心情，并可通过3G手机随时发表或在Wap上浏览微博。主要通过订阅关系进行内容分享和传播。具有简短、传播快、信息量大、互动性强等特点，非常符合手机上网的信息需求
搜索引擎	以Google、百度、搜狐等为代表的搜索引擎，能够为广告主提供被受众搜索到的机会，因此成为主要网络传播渠道之一。广告主需要购买搜索关键词，才能提高被搜索到的几率。有数据显示，目前搜索引擎广告已经占所有网络广告的1/3左右
电子邮件	通过电子邮件形式将信息发送到特定用户信箱中，收件人通过查阅邮件来获得信息，成为一些广告主与潜在消费者进行沟通的有效渠道。但因消费者大多对垃圾邮件很反感，导致电子邮件广告发展空间一直受限
病毒视频	主要指在特定网络空间发布精心设计的视频文件，因为内容有趣会吸引很多人点击在线观看，并通过转载或转发地址的方式向他人传播该视频，在短时间内像病毒一样不断复制，形成大范围的传播效果。病毒视频制作水平通常一般，但富有创意，内容其实都与品牌暗中关联，以创意带动传播，是一种免费宣传途径。网络视频是旧媒体与新技术相结合的产物
电脑游戏	主要包括单机版PC游戏和网络游戏两种类型，其中网络游戏特指需要通过网络才能够结合别人一起完成的游戏形式，如魔兽世界、开心农场等，可以大家一齐参与。游戏中也开始出现越来越多的植入广告内容，但一般都不影响玩家的兴趣和行动
网络社区	将各种不同主题的论坛、社区集结在一起的大型综合类社区网站，如西祠社区、猫扑社区和豆瓣等
即时通信	Instant Message，简称IM，一些常用的网络聊天工具如MSN、QQ等都属于即时通信媒介。主要利用网络与对方即时沟通消息，目前有着广泛的受众人群，逐渐发展成为一种非常有效的网络人际传播方式
论坛	论坛是网络空间里的一个用户讨论组集合体，通过论坛人们可以读到与某个指定主题有关的信息，可以发送新信息或回复信息。是找到具有相同兴趣、特征人群的便捷渠道
Web站点	一些企业在网络上专门购买的、用于存放自己产品或企业介绍的域名或空间。整个Web站点其实就是向公众在网络上展示企业的一个窗口，从某种意义上讲Web站点其实就是一个信息汇总中心。有些购物网站直接就将站点设计成商品目录，利用网络完成交易

　　毫无疑问，每一种形式的网络应用都意味着一种新的媒介形式：网络论坛构筑的网络人际圈及其产生的归属感、网络游戏的虚拟情境及其较高的卷入度、即时通信所具备的人际传播效应等，都为网络广告效果的实现提供了有利条件。基于新媒体分众的网络广告具备了良好的发展条件和前景[1]。一些新型的广告宣传形式，如以下系列图片所示，都说明了网络广告的多样性和贴近性。

2. 互联网广告基本形式

　　通过多年的发展，互联网络广告已经比较成熟，如果想要利用互联网广告强大的沟通能力做广告，就必须对这些形式有足够清楚的认识。和传统媒介一样，互联网广告也要讲求创意、展示和投放的技巧，并不是像一块告示牌一样占据一部分空间就可以了。网络广告中最重要的是互动性，如何在创意中发挥这一特性，是互联网广告发挥效用的关键所在。

　　网络广告最常见的基本形式就是旗帜广告（Banner），也就是横跨网页上方或下方的小公告牌。当用户单击时，鼠标就会将他们带到广告主的网站或缓冲储存页中。网幅广告的价格差别很大，主要取决于网站浏览访问的数量和类型。还有一类常见的广告类型是插播广告，当用户单击某一网站地址时，在网页下载过程中会突然在屏幕上出现插播的广告，一般都是动画广告。这种强行插入的方式经常会引起浏览者的反感，于是中途关闭广告网页，从而影响广告的最终效果。和传统媒介上的广告相比，网络广告具备一个独特的优势，就是可以精确统计点击量。这使得网络广告效果、广告定价与收费等问题都可以做到有据可查，广告研究的科学性一下子得以提高。

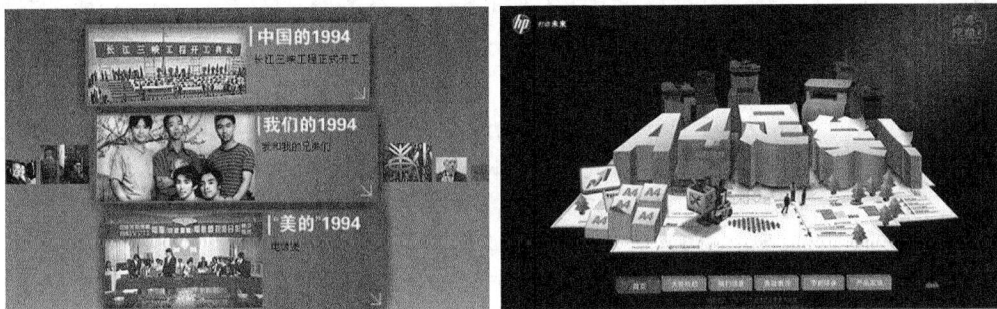

图 6-17　微型网站日益成为企业最常用的互联网广告类型

　　图 6-17 为美的 30 年网站广告；下图为惠普 A4 一体机 "A4 足矣！" 网站广告，由北京奥迈思互动传媒咨询有限公司创意制作。

图 6-18　网络电影、网络视频也是日益受人喜爱的广告传播形式

　　图 6-18 为马爹利名士 "时尚心途" 网络互动电影（上海游龙商务咨询有限公司创意制作）。

---

[1] 郑欣. 空间的分割——新媒体广告效果研究. 北京：中国传媒大学出版社，2008：24.

　　网络广告主要还是通过内容和趣味性来吸引人，如果能够有效吸引用户主动点击观看，则会达到比较理想的效果。有时候，网络广告还会特意与周围的环境信息有机结合，增强广告的说服力。网络广告形式还有很多，这里就经常出现的一些网络广告形式简单介绍如下。

　　① 按钮广告：与旗帜相似，其实就是旗帜的小型版，看起来像一个图标，通常后面连接某一广告主的主页。由于按钮占用的空间比横幅小，其费用也较低。

　　② 全屏广告：用户打开浏览页面时，该广告将以全屏方式出现 3～5 秒，可以是静态的页面，也可以是动态的 Flash 效果，然后逐渐缩成普通的 Banner 尺寸，进入正常阅读页面。全屏广告能综合展示企业形象和能力，造成极大的视觉冲击，留下深刻的印象。

　　③ 飘浮广告：随时出现在浏览页面屏幕中的小型广告版面，通常不会过分干扰读者视线。分随机漂浮广告和定位漂浮广告，前者会随视线随机移动，后者保持纵向位置固定，能够上下随视线移动。

　　④ 滚动标题字幕广告：以文字链接的形式滚动出现在网站首页或频道页的显著位置，如果单击则可直接链接至广告网页中。

　　⑤ 弹出窗口广告：访问网页时，主动弹出的广告窗口，有视觉冲击感加强了用户的视觉记忆。

　　⑥ 在线广告：直接将广告客户提供的电视广告转成网络格式，实现在线播放，如图 6-18 所示的马爹利广告。

　　⑦ 网上流媒体广告：以插播形式出现在 Real Media，Windows Media，QuickTime 或其他网上流媒体的广告。

3. 互联网广告的新发展

　　除了上述基本形式的互联网广告之外，如前所述，互联网营销中还包含许多新的形式和机会。如果对这些新的发展视而不见，只是依赖几个基本款的广告样式的话，就无法在竞争中占据先机。如搜索引擎、博客、微博、网络游戏等都有可能是广告创意和投放的新空间。

　　如以下系列图片，广告主可以在百度等搜索引擎上通过购买关键词的方法让自己的广告信息排在搜索结果靠前的位置；或者在网络上专门开辟自己的网站宣传某一项活动；也可以利用博主强大的号召力，在他或她的微博、微信里露脸，达到宣传自己的目的；微信的出现将手机与网络有机联系在了一起，随时随地分享心情，当然也可以随时随地发布消息，"短平快"的特点使得微信成为许多广告主的新尝试；植入现成的网络游戏，如将悦活果汁产品中的水果植入开心农场，或是开发一个与现行广告策略相匹配的游戏，如建立一个悦活农场，让用户自己动手种植水果、按照自己喜欢的口味配制果汁，都有可能达到润物细无声的效果，这也是网络广告发展的一个新趋势，如图 6-20 所示。

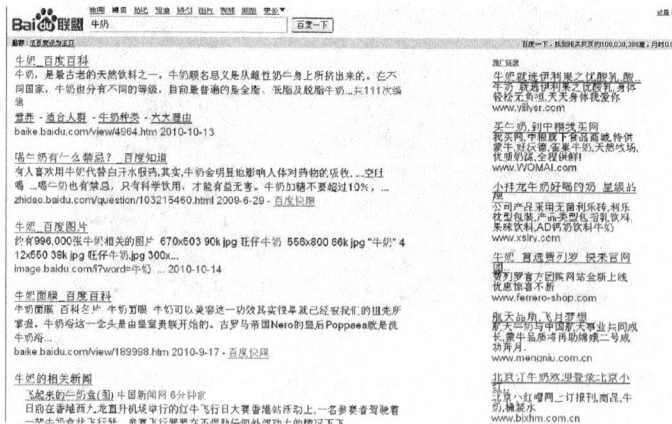

图 6-19　搜索引擎成为网络广告的一种新形式

百度、搜狐、谷歌等搜索引擎都提供商业搜索的业务，通过关键词设置或是购买专门的搜索结果位置，就可以轻而易举地让寻找信息的人看到自己。上图是利用百度搜索"牛奶"一词，搜索结果右侧出现的"伊利、中粮我买网和小神龙牛奶"等都是商业付费的搜索结果。

互联网广告并不是毫无缺点，它的优点很明显，但是缺点也很突出，例如，它只能覆盖上网的人群，那些不会上网、没有条件上网或者没时间上网的人都覆盖不到，因此，在设计使用互联网广告时必须注意到它的局限性。目前比较通常的做法是，将互联网广告和传统媒介广告结合起来，让互联网广告成为普通广告的一个有机延伸，让广告信息的传播以及与目标消费者之间的互动关系进一步深化细化。

图 6-20　游戏精神是网络广告的精髓所在

优衣库（UNIQLO）为推出新品举行的一次线上排号活动"UNIQLO LUCKY LINE"，用户可以通过 Twitter 或 Facebook 报名参加，在优衣库专门为此次活动创建的虚拟社区互动网站里，每个参与者都可以看到自己的形象在商店门口排起长队。除了好玩以外，还将有 50 名参与者可获得前往日本的旅游基金。该活动吸引了超过 40 万的人在网上排队。

> 　　广告主在互联网上发布广告的触角遍及各处，除了社交网站、电子邮件、即时通信等，互联网上独特的交互技术和追踪技术，给互联网广告传播发展提供的多种可能性。互联网广告传播的趋势概括而言主要体现在交互式广告和精准营销两个方面。
>
> 　　交互式广告（Interactive Advertising），是指在线上或者离线情况下，利用交互式媒介来推销或者影响消费者的购买决策。交互式广告可利用媒介，如互联网、交互式电视、手机装置（WAP、SMS 以及 APP）以及摊位平台式终端达成目的。交互式广告让营销商有能力以直接和个人的方式吸引消费者，并让彼此间复杂并有维度的对话变为可能。这将影响潜在顾客的购买决策，特别是在电子商务的环境。或许交互式广告最有效的实践是所谓病毒营销。这种技术利用图形、文字、超链接、Flash 动画、声音/视频短片等，从使用者到使用者以连锁信模式通过电子邮件传布。交互式广告也可以其他种面目呈现世人面前，如品牌的线上目录。这些目录目前担任传统广告互补的角色，帮助访客回忆起比较主要在电视上看到的品牌。客户反应通

常是通过线上填单或者一键电话直拨来参与调研。所有上述手段都是在强化互联网媒体作为一种沟通型媒介的作用，沟通型媒介能够以各种手段在远距离的双方或多方之间建立联系的双向联系型媒介，包括固定电话、移动电话、互联网络等。通过沟通型媒介，人和人之间、群体和群体之间、个人与机构之间，都能够很方便地进行对话和沟通。信息以一种双向的方式流动，信息内容和形式都不是固定的，受众本身也能够以反应和回馈等方式表达自己的意见，而不只是被动的接受信息。通过沟通型媒介可以进行多方沟通，信息的传播过程和路线都被改变了。

精准营销，是指完全针对目标消费者的广告。在互联网上要做到这一点并不困难，基于定位系统和数据跟踪系统的技术完善，能够在互联网上清楚地勾画消费者的行动路线或者喜好意愿，这在今天的互联网技术条件下是一件相对比较容易的事情，而在互联网之前的广告传播中却是相当困难的一件事情。在以往的广告传播过程中，一直困扰广告主的广告传播对象偏差或者广告传播费用浪费等问题，现在都得以有效解决。有些术语看上去貌似已经远离了过去我们所熟知的广告传播属性，但是究其本质而言，都是互联网时代广告传播功能的大大延伸。

知识链接 互联网广告效果评估

互联网广告的样式繁多，价格制定也异常复杂。主要的定价参考指标是互联网广告出现的幅面大小、位置以及网站的日浏览人数和广告的点击量等指标。有些广告效果评估指标是传统广告媒介所不具备的，因此网络广告可以按预期的效果收费，这也是网络广告定价的特点之一。表6-3为互联网广告效果评估中出现的一些专业术语，了解这些词汇的含义有助于更好地掌握互联网广告的根本特点。

表6-3　　　　互联网广告效果评估指标参考[1]

指标	解释
广告曝光（Ad Impression）	也称收视次数，是指有广告的页面被访问的次数。通过计数器可以统计出该页面的广告收视次数
广告索阅（Ad Request）	因访客的行为而使得广告服务器送出某则广告的动作
点击次数（Clicks）	访客通过单击广告进入广告商的页面，称作点击一次。单击即表示他对广告感兴趣并希望得到更详细的信息
点击率（Click Through Rate，CRT）	如果某个页面一共被访问了10 000次，而该页面上的某个广告的点击次数是500次，那么点击率就是5%。点击率可以精确地反映广告的效果
转换（Conversation）	将访客的反应由消极阅读转变为行动的手段，包括在线填写表格、说服购买产品等
千人成本（CPM）	传递每1 000次"广告曝光"所需要的成本
网页索阅（Page Request）	因访客行为而由服务器送出某篇网页至访客浏览器屏幕上的动作
网页阅读数（Page Views）	网站各页面被浏览的次数的总和。一个访客有可能制造几十个甚至更多的页面阅读数
访问人次（Page Views）	网页阅读总数中实际的单独访客人数，与网页阅读数相比，它排除了访客重复阅读某一页面的情况
流量（Traffic）	网络上被传递资料数量的多少
造访（Visit）	指一名访客在某个网站上持续阅读网页的行为。造访次数是衡量网站流量的指标之一

[1] 何佳讯. 广告案例教程. 上海：复旦大学出版社，2006：308-309.

6.3.2　无线通信广告

无线通信广告主要是指各种基于移动互联网络平台的、以手机为主要终端的广告形式，也是3C 时代（即计算机、通信和消费电子产品 3 个英文单词的首字母缩写 Computer、Communication、Consumer Electronic）发展最快的一种新媒介广告形式。手机是一种跨平台的，以丰富内容为主的，融合各种体验的个人化终端，也是近年来手机市场竞争的重点方向。随着手机终端的网络化，中国已经全面进入网络时代，从而加速了 3C 体验的升级，在无线移动互联的协议下进行信息资源的共享和互联互通，满足人们在任何时间、任何地点实现信息融合应用的需求，成为不可逆转的趋势。

以苹果的 iPhone 手机为代表，"软件+服务"的模式拓宽了用户对手机的体验。各大手机制造商、系统制造商、运营商都开始以此为蓝本开发手机用户的市场：中国移动 2009 年 8 月推出智能手机 OPhone，并同时推出 Mobile Market 在线商店；Microsoft（微软）公司也适时推出专门服务于移动通信的服务 Windows Marketplace for Mobile；早在 2006 年 Nokia（诺基亚）就提出"移动互联融合"的策略，并于 2009 年推出 Ovi 在线软件商店，提供地图导航、移动邮箱、音乐和游戏等更多功能；连一直专注于搜索和地图的 Google（谷歌）也推出了内置多款谷歌顶尖软件的 Android 手机，同时创办谷歌 Android Market 手机软件商店。现在，以苹果手机的 Siri 为代表的智能语音系统开始大行其道，手机更是变成了一个可以与之通话和交流的小型机器人。

当手机变成了一种新型个人化多媒体终端之后，手机的广告传播价值也大大增强。以往的手机广告形式主要局限于短信群发、电话营销、彩铃广告等比较简单的传播形式。现在，利用手机浏览报纸、游戏消遣、在线收看电视、收发邮件、购物订货等都已经成为现实，传统媒介上的广告图文信息等内容都有可能被大批量复制到手机当中，手机成为传统媒体的集大成者。而且由于手机具有其他媒体所无法取代的伴随性，使得用户可以随时随地、很方便地接触信息，尤其是针对一些随身性比较强的产品，如互联网信息传播、短新闻播报、新音乐推广等，手机媒体都是合适的不二之选。如何将手机媒体与其他广告形式有机结合，也是手机媒体广告发展的一个方向。因为手机具有无与伦比的强大的互动性功能，很多媒体都将手机作为广告效果延伸的一种媒体，例如，在电视广告中公布一个号码，让用户通过短信方式投票和参与问卷调查，或是拨打某个声讯电话收听特定内容的音频等，都是一些新的增加广告互动效果的使用方式。

和个人计算机一样，手机广告的开发依赖于手机软件的开发。如何让手中这个小的装置发挥出越来越大的作用，是各家公司竞争的重点。而手机功能越强大，它作为一种新型媒介的分量便越重，广告传播的价值也就越大。

（图标）**广告探索**

发现"非常规媒介"

广告现在真的几乎能够做到无孔不入和随处可见，甚至连我们最想不到的地方也可以看见广告。以下是一些已经出现的媒介形式，统称为"非常规媒介"。

- 报纸袋/杂志袋。有些报纸和杂志为了方便分发携带，本身还拥有一个简易的保护袋。上面可以印广告，还可以附带产品样品，同时不会占用报纸杂志内的广告位置，因此开始受到人们的关注，成为广告商的新机会。

- 厕所广告。许多企业在厕所中使用广告，如在厕所的隔板里面或男厕所的小便池上方均可以看见广告。

- 镜面广告。在公共场所洗手池上方的玻璃镜子上也做广告，这已经不是天方夜谭了。这种镜子其实是一种特殊的显示屏幕，在照镜子的间歇，滚动播出事先输入的广告图片。一般在光线比较暗的地方，显示效果比较好。
- 遮光广告。遮光板是一张刻有标志的金属模板，透过镂空处将灯光投射在墙上或其他背景上，比较适合大型户外或室内活动。
- CD-ROMs。消费者现在可以在电子游戏和其他软件中发现产品广告，还可以在节目中间或序幕中看到广告的身影。
- 水果。在国外，一些电影制片公司把电影名称印在苹果标签上，使消费者在纽约或洛杉矶的杂货店中看到这种标签，便能容易的知道近期推销的电影作品是什么。
- 车身标签。一些私家车上会粘贴一些设计得很有意思的图画或标签，类似于"大陆救援""某某车友会"等标志，显示车主的个性特点或团体归属。
- 节目植入。一些产品会主动介入一些相关节目的制作环节，让观众在看节目的同时不知不觉中接触甚至接受了产品信息，例如，在北京电视台的一档美食节目《食全食美》中，主持人的围裙上印有的"鲁花花生油"标识、用于演示的炒菜锅"苏泊尔不粘锅"、灶台一侧摆放的"红罐王老吉"，以及观众互动节目中颁发的礼物"三安有机鸡蛋"等都是专门的广告设置。
- 环保购物袋。在取消了免费塑料购物袋之后，许多商家开始印制印有自己名称标识的无纺布购物袋并免费发放给消费者，只要人们拎着这种购物袋上街，就等于增加了一次免费广告宣传的机会。
- 人体广告。国外一些人出售自己身上的某一个部位，如额头或者手臂，供商家来展示其广告。这种行为多被视为猎奇或者搞怪行为在新闻报道中出现，但也真的有厂家投资购买这种特殊的广告空间。

日常生活中还有哪些奇特的广告形式？希望大家能留心观察并记录下来，补充在这份名单的后面。

6.4 媒介策划流程

首先，需要明确的是媒介策划是广告策划的一部分，它的主要目的是通过对广告媒介选择的合理计划和安排，确保广告策划活动中提出的广告信息能够准确有效地到达目标受众。媒介策划和实施，在整个广告策划活动中占据非常重要的地位，因为广告客户的绝大部分资金都是流向媒介的，广告效率和广告效果都需要借助媒介策划和实施来体现。而在现实生活中，消费者都是通过媒介接触广告品牌的，媒介选择的正确与否直接关系到受众对品牌的感知。

对媒介问题有决策权的角色很多，无论是广告主自己，还是广告代理公司，抑或是一些专业的媒介公司，在考虑媒介策略时都不可避免地要解决以下3类问题：第一，选择哪一种或哪几种媒介类型？每一种媒介类型都关乎不同的传播方式，如是选择电视还是网络，或者是电视、报纸、户外三管齐下？这些决策都将直接导致传播效果的不同。至于最后到底选择哪一种类型的媒介，需要结合目标受众的媒介接触特点、广告目标以及广告主的媒介预算额度等因素一起综合考虑；第二，选择哪一个或多个具体的媒介载体？每一类媒介中又包含有很多种具体的媒介载体，如"做电视广告"，只是确定了广告播出的媒介类型，这一类型的媒介在北京地区，就意味着通过有线电视或者机顶盒或者其他付费方式收到的所有100多个电视频道，到底选择哪一家电视台，为什么选择这一家而不是那一家等都是制定媒介策略时需要考虑的问题。具体选定哪一个媒介载体，要求媒介策划人员对于备选媒介载体的属性、特点以及与目标受众的吻合度等都充分了解之后，才能够作出合理决策；第三，确定最后选用的广告版位并进行订购。这是关于媒介选择最后一个需要决策的内容，也是实施环节最繁琐的一个步骤。例如，选择"北京电视台"之后，还需要进一步确定将自己的广告放置在该台的哪一个具体位置，是放在生活频道还是新闻频道？是放在生活频道的黄金时段还是非黄金时段？在黄金时段的具体哪一个位置——天气预报前还是连续剧中间？如果确定在某个广告时间段，需要重复播出几次等？这些具体到不能再具体的问题，都需要媒介人员在这一阶段确定，然后交付专门的媒介购买人员前往指定媒介商谈价格和签订购买合同。

由于媒介策划的目的性很强，整个媒介策划的目的就是要通过选择各种适当的传播渠道，使广告信息能在适当时机、适当的场合传递给适当的受众[1]。如前所述，今天的媒介内涵达到史无前例的丰富程度，基本上任何可以放置信息的地方都可以叫媒体，那么在制订媒介计划的时候，大到传统媒介，小到购物袋、包装，或是一些专门的活动等非媒介设计，尤其是互联网手段的传播，都是有可能利用的媒介形式。传播中的媒介载体事实上都是互相交融的，媒介与非媒介的差异界限已经不甚清楚了。对于企业和广告主而言，所有载体的终极目的都共同指向受众。整合营销传播概念中提出的"接触点传播"就是消除了媒介载体概念的一个新说法，它的提出是以目标受众为出发点的。关于这个话题，我们将在第七章整合营销传播中展开详细论述。

媒介策划时主要考虑的问题包括时间、地理范围和具体地点、选用的媒介载体、广告发布频率以及媒介之间的整合等。在广告活动推出之前，必须对媒体的选择、刊播时间、广告量在各媒体的分布等，都做好合理的通盘性计划。具体媒介策划分制定媒介目标、拟定媒介策略、执行媒介计划、评估执行结果几个步骤，以下将分别对其进行详细介绍。

6.4.1　制定媒介目标

媒介策略属于整体广告策略中的一个非常重要的子策略，因此，在进行媒介策划时也要求媒介目标一定要符合广告目标。那么，此时就很有必要去回顾一下广告目标乃至整个营销目标。与上述两个相对宏观的目标相比，媒介目标要更为具体，主要包括 3 个内容，即从媒介策划的角度进一步界定谁是目标受众、落实广告信息发布的具体场所以及广告发布的时间与频次。和广告目标一样，媒介目标也必须是可行的、可测量的具体量化目标。只有制定了相关目标之后，才能够考虑如何采用一些经济有效而且富有创意的方式方法来实现这一目标，这就是接下来的制定媒介策略和媒介实施所要考虑的问题了。媒介策划结束之后，需要提供一份详细的媒介排期安排表，这份媒介排期表既是日后的工作指南，更是完成媒介目标的重要途径。所有关于目标受众和广告发布的时间、地点、数量等信息，都要体现在排期表当中。因此，对于广告公司而言，为客户制定一份合理的媒介排期表，既是广告公司专业能力的体现，也是对客户花费在媒介投放上的大量资金的一个预算分配单。总体而言，媒介目标主要分为两个部分，即预计到达的受众目标和广告信息的分配目标。

1. 预计到达的受众目标

广告策划中一直强调的一个中心点，就是针对目标受众的需求制定策略。在媒介策划中，依然将目标受众作为核心和出发点。广告主希望到达的具体人群，反映在媒介上，就是要求媒介策划人员进一步界定清楚这些目标对象到底在哪里居住？他们具备什么特征？通常都接触什么类型的媒介？这些问题的答案可能就隐藏在一些消费者调查报告中，或者是媒介策划人员的生活经验中。因此，媒介策划人员在制定媒介目标之初，必须着手实施一些正式的或非正式的调研，力求对目标对象和他们经常接触的媒介形成一个清晰的认识。否则，就没有办法制定行之有效的媒

---

[1]　（美）威廉·阿伦斯. 丁俊杰，程坪等译. 当代广告学（第 8 版）. 北京：人民邮电出版社，2005：263.

介策略。在调查研究的过程中有一些常用技巧可以遵循。

第一，锁定重度消费者。一般来讲，整个广告策划会特别面对某一范围内的目标受众。例如，李宁的新广告策略就是针对所有 90 年代以后出生的年轻人，这个目标受众范围非常大，作为一个广告策略可以这样去设定目标对象，但作为在一定时间期限内必须达到特定效果的媒介策略，这个目标对象可能还是太广泛了一些，因此还需要进一步界定。那么，这些"90 后"年轻人当中谁又是体育服饰的重度消费者呢？从地理区域上说，他或她应该是城市里的年轻人；从所接受的教育程度来说，应该是学生的可能性比较高；从风格上讲，应该是那些比较追求自我表达和特立独行的人；从消费行为上看，应该是成熟的体育休闲类服饰的购买者。只有这样不厌其烦地进一步界定界定再界定，才有利于媒介策略向下一步的推进。记住，目标越是含糊，广告信息命中的几率就越低。重度消费者是一个比较简便的途径，他们本身就能够实现绝大部分的购买力，而且还具有不可小觑的影响力。

第二，进一步细分目标受众。任何目标受众都不会是铁板一块，只要用心研究，一定还能够进一步细分成不同的类型。这个思路如同"锁定重度消费者"中所讲到的一样，也是为了让目标受众进一步清晰化和完整化。还是沿用李宁的思路，所有这些"90 后"年轻人当中，还可以进一步细分下去吗？当然可以。首先，男性和女性就会有差异；其次，兴趣点不同可能也会引发进一步的差异，例如，爱好体育的人和毫不关心体育的人在关注的信息点切入时也会表现出差异；还有，所在地区的差异，如一线城市和二线城市，同时一个年龄层次的年轻人还会表现出一些差异。意识到并深入了解这些差异，并不是无事生非。广告策划时的信息提取阶段需要量体裁衣，在信息传播阶段也同样需要明察秋毫。

第三，绘制媒介接触地图。无论依据什么准则，当媒介策划明确了自己的目标受众之后，就需要分析这些重度消费者、舆论领袖以及存在不同差异的子目标群体日常生活中的媒介接触情况。例如，他们都会收看或阅读哪些电视节目或杂志？每日生活比较固定地暴露在哪些媒介面前，是地铁、电梯还是超市？策划人员需要筛选出这些重点目标对象接触最多的媒介作为广告信息暴露的备选媒介载体。

第四，比对媒介信息，找出吻合程度最佳的媒介。大多数广播、电视、报纸以及杂志媒介都能够提供自己的受众概况，特别是一些细分程度比较高的媒介，如杂志。但是也有些媒介类型，特别是户外广告或者一些网站广告很难描绘清楚自己的受众到底是些什么类型的人。媒介策划人员需要根据所有能够找到的媒介受众信息，往往还要加上自己的判断与经验，才能选择出恰当的媒介载体。由于资金限制，并不是所有备选媒介都能顺利进入最后的实施名单，因此还要对之进行排序，最后从中选优。

2. 广告信息的布局目标

广告信息的布局目标指的是确定好广告信息应在何时、何处发布以及如何保证发布频率达到最佳传播效果。为了解决这些问题，媒介策划人还必须掌握下表中的一些媒介术语。

表 6-4　　　　　　　　　　　　　　媒介术语基本含义

词汇名称	具体含义	计算方法
受众规模	是指某个媒介整体受众的总数量	印刷媒介：媒介的订户数（或发行量）乘以每册读者数。 电视媒介：覆盖地区的人口规模乘以收视率
到达率	一定时期内暴露在某一广告下至少一次的目标受众的比例，可以按个人或家庭计算。采用多种媒介组合会到达较多人群，采用数量与种类也会影响到达	对广播电视媒介的计算周期为四周，对杂志报纸的计算周期以最后结束阅读为期限，户外媒体的计算周期通常为 1 个月

词汇名称	具体含义	计算方法
有效到达率	用来描述信息暴露质量的概念，主要衡量接收到足够次数的信息暴露、并确实接收到信息人数的百分比	只有当某一广告排期到达了目标受众人口时才是有效的。有研究认为 4 周有 3 次看见机会就可视为到达
频次	特定时间段内一则广告到达目标受众的平均次数，可以按个人或家庭计算	通常以 1 周或 1 个月为计算区间
有效频次	即某人在信息产生效果之前必须听见或看见同一信息的平均次数	有效频次应该介于达到知晓目的的最小次数和过度暴露最大次数之间
暴露频次	指同一人或家庭在特定时间内接触同一信息，如电台广告的次数，表明媒介排期的密度。频次计算以媒介或节目的重复暴露为基础	杂志广告暴露频次计算方法： 目标受众×周次=总暴露次数 平均频次=总接触次数÷受众到达率
视听率	指家庭（或个人）接触广告媒介的百分比，视听率等于任意指定人口群中的一个百分点。常用于广播和电视节目，收视率越高，表明收看的人数越多	如果某电视台某节目的视听率为 20 点，那么就等于有 20%有电视的家庭（称之为电视户或 TVHH）在收看该节目
毛评点（GRP）	GRP 是指一个媒介排期计划中所有媒介载体的视听率总和，毛评点可以充当比较两个媒介计划密度的评判指标。电波媒介毛评点（GRPs）以一周或一个月为计算单位；印刷媒介以整个广告活动的广告数目为单位；户外广告以天为单位	毛评点等于到达率乘以频次（GRP =R×F），以某电台收视率为 40%的节目广告为例，40%的收音机用户（40 点）有机会在 4 周内平均收听到四次广告。GRP 计算过程为： 到达率×频次=40×4 = 160 GRPs
重量	即总收视率或称 GRP，表明特定广告排期传递广告信息的力度和数量	
干人成本	到达 1 000 名目标受众所需要的花费。通常只在统一标准上对某一特定媒介类型内的媒介载体之间进行比较，不会跨媒介类型进行比较	CPM=广告成本/接触人口总数，测量成本效率，而不是效果

正如上述媒介术语所示，广告媒介的安排必须要考虑该广告的刊播范围（到达率）、刊播次数（频次）、各媒介总和的刊播数量（毛评点），还有广告媒介的成本。在选择广告媒体时，媒介人员还要通过各种渠道获取备选媒体的详细资料，如节目的收视率、刊物的发行量、受众的人口统计数据等，才能够让所选媒介与整体营销和广告策略的目标相匹配。在安排广告信息在媒介上的暴露力度时，媒介人员可以将"三次暴露的假定"作为参考标准，即广告若要有效，需要至少 3 次的暴露。

在计算信息力度的过程中，媒介策划人发明了一套媒介目标的表述方法。上述媒介专用术语中，到达率、频次和毛评点都是用来衡量一则广告到达的人数或家庭数目的指标，但是描述的方面不同：到达率表示广告策划者希望多少媒体受众一次或多次接触到该广告信息，它所表达的是一种信息传播面的程度；接触频次说明该广告信息能够到达媒体受众的平均次数，它所表达的是个体对信息接触深度的程度；毛评点则是到达率和频次相结合计算出来的产物，表达的是该广告信息将达到媒体受众的总次数，是纵深和面相结合的一种表述方法。

通常，在 GRP 固定的前提下，到达率与频次呈现负相关关系，即高到达率即代表低接触频次，而高接触频次则代表低到达率。打个比方说，GRP 就好比一个人手中拥有 10 元钱，按照普通冰淇淋 1 元 1 支的价格，这个人可以品尝大约 10 种味道的冰淇淋，如果这么做的话，到达率就很高，但是每种口味的冰淇淋就只能够品尝一次，即频次很低；假如不按上面方案操作的话，也可以挑选自己比较喜欢的两三种口味，这样 10 元钱只买两三种口味的话，每一种就可以多吃几支，这样的安排就属于到达率低但是频次相对比较高。这种差别体现在媒介上，便是可以将电视广告一次性集中在一个时间段内播放或只在特定节目中播出，这种安排将会得到更多的接触频次，但是到达率比较低，但如果将广告播出时间安排得相对分散或者让广告在更多节目中播出，则相应地会增加到达率，但获得的接触频次就会减少。

优秀的媒介策划既是一门科学，又是一门艺术。媒介策划人员必须以有限的预算获得最有效的暴露。GRP 的概念有助于媒介策划人判断广告活动的支出上限，可以购买的 GRP 越高，费用自然就越多，不过由于折扣，购买的 GRP 越多，单位成本反而下降。而整体媒介计划的工作就应当尽量使每个 GRP 产生最大的暴露值。在制定媒介计划时，需要对广告在媒介上出现的范围以及暴露的频次有通盘考虑，才能让媒介支出更加合理。在媒介排期执行之前，所有的消费者都没有接触品牌广告，因此到达率与接触频率的基准都是 0；开始执行初期，消费者对品牌广告的接触次数大部分为少数几次，即接触频次从 0 次开始累积到少数的 1~3 次，此时的媒介安排则主要偏重于到达率，即希望在短时期内有更大范围的消费者能够接触到该广告；当媒介排期计划执行一段时间后，在大部分消费者皆已接触过广告的情况下，到达率的成长放慢，广告在媒介上的安排主要是造成消费者频次上的累积，即增加接触频次；随着广告在媒介上的持续暴露，到达率接近极限，此时继续刊播广告只能是提高接触频次累积的次数。另外，在一定时间内相同的 GRP 中，所运用的媒体类别和载具数量越多，到达率越高；运用的媒体类别和载体数量越单一，则受众的接触频次就越高，这一道理和前面的冰淇淋比喻意思相同。

一般来讲，新产品、扩展中的产品类别或是副品牌、不经常购买的产品类别都比较强调到达率；而竞争对手强大的品牌、经常购买的产品、产品忠诚度比较弱的产品或信息复杂的产品，通常会比较强调接触频次。因此，需要根据广告产品所属的类别，挑选合适的广告媒介策略方向。

6.4.2　拟定媒介策略

在明确了媒介目标，包括到达受众的目标和媒介信息力度目标之后，媒介策划人便着手制定实现上述目标的策略。制定媒介策略时主要考虑以下问题。

1. 所选媒介和目标受众的吻合程度

考察所选媒介和目标受众到底在多大程度上吻合，是拟定媒介策略最基本的一个原则。因为媒介策略需要达成一定的人群目标，而这一人群目标主要是依靠所选媒介能够到达的受众群体特性来体现。现在很多媒介都能够提供自己的目标人群，媒介人员只需找到这些信息并和自己希望到达的人群进行比对，然后找到合适的媒介就可以。

2. 在媒介上发布广告信息的持续性

什么时候发布多少的广告消息才能够用最少的支出水平维持人们对广告的记忆，是媒介信息持续性设计的关键。有效维持广告信息的持续性，是媒介安排重点考虑的内容。例如，一般的产品都会在销售旺季之前加强广告的力量，在旺季后减少广告力量，这也是在电视上经常看见夏季来临之前各种饮料、空调广告不断，而在中秋节之前 1 个月内月饼的广告突然之间增多但是在节后很快消失殆尽的原因所在。一般来说，在影响消费者方面，广告的第一次暴露最有力度，若想在每周内获得某一品牌高水平的到达率，必须先有较多的频次。而且广告信息要持续地到达受众，不要时断时续，才能达到累积的效果。频次对引起记忆很重要，持续性则对维持记忆很重要。保持广告信息的持续性，一方面能够将以往的广告效果有效延续，另一方面也能在人们需要信息时能够及时获得信息。

图 6-21　搜报网提供的广告报价信息

借助网络搜索功能或一些媒介服务网站，一般能够很轻松地获得所想了解的媒介的受众信息、发行信息和广告价格。图 6-21 中的搜报网就提供了全国报纸的广告报价信息。

3. 具体的媒介排期策略

在保证信息分布持续性的基础上，在具体的信息分布规律的安排上可以有所不同，这也是媒介策略最后要考虑的一项重要内容。常用的媒介排期形式有持续性排期（Continuous Schedule）、起伏式排期（Flighting）和脉冲式排期（Pulsing），具体形式如图 6-22 所示。

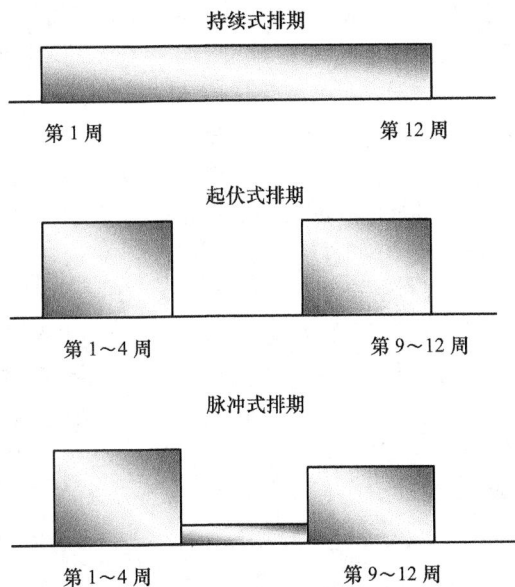

持续式排期

第 1 周　　　　　　　　第 12 周

起伏式排期

第 1~4 周　　　　　　第 9~12 周

脉冲式排期

第 1~4 周　　　　　　第 9~12 周

图 6-22　媒介排期示意图

4. 媒介投放的空间策略

媒介投放的空间策略指的是在制定媒介策略时除了考虑时间上的布局和安排之外，还要考虑媒介投放在地理区域上的布局和安排。这一点和企业的市场营销策略重点是一致的。重点市场自然要重点投放。在媒介选择上需要充分考虑企业的目标和需求，然后从媒介策略制定上去满足这一需求。以蒙牛酸酸乳为例，它的媒介投放很大一部分是通过与湖南卫视的"超级女声"选秀节目结合在一起的。因此，如何利用这个节目的影响力配合市场营销策略的开展，是制订媒介计划时需要着重考虑的问题。于是，作为超级女声节目的赞助商，结合该栏目的活动规则，超级女声的5个分赛区的选择就是由蒙牛和湖南卫视协商决定的。最终选择了长沙、成都、郑州、杭州和广州5个赛区，而这5个赛区正覆盖了蒙牛在西南、华中、华东和华南的4个重点销售区域，电视大赛在赛事推广过程中自然而然带来媒介宣传效应，对这几个重点市场形成了巨大的辐射力[1]。

6.4.3 执行媒介计划

大的方向制订下来之后，就可以制订具体的媒介计划，包含制定最后的媒介排期表和实施购买、预定以及最后的刊播监控。

1. 制定媒介排期表

媒介排期表是广告公司或媒介公司表明自己将于广告活动期间内如何安排广告时间与广告空间的计划明细，以对达成营销目标起到作用[2]。制作媒介排期表时，需要对表6-4中所介绍的媒介术语特别熟悉，这些术语能够使我们在制订媒介计划时借助一些比较特别的思维方式，从而让整体计划更有效率。媒介计划包含设计媒介排期表的过程，而排期表则表明广告时间与广告空间在达成营销目标时如何发挥作用。

媒介人员在制订媒介计划时需要处理大量类似的报价资料并将庞大的媒介预算合理科学地分配到细小的广告空间或时节当中去，这项工作需要处理大量的细碎的信息以及进行复杂的计算。

2. 媒介购买

媒介部制作出媒介排期表、征得客户同意之后，就可以开始与媒介接触并协商价格，最后实施计划。如图6-23和图6-24所示，广告价格的定价非常复杂，而实际购买过程中还会有更复杂的组合价、折扣价。因此，单纯与媒介接洽、商谈、议价和实施最后购买的过程就非常复杂，尤其是当客户是全国性广告主、而且媒介预算非常大的时候，就需要非常专业的人员来制订并实施最后的媒介计划。于是，现在出现了一种专门致力于媒介购买的独立公司，而且有逐渐增加的趋势。这些专业的购买公司掌握巨大的资金和媒介网络，因此可以拿到很低的媒介折扣。专业媒介购买公司的购买能力如同滚雪球一样越滚越大，甚至有取代广告公司媒介部门工作的趋势，尤其是一些小型广告公司或代理一些媒介资金不是那么雄厚的小型客户时，专业媒介购买公司具备的资源优势往往能够帮助这些公司有效节约媒介购买方面的资金。由于媒介购买公司的能力太大，有时广告公司在制定媒介策略时还要征求他们的意见。这些专业化媒体机构揽走了很多广告公司的媒介业务，它们也被称为媒介经纪人。一些大的广告集团也开始注意到这一市场的前景，纷纷将媒介购买业务从广告业务中划分出来，成立独立的媒介购买公司。目前比较著名的媒介公司有实力媒体、传立媒体和浩腾媒体等。

---

[1] 任锡源编著. 广告策划. 北京：经济管理出版社，2010：157.

[2] May Lwin, Jim Aitchison. Clueless in advertising. Prentice Hall：Singapore, 2003：15.

新京报广告价格体系（表一：周一、周二、周三、周六、周日广告价格表）

2010 年 1 月 1 日实行

表一：周一、周二、周三、周六、周日价格表　表二：周四、周五广告价格表　周三：广告杂志、特殊版
面形式广告价格表　表四：文字、版花和专栏广告价格表　规格：高度×宽度 CM 价格单位：元（人民币）

版面		套色	全版 35×24.5	半版 17×24.5	1/3 版 11.5×24.5	1/4 版 8.5×24.5	通栏 7×24.5	半通栏 3.5×24.5
A叠	头版	规格			10×24.5	7.5×24.5	6×24.5	3×24.5
		黑白			275000	208000	179000	99000
		彩色			339000	249000	226000	125000
	三版	黑白	309000	169000	118000			
		彩色	366000	209000	139000			
	二版	规格	11×20.5		8×20.5		7×20.5	
		黑白	108000		79900		69900	
		彩色	135000		96000		88000	
	底版	黑白	278000	156000	100000	75000	66000	
		彩色	329000	188000	128000	93000	85000	
	五版（A05）七版（A07）九版（A09）	黑白	215000	119000	79900	58900	55000	
		彩色	259000	149000	99000	72000	66000	
	四版（A04）六版（A06）八版（A08）	黑白	198000	116000	75000	56000	47900	
		彩色	238000	146000	92000	66000	59900	
	A11、A13、A15、A17	黑白	189000	105000	70000		46000	
		彩色	228000	129000	87000	63000	58000	
	A10、A12、A14、A16	黑白	186000	100000	68000	49800	43800	
		彩色	218000	126000	85000	60000	55000	
	普通版	黑白	165000	91000	61000	45300	39700	
		彩色	198000	113000	75500	55000	49800	
B叠	头版	黑白	268000	149000	100000	75000	66000	
		彩色	325000	185000	119000	98000	78000	
	三版	黑白	219000	118000	78800	59000	53000	
		彩色	256000	145000	93900	76800	62000	
	二版底版	黑白	199000	109000	75000	55000	48000	
		彩色	238000	136000	89000	73000	58000	
	普通版	黑白	146000	77900	55000	40000	35000	17500
		彩色	169000	93900	63000	55000	43000	22000
C叠	头版	黑白	219000	120000	80000	60000	55000	
		彩色	269000	148000	96900	75000	66000	
	三版	黑白	179000	116000	76000	58000	50000	
		彩色	215000	139000	90000	69000	65000	
	二版底版	黑白	163000	89000	59900	45000	40000	
		彩色	199000	109000	71500	53900	49000	
	普通版	黑白	118000	65000	46000	32000	28800	14500
		彩色	146000	78000	52000	38000	35000	16800
	北京地理	规格	34×7.5		8.5×50		7×50	3.5×50
		黑白	51900		77000		69000	35000
		彩色	63000		96000		85000	43000

图 6-23　《新京报》广告价目表节选

　　最后，在媒介如期播出之后，还需要对播出质量进行监控。这个道理如同日常生活中购买完一件商品之后，还要在将来的使用过程中检查它的质量，防止买到质量瑕疵的产品或受到欺诈。媒介购买也一样，明明购买的是电视台一天播出 10 次的优惠套装，但是最后播出时次数不够或者时间不够，都是对客户媒介资金的一种折损，因此，不能说媒介排期表完成之后，交给媒介购买时段，媒介部门的工作就完成了。最后也需要对媒介计划执行的质量进行持续的关注和检测。

项目名称	5秒	10秒	15秒	20秒	25秒	30秒
法治在线前	11,700	17,600	22,000	29,900	35,200	39,600
朝闻天下前	16,000	24,000	30,000	40,800	48,000	54,000
夕阳红前	18,100	27,200	34,000	46,200	54,400	61,200
精选剧场贴片一	22,400	33,600	42,000	57,100	67,200	75,600
精选剧场中插一	29,900	44,800	56,000	76,200	89,600	100,800
精选剧场集间	20,300	30,400	38,000	51,700	60,800	68,400
精选剧场贴片二	21,300	32,000	40,000	54,400	64,000	72,000
精选剧场中插二	29,900	44,800	56,000	76,200	89,600	100,800
精选剧场贴片三	25,100	37,600	47,000	63,900	75,200	84,600
精选剧场后	31,500	47,200	59,000	80,200	94,400	106,200
新闻30分前	32,000	48,000	60,000	81,600	96,000	108,000
今日说法前	37,300	56,000	70,000	95,200	112,000	126,000
今日说法后	36,300	54,400	68,000	92,500	108,800	122,400
情感剧场贴片一	33,100	49,600	62,000	84,300	99,200	111,600
情感剧场中插一	34,700	52,000	65,000	88,400	104,000	117,000
情感剧场集间	26,700	40,000	50,000	68,000	80,000	90,000
情感剧场贴片二	28,300	42,400	53,000	72,100	84,800	95,400
情感剧场中插二	34,100	51,200	64,000	87,000	102,400	115,200
情感剧场后	26,700	40,000	50,000	68,000	80,000	90,000
榜上有名	28,800	43,200	54,000	73,400	86,400	97,200
电视剧贴片一	76,800	115,200	144,000	195,800	230,400	259,200
下集预告前中插广告一	67,200	100,800	126,000	171,400	201,600	226,800
名不虚传	64,000	96,000	120,000	163,200	192,000	216,000
电视剧贴片二	69,300	104,000	130,000	176,800	208,000	234,000
下集预告前中插广告二	60,300	90,400	113,000	153,700	180,800	203,400
电视剧后	53,300	80,000	100,000	136,000	160,000	180,000
精彩十分前	53,300	80,000	100,000	136,000	160,000	180,000
精彩十分后	48,000	72,000	90,000	122,400	144,000	162,000
名牌时间	48,000	72,000	90,000	122,400	144,000	162,000
晚间新闻报道后	42,700	64,000	80,000	108,800	128,000	144,000
晚间精品节目前	40,500	60,800	76,000	103,400	121,600	136,800
晚间精品节目后	35,700	53,600	67,000	91,100	107,200	120,600
星夜剧场贴片一	34,100	51,200	64,000	87,000	102,400	115,200
星夜剧场中插一	49,100	73,600	92,000	125,100	147,200	165,600
星夜剧场集间	24,000	36,000	45,000	61,200	72,000	81,000
星夜剧场贴片二	24,000	36,000	45,000	61,200	72,000	81,000

图 6-24　中央电视台 CCTV-1 的广告价目表（部分）

6.4.4　评估执行结果

最后，在媒介如期播出之后，还需要对播出质量进行监控。这个道理如同日常生活中购买完一件商品之后，还要在将来的使用过程中检查它们质量，防止买到质量瑕疵的产品或受到欺诈。媒介购买也一样，明明购买的是电视台一天播出 10 次的优惠套装，但是最后播出时次数不够或者时间不够，都是对客户媒介资金的一种折损，因此，不能说媒介排期表完成之后，交给媒介购买时段，媒介部门的工作就完成了，最后的媒介计划执行质量也需要持续的关注和检测。通常的做法是，在媒介排期内安排专人抽取不同的时间点和空间点，对媒介排期的执行情况进行抽样调查。如果发现问题，需要及时和媒介所有者取得联系并进行更进一步的交涉，通过这种机制保障广告策略中的媒介计划最终能够保质保量的如期执行。

对于整体媒介策略的效果也可以进行进一步的评估。例如，通过和前期设定的媒介传播目标进行比对，或者是在消费者中实施调查，检验已经实施的媒介策略和计划是否达到了预先期望的目标。这一工作对下一步的媒介策略的改良和优化也有积极的意义。

广告探索

中国版"少数派报告"

15 岁的英国高中生马修因为一份关于《英国青年人媒体消费习惯报告》的实习报告而在很短的时间内成为了世界名人。这份被称为少数派报告的调查并不复杂，但由于同为青少年的马修能够感同身受地发现许多成年人未能注意到的现象和事实，因而成为摩根斯坦利投资家们手中的

宝。阅读马修撰写的《英国青年人媒体消费习惯报告》，讨论并
回答以下问题。

1. 你能理解这份报告中所谈及的各种内容吗？
2. 你认为这份报告向我们透露了哪些有价值的信息？
3. 你推测马修是如何得到这样一份调查报告的？
4. 马修的做法有什么可取之处？又有哪些值得质疑的地方？
5. 中国青少年情况和该报告调查结果有何异同？
6. 如果由你来完成这份报告，你会怎么做？

在着手进行关于问题6的具体数据收集之前，请按照以下指示完成本次广告探索练习。

第一，定义你所研究的青少年群体。

第二，列出你希望了解的媒介接触清单。

第三，先查找二手资料并总结前人研究结果。

第四，设计问题列表并在小范围内实施，注意提问、抽样等细节设计。

第五，总结调查发现，并注意和第三步的总结性结果做对比。

第六，在调查发现的基础上，提出你对中国青少年媒体消费利用方面的有益建议。

年轻人的媒体消费习惯报告

广播。现如今大多数青少年都不是广播的忠实听众。他们或许会偶尔打开收音机，但一般不是为了收听某个特定的节目。青少年收听收音机的主要目的是听音乐，但是现在有了免费的在线音乐网站，他们便不用再那么麻烦了。就像 Last.fm（全球知名的在线音乐网站，由欧洲的几个年轻人创办，总部设在伦敦）提供的服务那样，没有广告，用户可以自己选择想听的歌，而不是被动接受电台主持人或 DJ 播放的东西。

电视。大多数青少年都会看电视，但是他们一年当中看电视的时间通常都是一阵一阵的。这是由于电视节目会分季播出，因此他们会连续几个星期在某个时段观看特定的节目，然后等整个节目结束后他们又会几个星期都不看电视。男孩子普遍在足球赛季里看更多电视，一般一个星期看两场比赛以及与之相关的节目（总共花费 5 个小时）。有一部分青少年每周至少 5 次追看固定播出的节目（如肥皂剧），每次半小时左右，但是这个比例在缩小，因为每天拿出固定的时间并不那么容易。青少年看电视的时间也在减少，由于有了像 BBC iPlayer（BBC 提供的在线广播电视服务，允许用户通过浏览器或客户端点播 BBC 过去一周的节目，目前该服务主要面向英国国内用户）这样的在线服务，他们可以随时观看他们想看的节目。看电视的时候，广告出现得太频繁了（每小时就有 18 分钟），青少年难以忍受广告骚扰，他们会转台，或者在放广告的时候干点别的事。在我访问的青少年中，超过半数的家里使用维珍传媒（Virgin Media，英国维珍集团旗下的有线电视服务），这家公司收费更低，但是内容跟天空电视（Sky）差不多。还有一小部分青少年使用 Freeview（BBC 提供的免费数字电视服务，用户只需要投资购买接收设备，之后就无需付费，但是其提供的频道数较少），但是这些人正是电视的"轻度使用者"（每周观看 1.5 小时左右），因此他们不需要其他服务商提供的数百个频道。

报纸。我所知道的青少年中没有一个会固定阅读报纸，因为大部分人都没有这个时间，也不能耐着性子去阅读大量的文字，尤其是在他们可以通过互联网或电视观看新闻概览的情况下。能够吸引青少年兴趣的报纸只有那些小报和免费报纸（如《Metro》《London Lite》等），这主要是因为成本问题，青少年很不情愿掏钱买报纸（这就是为什么免费报纸能够大行其道了）。在几个星期前，《太阳报》的价格降到了 20 便士，因此我看到越来越多的青少年在阅读

这份报纸。小报阅读量更大的另一个重要原因是，这些报纸尺寸紧凑，更方便在公共汽车或列车上阅读。《Metro》报尤其如此，因为这份报纸就是在公共汽车和列车上派发的。

游戏机。比较刻板的思维一般都认为，玩游戏的都是男孩子。不过在 Wii（任天堂的新一代游戏平台，主要特征是能够感知玩家的身体动作）上市以后，很多的少女玩家和（6 岁以上的）孩子玩家涌现出来。现在青少年中最为常见的游戏机是 Wii，接下来是 Xbox 360（微软的新一代游戏机）和 PS3（索尼公司的游戏机）。大部分拥有游戏机的孩子玩起游戏来都不是"浅尝辄止"，而是"大动干戈"（超过 1 小时）。由于当今的游戏机都能连接互联网，玩家之间已经可以进行语音通话，这对电话的使用是一个不小的冲击。如果能够通过游戏机免费通话，谁还会愿意花钱打电话呢？PC 游戏在青少年中极少或者说根本没有市场，这可能是因为通常每个游戏都会跨平台发布，大家都知道 PC 游戏早晚也能在游戏机上玩。同时，PC 游戏还需要昂贵的设备来确保可以平滑运行。此外，PC 游戏相对容易盗版，可以免费下载，因此很多青少年都会下载盗版游戏而不会花钱使用正版。相比较而言，要免费得到一个游戏机游戏程序就近乎不可能了。

互联网。每个青少年或多或少都会上网，或是在家，或是在学校。在家上网主要是为了娱乐（如上社会化网络），在学校或图书馆上网则是为了学习。大部分青少年都会在几个社会化网络中十分活跃，Facebook 是最常使用的，几乎所有能上网的孩子都注册了账户并且每周都会访问 4 次以上。Facebook 之所以流行，是因为人们可以跟超大规模的朋友群进行互动。另一方面，青少年不使用 Twitter，大部分孩子也都注册了 Twitter 账号，但是随后就抛到脑后了。因为他们认识到他们不可能去更新（主要是因为使用 Twitter 发信息要花钱，还不如用这些钱给朋友发短信息）。另外，他们还觉得，没有人会在 Twitter 上关心自己，所以他们写的博客也就毫无意义。除了上社会化网络，互联网主要还被用来就各类话题查找相关信息。在网络搜索方面，Google 占据绝对优势，原因很简单，它名气最大，也易于使用。有些青少年还通过 eBay 这样的网站进行购物，但这类用户所占的比例很小，因为网络购物需要信用卡，而大多数青少年没有信用卡。有很多青少年会上 YouTube 浏览视频（通常是看那些别处难以看到的卡通片），还有的则是把 YouTube 当做播放背景音乐的播放器——如果他们想听的音乐恰好在这里有 MV 版的话。

目录指南。青少年人群从来不去使用实物的目录指南（如黄页那样的印刷版目录）。这是因为实物的目录指南大都包含建筑商或者花店之类的名录，而这些服务青少年根本用不到。他们也不会使用像 118118（英国的电话查号台）这样的服务，因为这些服务收费不菲，而同样的信息在互联网上可以免费得到，只要使用 Google 搜索一下就可以了。

病毒营销和户外营销。大多数青少年都支持病毒营销（通过策划制造网络热点实现口口相传的宣传效果）并乐得参与其中，尤其当幽默有趣的内容被制造出来的时候。青少年把网络广告（弹出窗口和 banner 广告）看做是极其烦人和无聊的东西，他们从来也不会对那些东西正眼相看，而且它们已经声名狼藉，更没有人会点击。

户外广告一般也只能让青少年无动于衷，有的时候还会激起反感，比如，贝纳通的婴儿广告就是这样。大多数青少年会对常规户外广告（如广告牌）视而不见，因为他们总是一出门就看到户外广告而这些广告往往又不是做给他们看的（除非是电影广告）。然而，有些大型活动的广告，例如，侠盗飞车 4 中的人物角色印刷在大楼的一侧则会引起兴趣，因为他们看上去非同一般，导致人们停下脚步，端详这则广告，甚至还会让人们去做进一步跟踪探究。

音乐。青少年人群会听大量音乐，而且多半是干别的事情（如旅行或用计算机）的时候听。

这也导致了很难确定他们到底将多大比例的时间花在音乐上。他们很不情愿为音乐付费（他们中大多数人从来不会购买 CD），很大比例（8/10）的青少年都是从文件共享网站非法下载音乐的。青少年合法获得免费音乐的途径是听收音机，看音乐电视频道（这个并不普遍，因为音乐频道只在特定的时间播放音乐，而那些时间不一定是青少年看电视的时间），以及使用音乐播放网站（如我前面所提到的）。几乎所有的青少年都喜欢保存歌曲的"硬拷贝"（可以保存在计算机中并可以随时使用的文件），这样他们就可以复制到便携的音乐播放器上与朋友们分享。那么青少年们在忙碌各种事情的时候是通过什么来享受音乐的通常取决于财富——高收入家庭的孩子有 iPod，低收入家庭的孩子有音乐手机，有些孩子则两种都用。惯例之外总会有人别出心裁，有一定数量的青少年使用苹果公司的 iTunes 音乐服务（通常是与 iPod 结合使用）来合法地获取音乐，不过这种方式照例不受很多孩子的青睐，因为价格实在"高昂"（每首歌需支付 79 便士）。一些青少年使用多种途径获取音乐，因为有的时候在线播放网站上的歌曲虽然质量好但无法离线使用，所以他们会先把一首歌下载保存，然后再到音乐网站上去听这首歌（在这里接触不到歌曲文件）。

电影院。青少年到访电影院的频率蛮高的，而且跟上映什么片子无关。通常情况下他们会先锁定一部影片，然后再去电影院，也有时候他们会先去电影院，然后再选择影片，这是因为去电影院不仅是为了影片，更重要的是那种体验，以及有和朋友们团聚的快乐。15 岁以下的青少年（主要是 13 岁和 14 岁）去电影院的次数更多一些，一旦超过 15 岁，他们去电影院的次数就会大为减少。这要归因于票价政策：15 岁就要开始买成人票了，而成人票价往往是儿童票的两倍。同样的，在影片上映期间也可能买到其盗版的 DVD，价格要比电影票便宜得多，所以青少年经常选择买盗版碟而不是去电影院观看。有些孩子选择从互联网上下载电影，但是这也不是什么讨人喜欢的办法，因为下载的电影质量一般比较差，只能在很小的计算机屏幕上观看，而且下载的文件还有可能附带恶意程序，使计算机感染病毒。

硬件设备。

手机。99%的青少年拥有手机，而且是功能比较强大的手机。普遍的观点认为索爱手机比较高级，原因是他们的功能丰富，内置音乐"随身听"，价格适中（100 英镑能买到中高档的型号）。青少年由于害怕手机丢失而不会购买价格超过 200 英镑的手机。作为惯例，青少年都采用先付费后使用的方式，这是因为他们无法承受包月费用，也无力承担一年半一签的合同。通常来说，青少年使用手机仅用于发短信、打电话而已，像视频短信或者视频通话这样的功能是没人使用的，因为费用过于昂贵（一条视频短信的费用可以用来发送 4 条文字短信）。即时信息这样的服务也会被使用，但不为人人所使用，这要取决于手机是否具有 Wi-fi 功能（手机连接无线局域网的国际标准），因为如果没有 Wi-fi 功能，通过移动通信网络连接互联网的费用是很贵的。由于大多数青少年的手机都支持蓝牙，而且蓝牙是免费的，所以他们也经常使用这一功能。蓝牙功能常被用来相互发送歌曲和视频（尽管这种做法是不合法的），这也是青少年免费获取歌曲的另一个途径。青少年从来不用彩铃和收费图片业务，这些业务在新世纪的前几年曾经广受欢迎，这是因为关于这些业务的陷阱性质已有负面报道（有的服务每周要收费 20 英镑而且很难取消），而且大家都知道可以先通过计算机得到图片和音乐然后再传到手机上，还不用花钱。没人用手机收发电邮，因为青少年没有这个需要，他们并没有重要的电邮需要接收，所以没有必要时刻连接到收件箱。青少年不会使用手机的互联网功能，因为花销太大，而且一般来说，如果等 1 小时就能到家上网的话，他们宁愿等到回家再上网，反正他们通常也没有什么紧急业务要处理。青少年也不会很频繁地升级他们的手机，大部分人每两年才会更换一次手机，因为他们自己并没有钱换手机，大都需要等到过生日的时候收到父母给买的新手机。

电视机。大多数青少年拥有一台电视机，而且越来越多的人已经升级到高清平板电视了。然而，很多人不会使用高清功能，因为高清频道是个昂贵的新事物，很多家庭都找不到理由来支付这笔额外的支出。他们中很多人不想定制高清广播服务，是因为高清电视服务的广告都是在普通电视广播中播放的，大家也看不出来有什么差别。大部分人都使用维珍传媒的有线电视服务。有些使用天空电视或者 Freeview，也有极少数的人只有前 5 大频道（BBC1 台、BBC2 台、ITV、第四频道和第五频道）。

计算机。每个青少年都能接触到能上网的计算机，但是大多数青少年的计算机都只能胜任日常工作。几乎所有的青少年的计算机都装有微软的 Office 软件，这样他们就能在家完成学校布置的作业。大多数（9/10）被青少年所拥有的计算机都是 PC，因为 PC 比苹果计算机便宜，而且学校计算机安装的是 Windows 系统，因此如果家里使用苹果计算机的话，兼容问题就会增加。

游戏机。接近 1/3 的青少年拥有一个新的（时间少于 2.5 年的）游戏机，其中 50%是任天堂的 Wii，40%是 Xbox360，10%是 PS3。PS3 的比例如此之低是因为它的价格较高（300 英镑）但功能和游戏又跟 Xbox360 差不多，并且后者的价格较低（160 英镑）。Wii 能占优势则要感谢那些年轻的弟弟妹妹们，他们有了一个 Wii 之后，父母就不再愿意给他们买其他的游戏机了。

什么最热门：一切带触摸屏的装备都令人垂涎；具有超大音乐存储能力的手机；能够连接互联网的便携设备（如 iPhone）；超大屏幕的电视机。

什么最冷门：一切需要连接线的东西；黑白屏的手机；笨重的"砖头"手机；电池续航能力低于 10 小时的设备。

第7章

广告策划第六步：整合营销传播

"广告的艺术在于用尽可能低的费用把一项信息灌注到最大多数人的心中。"

——罗瑟·里夫斯

学习目标

通过对本章的学习，你将能够：

- ☑ 了解整合营销传播思想在广告策划中的重要作用
- ☑ 了解整合营销传播的基本概念
- ☑ 了解并掌握整合营销传播的几种基本传播工具
- ☑ 认识内部整合和外部整合的基本概念
- ☑ 掌握一致性三角形的基本概念
- ☑ 能够运用整合营销传播中的基本概念分析和解决实际问题

本章任务

假设联合利华是你目前正在服务的客户。如图 7-1 所示为联合利华旗下所属大部分品牌的分布情况。如果客户要求你负责对旗下某个独立品牌做一次"整合营销传播外部审核"（IMC External Audit），然后再在审核结果的基础上制定新的整合营销传播规划。那么什么是整合营销传播，该如何进行审核，需要从哪方面入手，依照什么程序进行？本章的主要内容将帮助你了解这些关于整合营销传播的必备知识。

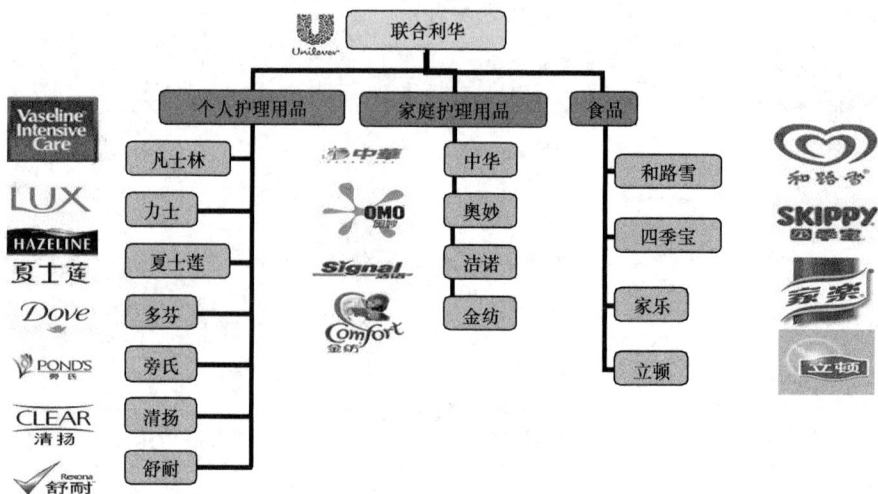

图7-1　全球最大的日用品生产企业联合利华的品牌家族树形表

任务提示：

（1）这一任务需要分小组进行。将全班同学分成 5 人左右的小组若干个，每组选出一位组长，由组长组织大家讨论，共同选定本组决定分析研究的品牌，各组最后选定的品牌不能重复。

（2）所选取的品牌最好是小组成员都有兴趣进行深入研究的品牌，可以是喜欢或不喜欢的品牌，但必须很了解该品牌，最好曾经有过品牌消费经验。要求在你的生活范围内可以接触到所研究的品牌，能够很方便地找到相关信息以及有关广告、公关等促销活动的实际案例。

（3）确定品牌后先挑选该品牌近期使用过的两类促销工具的代表性案例各一个，针对这两个案例进行研讨，用一页纸的篇幅分别书面回答以下问题。

① 该例子中使用了什么类型的促销工具？

② 企业试图传达什么最基本的信息？

③ 企业试图将这些信息传达给什么人（即它的目标市场）？

④ 企业还试图传达哪些深层次的信息？即设定了哪些期望值，暗示消费者购买本产品就可能得到期望的结果？

⑤ 该例子针对公司及所销售的产品都提供了哪些确切的信息？

（4）接触点评估。与品牌有至少两种不同的途径发生接触，例如，使用产品、进入商店、与公司人员进行面谈或电话交流、浏览网页或交流互动，或通过其他与该品牌互动的方式，了解这些接触点的类型，并分析在这些接触点层面你都获得了哪些正面或负面的品牌经验。通过与这些接触，品牌都传递出什么样的信息？是有意传递的还是无意中传达的？这些信息和其他品牌活动是否一致？你认为它们是有战略性的还是只是偶尔为之。你在品牌接触中是否特别注意到一些人员因素，如客户服务、非直接销售等有人接触的环节。

本章案例

宜家——全方位整合营销传播的成功范例

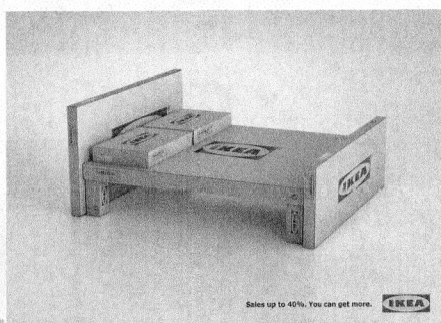

图 7-2　宜家最早刻在木头上的标志、宜家的黄蓝标志以及家具
展示厅大卖场、宜家独特的平板式包装（既方便运输还节省存储空间）

宜家商场在全世界范围内保持高度的一致性。

图 7-3 宜家不同时期的产品目录册

如图 7-3 所示，产品目录册不仅为消费者提供详细的购物指导，还展现出不同的家居风格，为消费者提供家居设计方面的灵感。现在发放产品目录册也成为了企业向公众证明自己为环保事业做出贡献的一个有效渠道。

瑞典宜家（IKEA）是二十世纪少数几个成功的商业案例之一，从 1943 年初创时期的文具邮购业务开始，不到 60 年的时间就发展成了一个在全球 42 个国家拥有 180 家连锁商店，雇佣了 7 万多名员工的全球最大家居用品零售商，同时还赢得了 Interbrand 发布的 TOP 100 全球最有价值品牌中排名第 44 位的荣誉。自从 1999 年进入中国市场以来，宜家的销售额每年都实现两位数的增长。在激烈的家居市场竞争中，众多国内企业都为市场份额和价格争得头破血流，而宜家能够做到保持每年 25% 的销售额增长速度，整合营销传播是其一个重要的成功之道。

1. 以提升消费者价值为导向。提升消费者价值最关键的一步就是降低消费者的购物成本、增加消费者效益。使消费者与企业之间的关系由"一方受损，一方受益"转变为"双方受益"。为达成"双赢"，宜家在设计产品之前就先确定好一个消费者能够接受的成本，然后在这个成本之内，尽可能地做到精美实用，以"模块"式方法设计家具，不同的模块根据不同的成本在不同地区生产，同一模块在不同家具间也可以通用，这样一来不仅设计的成本得以降低，而且产品的总成本也能降低。宜家独特的平板包装，不仅能避免产品在运输过程中受到损害，也降低了储运成本。这些成本的降低在让宜家受益之余，也能让消费者受益。除此之外，宜家还把基本业务流程重新编排组织以满足消费者的需求，和其他家具商提供的整体家具不同，宜家的消费者需要自己组装家具，这样不仅能降低他们付出的成本，还可以让消费者根据自己的偏好来选择家具散件的配套与组合。提高消费者满意度是提升消费者价值的基础，为了赢得消费者的芳心，宜家采取了一系列的措施，如鼓励消费者在选购时"拉开抽屉，打开柜门，在地毯上走走，或者试一试床和沙发是否坚固"，亲身体验宜家的产品给他们带来的美好享受。另外，针对消费者购买家具时可能会有的种种顾虑，如害怕不同的产品组合买到家之后不协调，与环境风格不吻合等，宜家还设立了不同风格的样板间，把各种配套产品进行组合，充分展现每种产品的现场效果，甚至连灯光都展示出来，这样顾客们基本上就可以看出家具组合后的感觉以及体现出的格调。这些营销策略都为宜家吸引了大批的回头客。

2. 重视接触点管理。宜家的服务理念是"让购买家具更为快乐"，因此在任何有可能会和消费者产生接触点的地方，不管是卖场设计还是服务方式，宜家都尽量使其显得自然、和谐，让消费者感觉到温馨和满意。实际上，消费者从走进宜家卖场的时候起，就能感受到宜家的良苦用心，不仅地板上有箭头指引他们按照最佳顺序逛完整个商场，而且展示区还按照他们的习惯制定了商品的顺序。在入口处，宜家为消费者提供铅笔、卷尺和纸张，以方便顾客进行测量和记录。在选购过程中，除非消费者提出需要帮助，否则宜家的店员不会上前打扰，以便让消费者有最佳的购物氛围。为了让消费者掌握全面真实的产品信息，宜家还精心制作了详细的标签，告知产品的购买指南、保养方法和价格。如果消费者逛累了，可以在卖场内的宜家餐厅小憩一会儿，喝上一杯咖啡或是一碟北欧风味的点心……如果消费者在购买宜家的产品后觉得不合适，没有关系，宜家非常体贴地为消费者解除后顾之忧：在购物 14 天内可以无条件退货。完美的细节设计和完善的售后服务不仅为宜家赢得了口碑，更是提升了宜家的品牌形象，而这主要依赖于整合营销传播战略中的接触点传播管理——将凡是能够将产品、品牌类别和任何与企业相关的信息等资讯传输给消费者或潜在消费者的过程与经验，都视为企业与消费者之间的接触点。

3. 保持与消费者的积极沟通。宜家在每次销售完成后都会记录下消费者的资料，建立数据库。为了满足不同年龄层顾客的需要，宜家每隔 3 年就要展开一次全球市场调查活动，依据这些调查得来的数据制定经营决策。即使消费者没有明确提出要求或意见，宜家也会对自身的产品质量做出保障，当发现隐藏的问题时，宜家敢于向消费者说明问题并诚心诚意解决问题。宜家历史上曾发生过 3 次产品召回事件，都是因为担心产品设计上存在可能伤害儿童安全的隐患。这些积极的措施不仅没有影响宜家的企业形象，反而树立了宜家勇于承担责任的社会公民形象，赢得了消费者的理解和信赖。与传统的营销模式不同，整合营销传播真正的价值在于企业与消费者之间的持续的双向沟通，因为只有这样才能使企业真正赢得消费者。

4. 统一的品牌形象战略。宜家在世界各地的商店都延续相同的形象战略，标识相同、理念相同，其所倡导的独特的家居文化是宜家独特的品牌形象不可缺少的一部分。宜家在世界各地的分店都保持着统一的风格：宽敞明亮的大面积卖场、温馨而有人情味的卖场设计、周到而不烦琐的服务、透明真实的商品展示、美观整洁的餐厅……不少消费者在选购家居用品时不仅将自己的人生主张、价值观和生活态度借由宜家的商品传达，还形成对宜家这一品牌的价值主张，很多来宜家的消费者都不是纯粹以购物为目的，因为他们已经习惯把宜家当作一个休闲的地方，宜家不仅让消费者可以买到称心如意的商品，更重要的是能让他们学到许多生活常识和装饰的灵感，还能获得轻松愉快的购物体验。在整合营销传播中，真正决定传播效果的是其背后的品牌，对消费者发生效力的是品牌的影响力，因此建立清晰的品牌定位是整合营销传播的基础和前提，也是品牌成功的关键因素之一。

5. 注重长远关系的建立。作为家居制造商，宜家不可避免地会涉及森林、环境保护及资源开发利用等问题。因此，宜家一直以保护环境为己任。例如，宜家在选择供应商时采用严格的质量标准，要求供应商的木材通过 FSC 森林认证，以保证森林的可持续发展；在企业内部设置"有益于生态"的生产线，定期对生产情况进行检查；开发了循环式产品系统，拆卸和循环使用旧的家居部件，以节约资源。例如，禁止在产品生产过程中使用对大气臭氧层有害的 CFCs 和 HCFCs，禁止在漆料中加入甲醛成分和香型溶剂，拒绝在实木产品生产过程中使用来自原始天然林或其他应受保护林带的木材，要求包装材料可以回收利用等。这些主张和举动，作为宜家的消费者是可以亲身感受到的。例如，宜家最著名的产品目录自 1993 年起完全采用不含氯成分漂白的 TCF 环保纸张。毫无疑问，在环保方面不遗余力的投入，已经成为了宜家品牌魅力的另一个发光点。整合营销传播的最高层次是企业成为世界级公民，这一层次的企业具有强烈的社会意识与环境意识，此时整合的基本目标在于建立长期稳定的关系而不是短期销售目标，实际上这也是一种社会营销的表现形式，让企业在满足消费者需求的同时能够最大限度地兼顾社会总体利益，使企业提供的产品与服务达到社会福利最大化，把企业、消费者和社会利益 3 者有机地结合起来。

宜家的成功绝不是偶然，它所实施的整合营销传播战略是宜家成功的基础。本章将对宜家案例中提到的有关整合营销传播的具体概念和内容进行更深入地探讨。

学习内容

在学习整合营销传播的具体概念之前，先做一个热身练习。具体步骤及示范如表 7-1 所示。

表 7-1　　　　　　　　　　　　　　品牌印象和品牌渠道测试过程表

步骤	举例
1. 在脑海中随意浮现一个品牌	品牌：李宁
2. 描述一下对这个品牌的总体印象，可以在纸上写下所有联想到的能够描述该印象的词汇	品牌印象：运动服、著名体操运动员、和耐克及阿迪达斯媲美的品质、2008 北京奥运会的点火者、价格合理
3. 仔细分析关于这个品牌的这些印象究竟是从什么地方得来的？都有哪些渠道	信息渠道：李宁的标识、大众媒介上出现的李宁广告、零售店面装修风格、新闻报道、个人购买经历、他人谈论

如果试图把表 7-1 中人们对李宁品牌的品牌印象和该印象的获取渠道一一对应起来，就会发现这是一个几乎徒劳的事情。消费者的头脑就像是一个信息加工器，他们会从任何渠道吸取信息，然后理解、消化、加工、吸收，最后凝结成为一种印象。至于某种印象到底从何而来，是无法追溯到根源的，因为它是一个整合的过程。整合营销传播概念就是基于这样一个事实。

在整合营销传播看来，一切皆传播。为什么呢？有两个概念可以解释：第一个是"品牌"的概念。关于品牌，它的本质定义是人们对某个公司或产品的所有经验和信息的感知总和。注意，对经验、信息等的感知，都是非常个人化的，而这些恰恰对构成品牌非常重要。因此，品牌和感知是密切相关的概念，感知主要通过人们的各种感官进行，这一特点就决定了品牌的对各种来源复杂的信息渠道进行"万源归一"的处理特征。第二个是"品牌信息"的概念。所有能对顾客或其他利益相关者如何感知一个品牌产生影响的信息和经验类型，都称为品牌信息。这一概念决定了"信息"的范畴被扩大了，几乎所有和品牌相关的事件，无论大小、远近，都可以转化为品牌的信息。这样一来，过去那种主要依靠广告来塑造品牌形象，依靠公关来提升品牌公信力，依靠促销来提升品牌市场占有率等的说法就显得不够全面了。因此，整合营销传播的概念才适时地被提出来。

所有品牌的作用机制都大同小异。我们现在就生活在一个品牌构成的世界里，每个人都接触各式各样的品牌，然后形成不同的品牌认知经验。掌握整合营销传播概念，将有助于在今天这个信息过度发展、品牌众多的社会中展开有效率的竞争。

7.1　整合营销传播概念

1. 概念提出背景

整合营销传播概念主要来源于社会发展过程中产生的以下 3 个方面要求。

第一，媒介发展迅速。最近几十年，媒介方面发生了巨大的变化，媒介种类和媒介数量都呈爆炸式增长，媒介上的信息因此也无限膨胀起来。有研究称现代社会进入了"信息碎片化"时代，过于分散和零碎的信息，对信息处理者来说增加了不少难度，而对信息的制造者来说，发布有效信息的过程也开始变得困难起来。广告主或企业在这种媒介环境下如果还想发出一定的声音，其难度比以往增加了更多。

第二，消费者权力下移。面对越来越复杂的信息环境和越来越多的品牌选择，消费者在进行消费决策时的难度增加了，但也因此获得越来越多的权力。因为竞争的加剧使得企业对消费者的争夺越来越激烈，消费者的地位因此得到上升。这就是新市场环境下的权力下移，过去集中在卖方方面的权力逐步下移到买方这里。

第三，传播成本增加。媒介形式增多直接导致信息传播成本的不断增加，成本提升但效果却不断下降。因此，对于卖方而言，盈利的任务比以往任何时候都要艰巨。如何才能有效提高传播效率，赢得竞争机会和消费者的关注呢？以往习惯的做法还需要怎样调整才能有更加明显的效果？企业开始着手思考变化方向等问题。

正是基于上述 3 个方面变化所带来的压力，传统的营销做法也受到了不断质疑和挑战。如前所述，在市场营销界，过去比较常见的做法就是将各种各样的促销工具分开独立地使用，在公司内部也是部门林立并且相互独立。正是在这种指导思想之下，策略、信息，包括对各种工具执行的时机等，都是相互独立没有关联的。这种做法持续时间久了，就会出现信息分散、资源浪费等后果，因此这就提醒营销人员，必须想出一个新的办法来避免问题。于是出现了营销传播（Marketing Communication，Macom）的概念，就是为了塑造某个品牌而发布的各种有计划的信息，媒介是营销传播信息到达目标受众的载体。这是一个过渡性概念，在营销传播概念指导之下，一些最主要的促销工具被联合在一起被设计、使用，在各家公司或企业内部，也开始取消独立设置的促销部、公关部或广告部，而将它们整合成为一个部门——"营销传播部"。今天，整个营销界开始接受整合营销传播的概念，即在营销传播概念的基础上进一步整合，并将整合的范围扩大延伸，达到深度全面地整合效果。

在整合营销传播兴起之前，营销界主要流行的是 4P 理论，4P 分别为产品（Product）、价格

（Price）、通路（Place）和促销（Promotion），即通过对4P中4个因素的控制和管理来销售产品。这一理论以卖方和产品为中心，在新的市场竞争环境中4P理论开始出现不适应的问题。这时有研究人员提出了新的4C理论，4C分别为消费者（Consumer）、成本（Cost）、便利性（Convenience）和沟通（Communication），这一理论是以消费者及其需求为中心，对4P理论进行了完全相反方向的修正，明确消费者才是一切营销活动的中心。4C理论提出，要关注消费者的需要和需求，出售消费者确定想购买的产品，而不是企业能制造的产品；了解消费者为满足需求所能够支付的成本，而不是单纯从利润出发去定价；考虑如何使消费者更方便地购买到商品，而不只是机械地安排所谓的通路；和消费者之间进行沟通，而不是一味地推销。4C理论的提出为整合营销传播奠定了理论基础，从此以后，凡是与消费者有关的一切活动，都被纳入到营销关注的范围之内，这使得营销活动和传播活动有了更加广阔的空间，可以运用的传播方式大大增加，整合营销传播概念也因此被提上了日程。

2. 整合营销传播概念

整合营销传播（Integrated Marketing Communications，IMC）是综合协调地使用各种形式的传播方式，传递本质一致的信息，以达到企业目的的一种营销手段。结合前述品牌、品牌信息等概念，整合营销传播概念也可以看做是计划、执行以及监督用于建立与顾客联系的品牌信息的过程。从操作的角度讲，整合营销传播就是在使用所有的促销工具时都传播统一的品牌信息和传播重点。

如何做到整合营销传播，即让品牌信息看上去和听上去是一致的呢？这需要时刻注意营销传播信息在每一个环节的设置和管理，保证顾客在任何地方接触到某个品牌时所得到的信息都能够保持一致。整合营销传播追求的境界是达到"一种声音一个面孔"的传播效果。整合与不整合之间存在着巨大差别。显然，大多数品牌做不到保持"一种声音，一个面孔"，这对企业来说还是有一定难度的。图7-4和图7-5分别是法国航空公司和宜家家居的平面广告，通过这一系列可以清楚地看出，整合后保持了同"一种声音一个面孔"的品牌传播，哪怕是在不同时间、不同国家的不同地点出现，其统一程度和识别度也都是比较高的。

图7-4　法国航空公司不同时期、不同地方发布的平面广告

所有广告画面和主题都体现出高度一致的法国浪漫、唯美和幽默的风格。

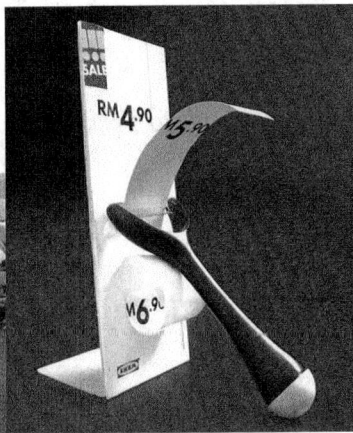

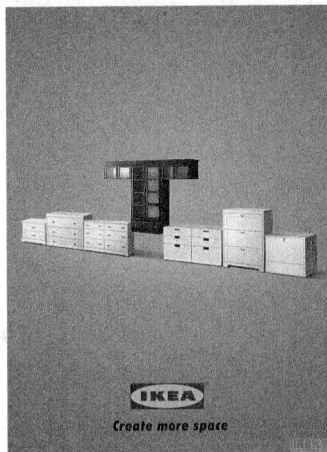

图 7-5　宜家家居在不同时期、不同地方发布的不同形式的广告，但是简单直接、幽默风趣的"声音和形象"都是一致的，具有很强的统一性和识别度，这就是整合营销传播设计带来的效果。

　　成功的整合需要有足够清晰和强大的策略做支撑，法航正是因为通过创意找到了符合法航企业精神的表现符号，才能保证在执行过程中时刻保持传播信息的形似和神似，而英航广告的问题在于，所有广告都停留在具体的功能性诉求上，这种诉求方式单独看都是有效果的，但是整体看缺乏一种整合的力量。整合营销传播观念的主要指导思想就是要达到整合与统合的境界，"整合"是指将所有零散的部分整合为一个整体，而"统合"的意思则是在整合之后还要让最后的整体综合效果大于每个部分的简单相加。法航统一信息的策略持续了多年，最后在品牌形象塑造方面收获的内容，肯定要大于英航的品牌形象，这就是"统合"的力量。不整合就没有办法统合，而达不到统合的境界，就没有办法解决信息碎片化时代人们在接收信息和处理信息时遇到的问题，企业也无法通过传播获得效益。这正是整合营销传播的力量。在整合过程中，还需要特别注意在各种媒介之间加以平衡，使营销传播的最终效果最大化。

整合营销传播的内涵就是以消费者为核心、以数据库为基础、以各种传播媒介和传播方式的整合运用为手段的一种新型的营销策划模式。消费者的中心地位是最根本的因素，也是企业生存的根本。消费者在处理企业所传递的信息上有很大的主动权，因此，在整合营销传播中也特别注重双向沟通媒介的使用，因为只有让消费者有便捷的渠道表达自己，企业才能够有渠道更好地了解这些核心群体的想法。数据库是整合营销传播策划模式的起点。企业在营销过程中都会收集到各种有关消费者和潜在消费者特征的动态数据，在过去，这些数据可能只会被用于开发出局部的功能，但在整合营销传播中，这些数据则可以用来描述消费者的行为、习惯、趋势变化等，因此在建立消费者与品牌之间的关系时，可以特别加以利用。

7.2 整合营销传播工具

了解整合营销传播概念之后，接下来最主要的就是要掌握品牌与顾客之间建立联系的过程和工具。企业的一举一动，所做的每件事情，或者是不做的每一件事，都会向外界传递出有关信息。这些信息就会在品牌和顾客之间建立起相应的联系，在整合营销传播中，这种联系非常重要，因此需要非常细致和小心地去塑造。

常用的营销传播工具主要有8类，即公共关系、广告、促销、事件及赞助、人员销售、直接营销、顾客服务和包装。虽然这些工具和职能都超出了广告的范围，但是每一个广告人都必须了解各种工具的特点，以及如何将各种营销传播手段组合在一起发挥出最佳作用。整合营销传播的核心就是顾客，各种手段的目的也是为了让顾客更满意。下面将对除广告之外的其他几种工具分别进行介绍。

1. 促销

促销活动（Sales Promotion）是一种一对多的营销传播工具，它主要是通过使用一些刺激手段，在短时期内激发人们马上采取购买行动或产生更大量的购买。常用的促销手段有优惠券、抽奖、免费试用、减价、销售竞赛等。因此，促销也被称为"销售加速器"，它有助于品牌在短时间内提升市场占有率。和促销相比，广告的主要作用在于创建品牌形象并塑造品牌的长久价值，而促销活动则是在短期内刺激销售量。一个品牌要想成为市场领导者，既需要广告，也需要促销活动。否则，好的广告只可能获取一个好的品牌印象，却无法得到足够的销售量，成为市场领导者。但是如果促销活动过多，品牌肯定会有较高的市场占有率，但利润会降低。事实证明，如果各品牌广告都差不多，那么促销活动在推动某一特定品牌的市场实效方面就可能效果更好，甚至可以打动那些不曾接触过广告的顾客。广告与促销活动的比例通常为6∶4，如果过度就会损害利润。过度的促销活动可能会导致竞争对手的加入而引发价格大战，对整个行业带来损害性的威胁，因为它会导致各家的销售量和利润额都下降。例如，一段时间内，各家奶制品企业曾经联合声明在超市内取消"促销"，就是因为以往促销过度，导致许多消费者只选购那些有促销的产品，致使整个奶制品行业利润降低。但是具有戏剧性效果的是，该联合声明并没有实施多久，因为各家奶制品企业又开始各自开展一些促销活动，该联合声明最后无疾而终。这也从一方面显示出奶制品零售行业对促销活动依赖的严重程度。但是需要明确的是，市场领导者的地位可以通过促销提供的小恩小惠暂时换来，但长久而有益的市场领导者的地位，却必须通过树立品牌价值和稳定的市场占有率才能获得。

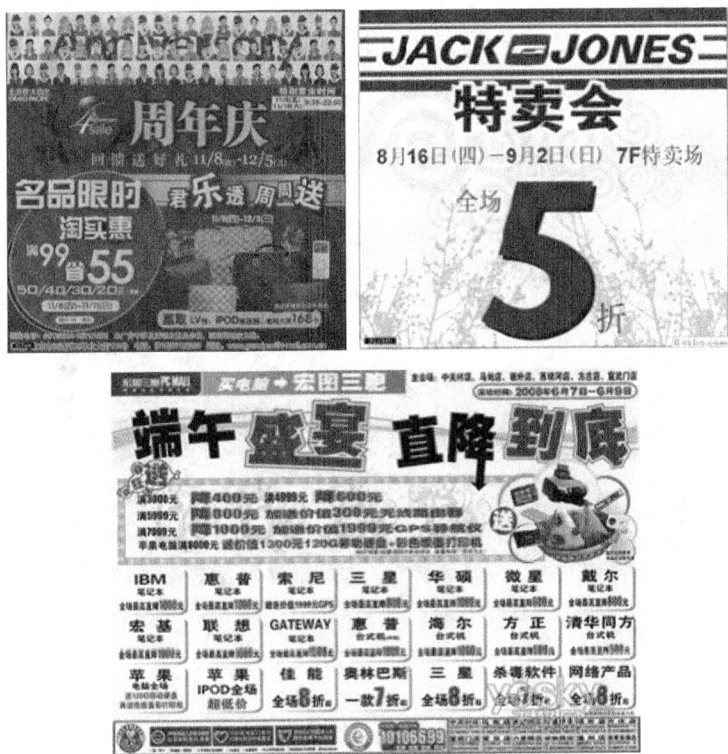

图 7-6　各种零售企业最经常做的广告就是各类促销内容

图 7-6 分别为君太百货、杰克琼斯服装以及宏图三胞电脑城的促销活动广告。

图 7-7　促销活动购物盛况

图 7-7 为实行"24 小时不打烊"促销活动时的新世界商城在凌晨两点竞相购物的"盛况"，促销对提升销售规模的短期刺激作用可见一斑。

2. 公共关系

公共关系（Public Relation）是企业与公众之间的保持良性沟通的一种行为方式，注重公共关系有助于企业、机构和自己的公众之间保持畅通的信息沟通渠道并获得公众的支持与合作。常见的公共关系形式有新闻宣传、记者招待会、新闻发布会、活动赞助报道等。公共关系的好处是可以通过免费的媒介曝光提升品牌的知名度，让公司或产品有新闻价值。有些难以触及的目标受众，例如，那些从不看广告但会有兴趣关注新闻的人，就可以通过公共关系的方式接触到他们。公共关系最大的优势在于它的可信度高。因为公共关系不是一种直接的叫卖，它是隐藏在新闻信息中被消费者接触到的，因此消费者的抵触心理比较弱，能够有效塑造品牌的公信力。许多公司都会利用现有资源开展各种公关活动，如新闻发布会、人物采访、专题故事、大型开幕式、公益捐助、公益活动、流水线参观、厨房开放等，来补充或取代自己的广告，向不同受众传递有关企业及其产品的信息，建立企业的信誉和形象。

图7-8　各种各样的记者招待会、开幕式、庆典、开放日活动等

图 7-8 都是公共关系的常用形式，目的在于和消费者、中间商、媒体、政府等各个层次的公众建立良性沟通联系。

3. 直接营销

直接营销（Direct Marketing）就是在顾客数据库资料基础上综合利用各种渠道，如人员、邮递、电话联系等方式，与顾客进行沟通的营销方法。如目录、直接反应式的电视广告、印刷广告、广播广告、互动媒介等，都属于直接营销的范畴。特别是在今天互联网技术日益发展的情况下，直接营销更是如鱼得水，许多网上商店就如同顾客随时可以光顾的实体店一样，消费者只需通过计算机就可以点选商品、下订单和付款。现在更是有将广告、产品目录、邮购和网上商城等结合起来的直接营销企业，它们有自己庞大的消费者数据库，并能够采用不同的媒介与他们沟通。由于能够以比较低的成本有效增加销售，直接营销因此成为发展很快的一种营销方式，并成为许多企业整合营销传播方案中重要的组成部分。

直接营销的好处是可以让企业更深入地了解自己的顾客，从而与之建立更深的关系。有了这样一个方便的媒介之后，企业接触消费者的道路就更直接、简单了，同时还可以了解到消费者之间的细微差别，例如，他们购买的物品种类、购买地点、兴趣点以及其他特殊需求等。通过目前的计算机网络监测等技术，可以很容易地计算直接营销产生的反应并进行实实在在的成本核算，因此特别适于那些关心成本和想达到小规模的企业市场。和大众媒介非常不同的一点在于，直接营销所借助的媒介具有良好的私人性，因此可以用来开展一些不希望竞争对手知道的沟通战略。

如果在直接营销过程中只是热衷于推销产品而不注重关系的建立，就会使许多消费者对直接营销产生反感。直接营销还有一个比较大的问题就是，消费者在决定购买之前没有看到实物，因此会有一定的风险。

图 7-9 戴尔的网上直销模式，消费者可以在网上自行配置计算机并下订单

4. 活动及赞助

活动（Event）是指企业为了和目标消费者进行更深层次的沟通，而专门举办的各类有专门针对性的活动，如演出、参观、公益捐助、影展等。这些活动可以进一步拉近和消费者之间的关系，另外能够通过活动带动宣传，增加品牌在媒介上的曝光率，借助活动举办所引发的新闻效应，进一步扩大产品的宣传力度。有些活动是企业专门组织的，如图 7-11 中的动漫大赛和街舞大赛就是专门针对年轻人间比较流行的爱好而设计的，刻意炮制一些如主题活动、主题栏目、新闻热点等事件，是企业增加接触目标消费群机会的一种做法；有些活动则是企业专门挑选的一些比较

成熟的活动直接冠名赞助的，如体育赛事、演唱会、选拔赛、新闻事件等都属于这种类型。中央电视台的"梦想中国"比赛，一度是"纽曼梦想中国"，后来又换成"青岛啤酒梦想中国"，就是因为该活动赞助商发生了变化。借助已有的事件的优点在于，不用费心思去创意，而且赛事组织比较成熟，一些宣传效果能够有足够的预期。

也有一些赞助不是针对活动而是针对个人或者一个团体的，这种情形经常发生在体育界。例如，110米跨栏奥运冠军刘翔的赞助商就是耐克品牌，刘翔参加比赛的鞋子、衣服、挎包等，都是耐克产品，随着刘翔曝光镜头的增多，耐克也随之进入了公众的视线，而金龙鱼赞助的是中国女排国家队、李宁赞助的是西班牙篮球国家队和中国羽毛球国家队，如此种种数不胜数。这也从一个侧面反映出赞助活动在营销传播策略中的重要地位，如图7-11所示。

图7-10　中国知名度很高的体育运动员：羽毛球运动员林丹和男篮运动员姚明

图7-11　中国移动公司动感地带产品赞助的两项年轻人喜爱的活动：
全国动漫设计大赛和全国街舞挑战赛

设计活动时应注意以下一些事项：第一，事件或活动的主题必须能引起目标消费者的兴趣，比如针对大学生的活动和针对新生儿家庭的活动类型就完全不同，需要根据目标对象的兴趣特点进行分析；第二，事件本身应与品牌或产品有直接的关联，一些关联性不够好的事件，只会造成投资的浪费，例如，"郎酒红花郎杯相声小品大赛"和"蒙牛酸酸乳超级女声大赛"相比，前者的品牌关联性就不如后者强，赞助效果也不及后者；第三，事件应具备独创性和新闻性，能最大限度地引起媒体和人群的关注，如"宝马汽车中国行"活动，让宝马车队穿行中国，到最边远贫穷的地区捐资助学，或者赞助举办"中国珍品展"，这类活动就很容易受到媒体的青睐并争相报道；第四，还要对事件可能带来的负面效应有足够的预计和防范，例如，一些保健品厂商邀请老年人参加竞争性的比赛，导致伤残或猝死等事件发生，就会给活动举办者带来不必要的损失。活动设计还需要考虑成本效益等问题，如果没有足够的时间、人力、资金等，仓促上马的活动是很难得到满意的效果的。

5. 人员销售

人员销售（Personal Selling），一些消费者产品由店员在零售店中出售，另一些则由销售人员直接登门推销。人员销售在企业的营销中非常重要，可以营造面对面的氛围，使卖主获得有关顾客需求和欲望的第一手资料，而客户在这种情形下也更难以拒绝。人员销售是一种人际传播过程，在这个过程中，销售人员确定并满足买主的需求，并使双方建立长远的互利关系。影响和劝服只是人员销售的一部分，最主要的还是解决问题。人员销售最大的魅力在于人性，其他任何销售方式都不可能像人际沟通那样有说服力。人员销售的缺点是劳动强度大，因此是很昂贵的一种沟通手段；相当费时，销售的规模经济比较差；在许多人心目中声名欠佳。相比之下，广告的重要功能就是在销售人员尚未登门拜访之前，尽可能地向潜在对象或现有顾客传递企业或产品的相关信息，从而降低销售成本。

图 7-12　对于银行、保险等金融机构而言，优质到位的人员服务是提升品牌的重要途径，因此，在广告中也尽量塑造良好的服务形象

6. 顾客服务

过去顾客服务不被看做是一种营销传播手段，而事实上，客户服务不仅承载着重要的消费者沟通任务，同时也是重要的形象塑造机会。现在，越来越多的企业发现，完善顾客服务过程是自己唯一能够掌握的有形的营销传播渠道。以各种各样的电子商务模式为例，像当当、卓越亚马逊、红孩子或京东这样的大型网上商城，没有实体店铺，消费者不能亲身接触商店的任何产品，唯一能够接触到的是网站页面，以及送货的快递人员。这个过程中，消费者感受到的服务是否便捷、及时、到位就显得非常重要。因此，很多网站都尽量简化购物流程，给消费者提供全面到位的信息资讯，同时还要配备各种网络服务人员或电话服务人员，及时解决消费者在购物消费过程中可能遇到的问题。这些有关顾客服务方面的考虑和设计都很关键。如果存在服务漏洞，引起消费者的不满而又未能及时解决的话，拥有诸多选择的顾客很容易就会转换到别家寻求新的服务。因此，顾客服务的重要性也被提上日程。顾客服务的内涵其实有很多，售前咨询、售中支持、售后服务等，都在顾客服务的范畴之内。服务，日渐成为产品一个不可缺少的部分。

图 7-13　国内最大的综合类购物网站天猫（T-Mall）向消费者提供了一种新的更为复杂的营销模式

图 7-13 为天猫主页，在这里顾客可以购买到左侧显示出包括医药、家电、电子产品等所有产品类型的商品。不仅如此，天猫还提供海外采购、专业生鲜配送等各种渠道让消费者足不出户就可以实现满足生活需全方位求的购买。

7. 包装

包装是企业自主拥有的辅助材料的一种，包装既是产品的容器，也是传递信息的载体。企业在生产制造营销过程中经常会用到许多辅助性材料，包括手册、目录、说明书、图片、销售材料和年度报告等，包装也是其中重要的一类。这些辅助材料能够有效整合和补充现行的广告或公关活动，有效利用包装等辅助材料，能够加强企业的形象或品牌在消费者心目中的地位。因此，下面关于包装的讨论，也适用于其他形式的辅助材料（见图 7-14）。

图 7-14　货架上陈列的产品从包装上就能够和其他产品在视觉上形成有效的区别

包装能够增加品牌的辨识度、提供品牌信息，有些设计良好的包装还能成为品牌标识的一部分，例如，可口可乐的经典瓶子就是一种形状特殊、人人皆知的包装物，从 1992 年开始可口可乐公司再次推出这种瓶形，后来一直在全世界范围内使用这种瓶形，如图 7-16 所示。此时包装就成为一种非常重要的识别手段，一些企业会长期使用同一包装和标识设计并保持多年不变。好的包装设计能够突出产品或品牌的特点，某些类型的产品如香水等就特别依赖包装吸引消费者，包装质量在某种程度上会左右消费者对产品质量的感知。

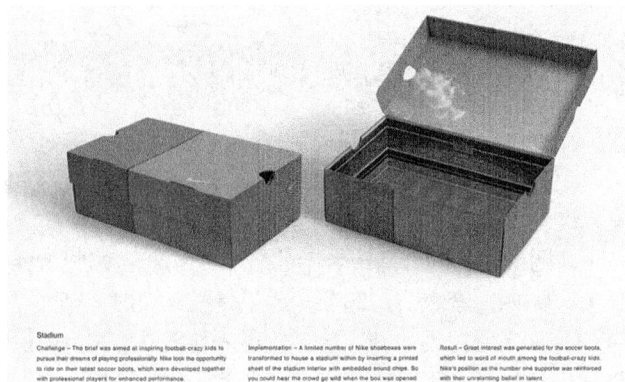

图 7-15　Nike 足球鞋鞋盒包装被设计成为一个足球场，极大地激发了青少年成为绿茵场上的英雄的梦想

图 7-16　可乐经典瓶形的新设计，荣获 2008 年戛纳全场大奖

该设计为古典的瓶子赋予了新的趣味，焕发出新的活力的同时再次印证了可乐带来欢乐的品牌主张。

整合营销传播的作用之一就是将上述不同的工具进行整合，如图 7-17 所示，对于这些常用工具的整合，既有信息统一层面的整合，也有策略制定、执行上的整合。但是整合营销传播概念所包括的内涵还不仅局限于此，在下一节内容中会详细展开介绍。

传播目标	有效的工具
建立诚信	公关
与生活方式的关联	广告、宣传活动
建立知名度，塑造形象	广告
刺激购买或再次购买	促销
奖励多次购买与高忠诚度	奖励、抽奖
建立参与感	宣传活动、体验
推介特定产品与接触特定对象	寄件媒体
利用社会责任	任务营销
刺激产品推荐	会员俱乐部
刺激产品试用	促销
发布消息	广告、公关

图 7-17　采用不同营销传播工具满足不同传播目标的示意图

7.3 整合营销传播的设计与实施

整合营销传播既是一个概念，更是一个过程。整合营销传播中的"整合"概念具有多重含义：它首先意味着"完整"，即信息的完整，如何保证传播活动过程中信息的完整，是增强传播有效性的必要手段；其次是借助信息整合达到手段"统合"的效果，即当传播活动过程中信息保持得非常完整时，便可以产生协同效应，即传播组合中的各个元素能够彼此增强对方的作用。这正是整合营销传播的主要优势。例如，李宁公司的专卖店只是在某个时间点举办一个局部促销活动，可能增长 10%左右的销售，如果只是发布新广告并附带一定的优惠政策则可能带来 15%的增长。但是如果将上述两个活动一起执行，让广告、公关、大众媒介促销和店面促销结合起来，整体的影响力会大大增强，就有可能带来 35%的销量增长。这就是整合的力量，让整合之后的总体效果能够远远大于各个部分的简单相加。在整合营销传播过程中，传播变成了营销组合中的一个驱动性整合力量，并贯穿于整个组织之中。

7.3.1 品牌接触点传播

整合营销传播主要是实现对信息和信息传播手段的统一有效的管理。这就需要对信息类型和信息传播手段有充分地理解。在整合营销传播中，顾客是居于中心地位的，因此，从顾客的角度考察他们如何看待营销传播并在此基础上再提出整合方案，才会行之有效。顾客看待营销传播的方式和我们理解的不一样，他们通常比较关注信息的内容，即所有接触到的信息中哪些是自己想要的，哪些是自己不需要的，然后进行判别吸收。他们一般不会过分关注信息的形式，例如，是从街头散发的小报上得来的，还是从电视购物的节目中看到的，一旦信息进入消费者的大脑，它的来源还经常被人们淡忘掉。基本上可以说，围绕在顾客周围的任何有关企业和品牌的信息，都有可能进入消费者的大脑信息中心里，甚至那些闲谈、照片等也有可能成为信息来源。所有这些传播活动或品牌联系都会在消费者心中产生出一个整合产品印象。也就是说，顾客会自动把企业或其他信源发出的与品牌有关的不同信息整合到一起。整合营销传播过程，就是探索这一看似复杂的过程中，有没有一些可以供企业控制或影响这些感受的途径，如果能够加以利用和控制，就能够把握机会，建立起与顾客之间更好的品牌联系。

于是，整合营销传播的研究人员突破了以往的媒介学说，从顾客的角度提出了一种新的观点——"品牌接触点传播"。它是从消费者的信息接触习惯和模式出发重新研究信息传播渠道的一种新型模式，在该模式中覆盖了和以往相比更多形式的信息内容和信息类型，有助于企业重新审视自己的信息传播行为是否足够全面与统一。

1. 品牌接触点概念

顾客与品牌或企业发生接触或联系的任何场合和形式，都可以称为接触点（Touch Points）。最早关于接触点的概念是在服务营销领域被提出的，主要指顾客和服务直接相互作用的那一段时间，也被称为"互动部分"或"真实瞬间"；后来，接触点概念主要在营销领域内发展，例如，米歇尔·布莱德利（Michael Bradley）在 2005 年时曾从营销的角度定义接触点："在营销中接触点代表了顾客或公众与组织之间任何的接触或经历。每个接触点会产生一个印象，在很多情况下，公司的接触点都承载着顾客的期待"。这一定义所涉及的范围是顾客、公众与企业，强调的是一种接触或经历。对接触点概念强调最多和研究最深的是整合营销传播理论，代表人物是唐·舒尔茨（Don·E·Schultz）和汤姆·邓肯（Tom Duncan）。整合营销传播中将接触点看作顾客有机会面对一个品牌信息的情境，对接触点的有效利用是达到整合营销目的的途径。整合营销传播的目标是影响或是直接作用于所选定的目标顾客行为，因此接触点传播将整合营销传播过程中所有顾客与产品或服务之间产生的接触途径作为未来信息的潜在传递渠道，并通过对接触点的管理达成目标。

每一个接触点都会传播特定的信息，无论该接触点多么微不足道或者关系遥远，只要使顾客与之发生接触，就一定会产生特定信息的传播。举例说明，对于快递公司而言，快递人员所背书包的颜色、质地、清洁程度，包括快递人员取放包裹的姿势、速度等，在顾客眼中，都可能意味着一些和公司有关的信息。而这类信息，在过去的传播计划中通常都被忽视了。对于在这类接触点发生的信息传播，公司或品牌基本上都不能控制这些信息的不作为，即只要这些接触点存在，它们就会传播信息，不管企业注意到还是没有注意到，实施管理和控制还是没有任何措施。这一特点是接触点传播引起人们日益重视的原因之一，因为它固执地存在于现实之中，如果在认清现实之后还继续保持视而不见，就会有可能失去和顾客建立积极联系的一个阵地。

图 7-18 演示的就是一个消费者在接触某一家电产品时有可能和厂家及家电卖场之间发生的接触环节。由此可见，接触点的类型很多，几乎到了数不胜数的地步。众多接触点中有些接触点会非常容易辨认，因此得到了充分有效地开发和利用；有些接触点则一直被忽视，或者根本就没有被注意到。例如，在图中并没有出现的如口碑、媒体语言、经销商个体行为、参与产品销售环节的个人行为、隐藏在正常交易程序背后的一些环节等，都需要企业进行深入的研究和发掘。

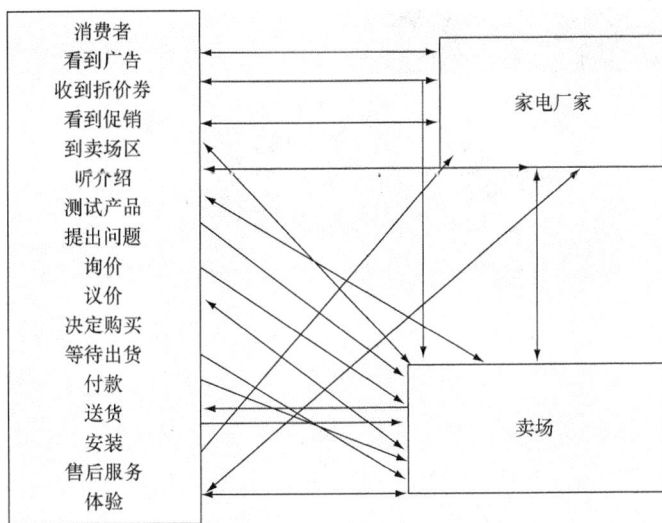

图 7-18　消费者在接触某一家电产品时可能产生的接触点示意图

所谓的接触点传播，其实就是在辨认接触点的基础上对所有接触点分门别类进行统一管理，让接触点的信息传播得到有效开发和控制。

2．4种类型的接触点传播

找出顾客与品牌的接触点，是进行整合营销传播的关键。顾客每一次的消费体验过程从开始到结束都保包含了一系列与品牌的接触点，而每一个接触点所传达的品牌的信息，都会影响顾客的购买决策。按照顾客与品牌或企业发生接触的场合、形式以及可控制程度，可以将接触点传播分为固有的接触点、公司创建的接触点、非预期的接触点和客户创建的接触点等 4 大类型。

（1）固有的接触点。固有的接触点（Intrinsic Touch Points）是指顾客在产品购买和使用过程中自动形成的接触点。当人们购买和使用品牌时，固有接触点就会产生。例如，苹果电脑的顾客在选购和使用苹果计算机时，他们所查阅的资料、拜访专卖店时对装修风格的印象、首次接触员工的服务态度，包括最后产品买到手之后使用的过程和感觉，都会产生相应的印象，这些都属于固有的接触点。产品、价格或流通渠道等都能传递出特定的信息。例如，定价2万元人民币的苹果笔记本电脑和定价5 000元的戴尔笔记本电脑，这两种价格本身就体现了强烈的产品差异信息。企业出售的产品本身也具有强大的威力，如图7-19的苹果电脑产品所示，强有力的产品设计本身就向消费者传播了这样一个信息"苹果电脑是充满设计感的、先锋的产品"。如果产品确实不错，消费者就会从中得出有利的印象，巩固自己当初的购买决策；如果产品性能与广告承诺之间存在差距，就有可能产生不利的信息。过去产品设计部分并不承载特别突出的信息传播任务，但在整合营销传播观点看来，一切皆传播，产品本身就是一个强有力的传播载体。同理，服务部门的员工与顾客之间也会产生许多信息，在许多服务性机构，如银行、餐馆、俱乐部等，服务人员传递出的服务信息具有强大的影响力，必须予以足够重视。

图7-19　轻和薄是苹果Air笔记本电脑的突出特点，产品设计本身就能传达出这一信息

在一些汽车、计算机、设备制造行业，产品设计能传达强有力的信息，而在零售行业中店铺设计是商品服务的重要组成部分。这些固有接触点在消费者购买和使用过程中自然而然地发挥作用。

显然，固有的接触点主要影响的是现有客户的感觉，它们在影响客户的去留以及增加新客户方面都起着非常重要的作用。作为企业来讲，识别固有接触点并对其作出反应非常重要，通过这种方式可以加强客户关系。在投资创建新的信息传播机会之前，一个品牌应该辨别和检查那些已经存在的信息，并确保这些信息的传播是前后一致并按战略规划进行的。

（2）公司创建的接触点。公司创建的接触点（Company Created Touch Points）是指由公司发起的有计划的营销传播活动，如广告、销售推广、人员销售、各类辅助材料、新闻发布、活动赞助等都属于公司创建的接触点，是一种计划内的信息，如图7-20所示。一些招聘广告、金融广告、专业期刊中的专题文章以及新合同的签订消息等，也属于这类信息。这些接触点是企业经常运用的，它的好处是控制程度高而且可以做到有效整合，缺点是必须支付相应的成本，因此相对其他接触点较为昂贵，而且传播效果有限，尤其是可信度方面，因为大家都把它们看作为企业自己服务的工具。整合营销传播中最容易控制和产生直接效果的就是公司创建的接触点传播。

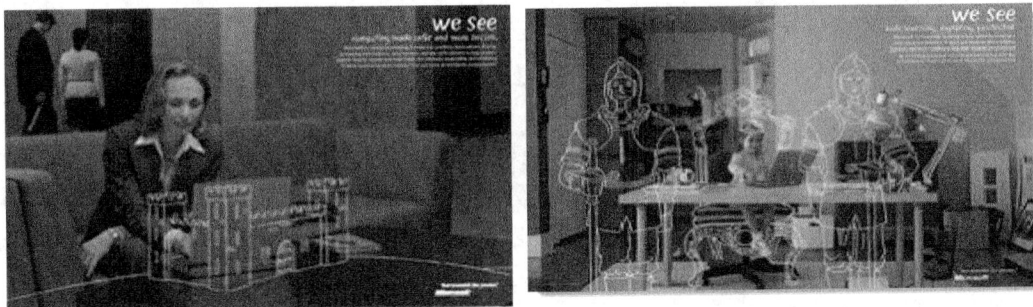

图 7-20　Microsoft 公司的"We see"（我们看见）系列广告，向公众传达了
Microsoft 公司关注个人梦想，助力成就未来的信息

（3）非预期的接触点。非预期的接触点（Unanticipated Touch Points）指所有超出公司可控范围内的有关某一品牌的无法预期的渠道和信息，属于非计划信息。作为一家公司，当然非常希望这些非计划信息是正面的并且与其他品牌信息一致。但是这类信息很难控制，因为它来自公司外部，如一些专家、政府、机构或者是第三方（指与公司没有利益关系的如朋友、协会或者媒体之类的）。最关键的一类非计划信息来自新闻媒体，这类信息通常可以在很短的时间内到达大量的受众，而且被视为具有很高的可信度。因此，在现代传播环境下，企业都非常关注各类媒体对自己的报道，特别是那些来自难以控制的渠道的信息，如员工闲话、小道消息、行业评论、竞争对手批评等，有些可以预料并可施加影响的信息，则需要依赖经验丰富的公关经理来进行积极化处理。还有一些难以预计的灾难和危机，例如航空公司发生了空难，食品制造商遭遇不利安全检测报告等，往往发生得非常突然，让企业措手不及且无法控制，但另一方面它们却对消费者的态度产生了巨大的影响。

（4）客户创建的接触点。客户创建的接触（Customer-initiated Touch Points）指的是当客户试图与公司联系时所发生的互动关系。这是营销部门最容易忽略的一个领域，客户通常会主动与公司发生联系的两个主要原因是他们对产品使用时有问题或者对产品不满，需要投诉。很明显，主动联系公司的顾客一定是公司产品的现有顾客，他们遇到了问题，公司如何对待他们的疑问是他们对品牌满意的关键点，也决定了他们的去留。很多公司都提供了客户沟通的渠道，如免费的800 电话、电子邮件、信件、销售人员、网络等。但问题在于对客户发起的接触需要作出快速反应，才能使这种接触点变成积极的接触点。这类接触点中常见的问题有占线、反应迟缓、信息不全等。在客户创建的接触点中，企业和顾客在信息传播过程中的位置发生了互换，企业是否能够及时听到客户的声音，能否第一时间内予以解决，都直接关系到这一类型的接触点所传播出的信息究竟是正面的还是负面的。在过去，顾客创建的接触点通常都被划归客户服务或投诉部门管理，并没有充分注意到其中可能存在的信息传播和形象塑造方面的价值与影响，因此很大程度上都被忽略了。整合营销传播中特别把这一部分当做一个信息接触点来研究，有助于企业全方位地塑造形象和传播统一一致的信息。

3. 接触点传播的管理

品牌的接触点管理被称为品牌高效传播的法宝，加强品牌的接触点管理，就是保证品牌在整合营销传播中"发出一致的声音"，因此企业要对所有的品牌接触点进行监控，确保品牌信息的传递与整体品牌战略相一致。在何时何地以及如何与消费者进行接触，是接触点管理的主要内容。如前所述，由于接触点本身所处的类型不同，对于由企业自身经营行为所产生的可控制性接触点，如产品展示、广告诉求、卖场设计、顾客服务等的接触点管理模式通常比较成熟和完善；而对于各种非控制性接触点，如消费者之间的人际传播、网络上的评价等，企业需要针对各类接触点的传播特点施加有效管理模式。因此，企业不仅要在消费者购买行为产生前让其有好的体验，在购买行为完成后，也应该通过售后服务和消费者的社交传播，继续维持和扩大与消费者的关系。

为了管理品牌接触点，一个公司必须首先能辨别所有的接触点。根据前面介绍的 4 个类别，通常应当能够列出所有可能存在的品牌接触点清单。然后对这些接触点进行分类评估，挑选出其中最有价值的部分进行重点管理。通常可以根据以下参考标准来确定优先级：对品牌忠诚度的影响，例如，宜家会员俱乐部的短信联系手段可能比定期举办的会员活动更能在大范围内增加会员对品牌的忠诚度，那么短信这个接触点就可以优先排序；公司影响接触点活动的能力，例如，公司能够对官方网站内论坛的不良抱怨及时回复，但对于社会论坛上的不利言论就很难施加影响，那么官网论坛这个接触点就可以获得优先排序；使每个接触点积极运作的成本，成本比较低的接触点就可以排在前面；接触点能被用于收集顾客信息的程度，指的是该接触点在顾客决策时的参与程度，例如，有些女性顾客特别留意同伴对该产品的评价，那么评价渠道就是一个重要的接触点，应予以足够重视；接触点适合传递附加品牌信息的程度，指的是接触点本身所负载的信息传播价值，例如，产品包装和广告都能够传播信息，但是很显然，广告在品牌附加信息塑造方面效果更突出；接触点管理的一个基本含义就是，企业需要针对特定的目标顾客发现哪些接触点对他们来说是关键接触点，以确保品牌传播的针对性，做到有的放矢。

找到那些对消费者影响最大的"关键性接触点"，才有可能实施精准的"品牌接触点传播"。这是典型的以客户为导向来发现媒体传播的机会和创意，并以此改变客户行为的做法。具体实施过程是，首先找出关键客户每天都会接触的具体媒体都有哪些？其中有什么机会？例如，典型顾客每天早上 7 点都会收看电视节目的早间新闻，对广告人员而言，这就是可资利用的广告机会。很多人在家有边吃早餐边看电视的习惯，而最常见的早餐就是牛奶和面包。那么，牛奶包装盒上就可以出现广告，这同样是与消费者接触、沟通的渠道。在分析过程中，最关键的是要清楚存在哪些机会，并分析哪些是合适的广告机会。在消费群体急剧分化和媒介载体零散化的今天，只有转变思维模式，关注消费群体的生活体验并从中发现合适的沟通机会，才有可能以少胜多、达到预期的传播效果。有时候即使只是做了一本小册子，其效果却可能远大于铺天盖地的广告轰炸。

7.3.2　内部整合与外部整合

如今，全世界范围内的企业都开始对整合营销传播予以重视。因为整合营销传播思想能有效地帮助企业扩大资源，将传播活动与企业目标结果直接联系起来，能为企业带来极大好处。

起初，企业对整合营销传播持一种狭义的观点，仅把它当作协调和管理营销传播（广告、销售推广、公共关系、人员销售和直接营销），保持企业信息一致的一种途径。后来的整合营销传播观点更彻底、更成熟，就是把消费者视为现行关系中的伙伴，将他们作为参照对象，考察并接受他们与企业或品牌保持联系的多种方法。整合营销传播思想确定了企业最大的资产不是产品、厂房或员工，而是自己的顾客。这一发展揭示了整合营销传播活动领域的变化，从狭义的企业内部整合，逐渐开放到与顾客全面深刻的互动对话中，最后成为一种从内到外渗透到整个组织的企业文化。

1. 企业内部整合

过去，塑造品牌主要是品牌或营销部门的专署业务，在整合营销传播"一切皆传播"的理念下，品牌的塑造就不再是一个部门的事情了。整合营销观念要求将企业的一切活动整合起来，共同为品牌塑造服务，于是行政、财务、生产、人力资源等部门，都肩负起塑造品牌形象的新任务。想要让各部门的努力相协调，共同为塑造品牌而努力，建立跨职能的品牌管理机构就显得非常重要了。企业内部整合首先从建立跨职能的品牌管理机构开始。有研究学者认为，企业拥有一个跨职能的机构不一定能保证公司整合，但如果没有一个跨职能的组织机构则一定不可能发生整合。

拥有跨部门的整合机构还不够，整合营销传播更强调全员的参与，因为品牌不仅意味着营销和广告，还意味着当任何人看到你的标志或听到你的名字时所能想到的任何事物。如何让企业的全体员工都认识到自己的每一个行为都会影响到企业的品牌形象，让每一位员工都参与到企业的品牌塑造上来。当全员都参与进来的时候，财务人员就不会只考虑自身的资产收益状况而完全不考虑合作方的获益情况，因为这牵扯到一个品牌形象的问题；销售人员不会投机取巧欺骗客户，因为自觉维护品牌形象也是他们工作的一部分；信息技术人员会致力于让消费者感觉更加方便的设计，而不只是满足于技术开发上实现某个功能就可以。

这样，通过专门的机构和人员在企业内部全面树立整合思想，让员工认识到，每一次与消费者的接触都会影响到消费者对公司的认知程度，每一个接触点传播与品牌一致性的信息。保证在统一目标的约束下，企业的各个部门都能够在与顾客发生各类接触时，通过接触点向消费者传播清晰、一致的企业形象。互动性越高、越一致，品牌的形象就越鲜明，关系利益人对品牌的忠诚度就会越高。整合营销传播强调目的、过程、目标、行动的统一性和一致性，只有这样才能在企业内部达到整合的效果。

2. 企业外部整合

为了增强整合营销传播的增效作用，企业在实施内部整合的过程中还应该特别注意对外部资源的整合。整合营销传播思想最大的好处就是扩大了企业的资源利用范围。媒体、政府、合作伙伴都是整合的对象，在与他们的互动和沟通过程中，也应该注意保持定位的一致。整合营销传播思想中除了强调顾客的中心地位之外，还提出了一个"利益相关者"的概念，顾客是企业的利益相关者之一，上述各类社会角色也是企业重要的利益相关者。试想一下，如果企业和媒体的关系紧张，媒体对企业都口诛笔伐，这种关系的结果可想而知。因此，成熟的企业都特别注意加强企业与各类利益相关者之间有意识的相互作用，并在这个关系中积极采取对各方负责的态度。

在整合营销传播活动中，计划与监控的功能交叉，使得企业与其顾客及其他利益相关者之间的关系加强，进而增强各种利益相关者的忠诚度，最终形成品牌资产。

7.3.3　信息一致性三角形

整合营销传播中强调的"一致性"具有丰富的含义。它的基本含义是指在传播过程中保证品牌特征信息的一致性。所谓一致性就是综合协调品牌形象、品牌定位与口碑等信息。众所周知，品牌资产是一个多元功能下的产物，它是所有与品牌有关的推广信息的结晶。要进行品牌推广以建立品牌关系，就要先关注品牌推广和传播中说的每一句话和做的每一件事情，以确保品牌特征信息的一致性。如果品牌活动传递的信息不一致，则会导致品牌核心价值模糊，这样在消费者心中的品牌形象也会混乱不堪，不利于品牌资产的积累。

在广告界有一个非常突出的现象，即一个长期推出的但始终坚持一个主题的普通广告，要比一个经常有新创意但主题混乱不堪的广告成功机会大很多。这一现象从侧面证明了信息的一致性能让一个平淡无奇的创意变得强而有力。在今天这种社会环境和竞争环境下，要求企业保持长期的一致性是有一定难度的。它首先要求企业在核心价值观和企业任务方面思考非常成熟，例如，力士品牌多年来使用的女明星代言策略，尽管在后来遭遇被人模仿、效果减弱等问题，但是它坚持不懈地使用这种策略，最终使其成为力士品牌文化的一部分；还有就是，在各种执行层面保持一致，也具有一定的难度，如产品和服务保持一致、品牌识别标志保持一致、品牌定位一致等，都需要花费相当大的精力和使用严密的措施，才能够贯彻执行。

为此，美国的整合营销传播学者邓肯和莫里亚蒂提出了整合三角理论，对不同品牌信息源如何形成顾客感觉进行了一个简单的图解，如图 7-21 所示。

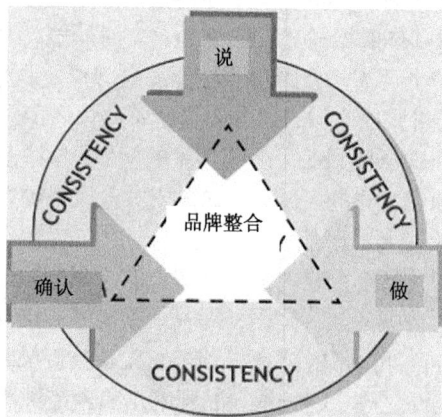

图 7-21　整合营销传播的信息一致性三角形模型示意图

图中"说"的部分主要指企业通过各种途径向顾客或公众进行的信息推介，前面介绍的各种由公司创建的接触点所传播的信息，基本上都可以划归信息一致性三角形中的"说"这一层面；"做"的部分主要指通过企业所提供的产品和服务等实质性内容所反映出来的信息，前面介绍的固有的接触点层面所传播的信息，基本上都是信息一致性三角形中"做"的层面，即企业的行为。对比企业的"说"和"做"，就可以清楚地看出企业的所作所为与自我宣传是否吻合。图中的"确认"指的是各种计划外的信息，如前所述的各种非预期的接触点所传播的信息，主要是和企业有关的各方面积极或否定的评价，都会影响顾客对品牌的认知。所谓的品牌整合，就如图 7-21 中的三角形所示，是对来自企业方面的"说"和"做"以及其他方面的"确认"3 类信息全面整合加工的过程。如果一个品牌能够保证确实实现了其制造者的承诺，而且也能够得到其他人的认同或肯定，那么，它的品牌整合就能够取得成功。相反，如果整个一致性三角形中出现了偏差，例如，企业宣传得特别热闹，但是产品、服务都跟不上，例如，一些超市宣传店庆或节假日促销活动，把周围社区的积极性都调动起来了，但是活动当天产品断货或者由于现场人多失控，服务员和顾客发生争吵，这种情形就属于严重的"说"和"做"不一致，那么当整个事件结束后，消费者信息整合的结果就会比较差，因而导致这个超市品牌在形象方面遭受损失；或者企业产品、服务、宣传都跟得上，但是外界评价不高，也会因此带来一些形象上的损失。

近年来，随着科学技术的发展，产生了一大批新的媒介形式，对大众市场的划分也更加细致；而全球性市场地位的上升，导致企业内部各部门间以及外部各竞争对手之间竞争升级；顾客也变得更加精明、更加挑剔、要求更多。在这种形势下，企业各部门如果仍然各自为政，若只顾实现自己的目标而不顾企业的整体需要和消费者需求的话，所面临的将是代价高昂的重复浪费和无效的工作。为实现效益，企业必须注意对信息、资源以及手段的充分整合。在明确了信息一致性三角形的工作原理之后，企业在管理自己的品牌形象时，就可以有清晰的思路，依据消费者的整合机制，将各种类型的信息进行充分整合，达到有效塑造一致有利的品牌形象的最终效果。

7.4　整合营销传播的流程

目前，绝大多数营销、广告、传播人员都大致能够了解和接受整合营销传播思想，但对于在实际操作中具体怎么应用整合营销传播，则存在不少的疑问，基本上都比较缺乏制定、监督和实施全面整合营销传播计划的知识和能力。但是随着新兴媒体的出现，宽带的普及，计算机技术以及互动空间的发展，整合营销传播活动实施上的困难迎刃而解。上述技术的应用，使得整合营销传播提出的以顾客为中心的新的营销与传播方法开始派上大用场。特别是 Web 2.0 时代传播环境的变化，移动媒体无处不在并被传播领域广泛利用，人们由原来被动地接受信息，发展为选择性地接受信息和主动地检索、发布信息并与他人共享。原来以大众媒体为主、注重到达率的传播形式开始发生转变，崭新的媒体生态系统下整合的概念日益重要。由于整合营销传播采用的是由外及里的程序，从顾客入手，研究并分析顾客使用的媒介类型、营销信息与顾客之间的关系，以及顾客和潜在顾客最容易接收信息的时间等，从顾客开始然后再回到品牌中去，这一过程有利于将营销与传播策划有机地融为一体。

首先，可以对数据库里的用户信息进行细分，并对一些具体的信息进行分析研究，了解他们的态度、经历以及他们与品牌或产品发生关系的方式。这种基本分析能够明确与他们进行沟通的最佳渠道、时间和环境。计算机技术帮助企业人员通过便捷的手段就能得到大量的信息。例如，通过超市扫描数据，包装商品的营销人员可以存储大量用户信息、观测购买行为、分析关联数据、评估营销传播效果等。免费电话号码、传真、互联网页以及公司网址都可以使回收顾客反馈变得非常容易。这类顾客行为数据库具有巨大的营销传播价值，尤其是当数据库包含了顾客人口统计、消费心态、购买情况、品牌态度或产品种类态度的时候。当营销人员拥有了这样一份完备的数据库，就具备了整合营销传播策划活动的基础。从数据库入手开始的整个策划过程，迫使企业不得不注重消费者或潜在用户，而非企业本身的利润目标或销售目标，这些营销目标被放到了策划过程之后。现在很多网络购物都可以针对顾客的消费信息，将他们划分为不同的层级并分别进行营销传播设计。如图 7-22 所示，3 SUisses 是一家法国服装购物品牌，它在中国市场的推广就具有明显的层层推进的特点：首先就是在网络上通过各种手段吸引顾客注册，只要顾客完成了网站注册，就会自动留下制定整合营销传播所需要的用户信息。

图 7-22　法国服装网购品牌 3 SUisses 在营销过程中充分利用了整合营销传播的思想

图 7-22　法国服装网购品牌 3 SUisses 在营销过程中充分利用了整合营销传播的思想（续）

左上图为该品牌在公司网站上推出的打折信息；右上图是针对资深会员推出的"明星客户产品秀"活动；下图则是通过邮递系统向已经有购物经历的客户寄送的产品目录。

其次，在分析的基础上，策划者制定出营销目标。需要注意的是，这些营销目标大多都与促进或保持产品使用率或培育品牌忠诚有关。这其中，营销人员需要辨别哪些品牌联系和态度变化才能支持消费者保持原状或改变购买行为。正如前面的例子所示范的，当顾客注册一段时间之后，就可以很清楚地通过技术手段看出该顾客与本网站之间的关系强弱。这一过程就是针对用户信息进行细分，从中可以根据态度、经历与品牌的关系等多方面将消费者划分成不同的群体。例如，针对那些只是注册过但是从未发生购物的顾客，网站就持续地向顾客的电子邮箱发送诸如新产品上市、促销折扣信息等信件，这种方式沟通成本非常低廉但是能够有效培养消费者对品牌的认知，一段时间后，可以给这部分顾客一定金额的优惠券，鼓励他在限定时间内尝试性消费。这时一般都能够成功地发挥效用；当顾客一旦开始有在网站的购物经历时，就开始享受更多的优惠措施，顾客会发现，随着自己购物次数的增多，所享受的服务和礼品级别开始上升，这时就会极大地激发购物者的购物兴趣；对于那些发烧友级别的顾客，网站则充分满足他们的需求，开辟专门的空间让顾客在博客、内部杂志或者其他途径展示自己的服装搭配心得，刊登用在网站购买的服装服饰装扮自己的照片。如此分级营销设计的目的，就是要让营销目标因人而异，达到效果最大化，但是最后整合在一起的目标效果确实要比分散的目标效果总和大很多。

然后，是进一步分析并确定建立消费者联系，影响其态度、信仰和购买行为的传播目标与战略。最后决定用其他哪些营销组合要素（价格、产品、分销）来进一步鼓励消费者采取广告主预期的行为。还以前面的例子为证，顾客的消费记录能够明确该顾客和企业之间关系的紧密程度，如果整合营销传播设计到位的话，就能够让每个层次的顾客都感觉自己的需求在这里得到了充分满足。在这一局部过程中，和传统的营销组合思想是一致的，就是通过各种营销组合方面的设计，让顾客牢牢地与企业建立起稳固的品牌关系。可想而知，与那些不注意分级营销最终建立整合效果的企业相比，采用整合营销传播思路设计营销战略的企业，一定能够更加容易地达到自己的预期效果。因为整个计划的目标都非常明确，而且是充分根据消费者的需求量体裁衣制定出来的。只要能够从一开始明确这一思想，并在接下来的战略、战术上最大化地体现这一思想，就能够对顾客的态度和行为产生积极的影响。

最后，策划者要明确运用哪些传播战术——媒介广告、直接营销、宣传、销售推广、特别活动等——来建立联系并影响消费者的行为。这些手段性的行为在整个整合营销传播实施过程中处于最末端的位置，通常只要从顾客的媒介接触信息和信息处理的习惯出发，就很容易找到有效的沟通方法。例如，在前面这个例子中，邮件、网站、货物往来的邮递包裹、邮寄目录等就是该网站和消费者沟通最有效的传播媒介。这些媒介形式价格便宜、私密性强，信息传播效果好，不见得非要借助大众媒介才能够完成营销传播任务。整合营销传播思想的优越性也在此充分得到体现：如何在消费者选择性增强、媒介环境竞争日益激烈的情况下，卓越有效地达成营销目的，整合营销传播从消费者出发寻找答案的做法，显然能够取得实际效果。

需要说明的是，整合行销传播本身是一个循环的过程，企业通过与消费者和潜在消费者的双向沟通，不断获得信息与反馈，以此修正传播计划并加以执行。企业若要全面贯彻整合营销传播思想，还需要克服整合营销传播在组织内的障碍，即在高层认同并接受这一思想，然后自上而下开展以消费者为导向的全传播运动，让企业内外部的各级人员同心协力，为实际有效地提高企业竞争优势而努力。但是这种努力还必须自始至终由中央统一控制，才能达到最优效果。

整合营销传播除了对企业而言有变革性的意义，对广告策划来说，也具有重要意义。因为既然顾客把所有受人资助的传播都视为广告，包括客户主管、创意人员、媒介策划在内的广告策划人员，就必须超越自己传统的专业，成为知识渊博的通才，才能够熟悉并综合运用所有的营销传播手段，从而胜任整合营销传播时代的广告策划活动。由于整合营销传播特别关注来自消费者方面的信息接收方式，因此给传统的广告媒介概念带来巨大的冲击，互动技术的发展使得帮助广告主设计富有创意的发送和回收信息系统成为广告策划人员首要考虑的问题之一。在整合营销传播时代，企业和广告公司都必须站在"信息处理"的角度思考问题，对信息的发送、接收和反馈等过程都要负责。因此，广告媒介策划工作不再停留在计划和购买的层次上，媒介的概念发生了改变，内涵也更为丰富。这时的媒介是创意、组合和合作。

广告探索

一致性三角形原理在"品牌整合营销传播审核"中的实践与应用

这部分主要练习整合营销传播的一致性三角形中的"做"和"确认"两个方面的内容。以该理论为依据，可以审核某品牌如何"做"以及在"确认"方面取得的成效。

具体步骤如下。

首先针对所选公司收集以下信息。

① 竞争状况概述。

② 公司目标或发展前景：对机构的目标、愿景、使命等进行概述，如果这类信息不存在，就在小组成员对该公司分析的基础上进行总结。

③ 目标市场：对已经明确的目标市场以及主要的细分市场做概述。

④ 品牌：品牌特性是什么？品牌区别力是什么（品牌区别力是真的非常独特还是与竞争对手非常类似）？品牌是如何定位的？品牌个性是什么？标志、颜色、所有可控制媒介上使用的"声音"——你是怎样定义它的？这些东西都是否有效支持了品牌的特性、区别力和定位？

然后评估该公司提供的产品在表现上是否和上面所说的一致。

接下来审核该品牌在"确认"方面的表现如何。

① 评估企业是否通过回馈机制有效强化了前面发布的各种信息？

② "说"与"做"是否一致？"确认"环节是"说"和"做"的结果分。你的研究发现是什么？例如，如果你观察到企业的"说"与后来的"做"相一致，你自己会确认某些信息吗？或

者，是否发现来自第三方的确认，如顾客反馈企业"说"与"做"保持了一致性。

通过前两个步骤能得到什么结论？

最后评估该品牌的所有外部营销传播工具（包括促销工具和人员因素）整合或一致性程度如何？

在分析完所有外部营销活动的整体组合情况之后，注意你所研究的公司是否过于注重其中一个或两个媒介类型？你觉得这是一种目的性很强的策略行为吗？如果是的话，你觉得为什么公司会把更多的资源投入到上述领域中？你对它的作用和效果的评价是怎样的？

最后，对所研究的品牌提出一些具体的建议。

美国排名前 100 位的广告创意

1. Volkswagen, "Think Small", Doyle Dane Bernbach, 1959
    大众汽车，"想想小的好"，多乐·戴恩·伯恩巴克广告公司，1959

2. Coca-Cola, "The pause that refreshes", D'Arcy Co., 1929
    可口可乐，"清爽一刻"，达尔西广告公司，1929

3. Marlboro, "The Marlboro Man", Leo Burnett Co., 1955
    万宝路香烟，"万宝路男人"，李奥贝纳广告公司，1955

4. Nike, "Just do it", Wieden & Kennedy, 1988
    耐克，"想做就做"，维登暨肯尼迪广告公司，1988

5. McDonald's, "You deserve a break today", Needham, Harper & Steers, 1971
    麦当劳，"今天你需要休息一下"，尼德汉姆，哈柏暨斯蒂尔公司，1971

6. DeBeers, "A diamond is forever", N.W. Ayer & Son, 1948
    戴比尔斯钻戒，"钻石恒久远，一颗永流传"，N·W·艾耶父子广告公司，1948

7. Absolute Vodka, "The Absolute Bottle", TBWA, 1981
    绝对伏特加，"绝对瓶子"，TBWA，1981

8. Miller Light beer, "Tastes great, less filling", McCann-Erickson Worldwide, 1974
    米勒啤酒，"绝佳品位，轻松感受"，麦肯全球，1974

9. Clairol, "Does she...or doesn't she?", Foote, Cone & Belding, 1957
    卡莱尔染发剂，"她染了……还是没染？"，富·康·贝尔丁广告公司，1957

10. Avis, "We try harder", Doyle Dane Bernbach, 1963
    艾维斯出租车行，"我们更努力"，多乐·戴恩·伯恩巴克广告公司，1963

11. Federal Express, "Fast talker", Ally & Gargano, 1982
    联邦快递，"快语者"，阿利暨佳甘奴广告公司，1982

12. Apple Computer, "1984", Chiat/Day, 1984

    苹果电脑，"1984"，李戴爱广告公司，1984

13. Alka-Seltzer, Various ads, Jack Tinker & Partners; Doyle Dane Bernbach; Wells Rich, Greene, 1960s, 1970s

    阿尔卡-塞茨尔，各种广告，杰克·亭克尔与伙伴公司；多乐·戴恩·伯恩巴克广告公司；威尔斯·瑞奇·格瑞恩公司，20 世纪 60 年代，20 世纪 70 年代

14. Pepsi-Cola, "Pepsi-Cola hits the spot", Newell-Emmett Co., 1940s

    百事可乐，"百事可乐，激情一刻"，奈威尔-爱默特公司，20 世纪 40 年代

15. Maxwell House, "Good to the last drop", Ogilvy, Benson & Mather, 1959

    麦斯威尔咖啡，"滴滴香浓，意犹未尽"，奥格威·本森暨马瑟广告公司，1959

16. Ivory Soap, "99 and 44/100% Pure", Proctor & Gamble Co., 1882

    象牙香皂，"99.44% 的纯度"，宝洁公司，1882

17. American Express, "Do you know me?", Ogilvy & Mather, 1975

    美国运通银行卡，"你认识我吗？"奥美广告公司，1975

18. U.S. Army, "Be all that you can be", N.W. Ayer & Son, 1981

    美国军队，"倾尽所能，实现自我"，N·W·艾耶父子广告公司，1981

19. Anacin, "Fast, fast, fast relief", Ted Bates & Co., 1952

    安那神止痛药片，"快速，快速，快速减缓头痛症状"，泰德·贝茨广告公司，1952

20. Rolling Stone, "Perception. Reality.", Fallon McElligott Rice, 1985

    滚石杂志，"感觉。现实。"富伦·麦克艾略特.莱斯广告公司，1985

21. Pepsi-Cola, "The Pepsi generation", Batton, Barton, Durstine & Osborn, 1964

    百事可乐，"百事新生代"，班顿·巴顿暨奥斯伯恩广告公司，1964

22. Hathaway Shirts, "The man in the Hathaway shirt", Hewitt, Ogilvy, Benson & Mather, 1951

    汗莎威衬衫，"穿汗莎威衬衫的男人"，海威特·奥格威·本森暨马瑟公司，1951

23. Burma-Shave, "Roadside signs in verse", Allen Odell, 1925

    博玛剃须，"压韵的路牌广告"，阿仑·奥德尔，1925

24. Burger King, "Have it your way", BBDO, 1973

    汉堡王，"用你自己的方式吃汉堡"，BBDO，1973

25. Campbell Soup, "Mmm mm good", BBDO, 1930s

    康宝汤，"姆……姆……真好吃"，BBDO，20 世纪 30 年代

26. U.S. Forest Service, Smokey the Bear/"Only you can prevent forest fires", Advertising Council/Foote, Cone & Belding

    美国森林服务，消防熊/ "只有你才能防止森林火灾"，广告委员会/富·康·贝尔丁广告公司

27. Budweiser, "This Bud's for you", D'Arcy Masius Benton & Bowles, 1970s

    百威啤酒，"这是给你的百威"，达尔西·马苏斯·本顿暨鲍尔斯广告公司，20 世纪 70 年代

28. Maidenform, "I dreamed I went shopping in my Maidenform bra", Norman, Craig & Kunnel, 1949

    媚登峰女士内衣，"我梦见我穿着媚登峰女士内衣去购物"，诺曼·克瑞格暨库耐尔公司，1949

29. Victor Talking Machine Co., "His master's voice", Francis Barraud, 1901
   胜利者对讲机公司，"他师傅的声音"，弗朗西斯·巴劳德公司，1901

30. Jordan Motor Car Co., "Somewhere west of Laramie", Edward S.（Ned）Jordan, 1923
   乔丹汽车公司，"拉什米尔以西的某个地方"，爱德华·S·（耐德）乔丹公司，1923

31. Woodbury Soap, "The skin you love to touch", J. Walter Thompson Co., 1911
   伍德柏瑞香皂，"你喜欢触摸的肌肤"，智·威汤逊广告公司，1911

32. Benson & Hedges 100s, "The disadvantages", Wells, Rich, Greene, 1960s
   本森暨海吉斯 100，"缺点"，威尔斯、瑞奇、格瑞恩，20 世纪 60 年代

33. National Biscuit Co., Uneeda Biscuits' Boy in Boots, N.W. Ayer & Son, 1899
   全国饼干公司，"穿雨靴的尤尼达饼干男孩"，N·W·艾耶父子广告公司，1899

34. Energizer, The Energizer Bunny, Chiat/Day, 1989
   劲量电池，劲量兔子，李戴爱公司，1989

35. Morton Salt, "When it rains it pours", N.W. Ayer & Son, 1912
   莫顿盐，"天下雨时就撒盐"，N·W·艾耶父子广告公司，1912

36. Chanel, "Share the fantasy", Doyle Dane Bernbach, 1979
   香奈尔，"分享梦幻"，多乐·戴恩·伯恩巴克广告公司，1979

37. Saturn, "A different kind of company, A different kind of car.", Hal Riney & Partners, 1989
   土星汽车，"与众不同的公司，与众不同的汽车。"，郝瑞纳及其伙伴公司，1989

38. Crest toothpaste, "Look, Ma! No cavities!", Benton & Bowles, 1958
   佳洁士牙膏，"妈，快看！没有蛀牙洞！"，本顿暨鲍尔斯公司，1958

39. M&Ms, "Melts in your mouth, not in your hands", Ted Bates & Co., 1954
   马式巧克力，"只溶在口，不溶在手"，泰德贝茨广告公司，1954

40. Timex, "Takes a licking and keeps on ticking", W.B. Doner & Co & predecessor agencies, 1950s
   天美时手表，"经历颠簸依然走时准确"，W·B·多纳及其先驱者公司，20 世纪 50 年代

41. Chevrolet, "See the USA in your Chevrolet", Campbell-Ewald, 1950s
   雪佛兰汽车，"在你的雪佛兰车中看美国"，康贝尔-艾沃德公司，20 世纪 50 年代

42. Calvin Klein, "Know what comes between me and my Calvins? Nothing!
   卡文·克莱恩，"知道我和我的卡文之间有什么吗？什么都没有！"

43. Reagan for President, "It's morning again in America", Tuesday Team, 1984
   里根竞选总统，"又是美国的早晨"，星期二团队，1984

44. Winston cigarettes, "Winston tastes good--like a cigarette should", 1954
   云斯顿香烟，"云斯顿香烟味道好，正是香烟的味道"，1954

45. U.S. School of Music, "They laughed when I sat down at the piano, but when I started to play!", Ruthrauff & Ryan, 1925
   美国音乐学校，"当我坐在钢琴旁的时候他们哄堂大笑，可是当我开始演奏时却不！"，鲁斯劳夫暨瑞安公司，1925

46. Camel cigarettes, "I'd walk a mile for a Camel", N. W. Ayer & Son, 1921
   骆驼香烟，"为一支骆驼我愿步行一英里"，N·W·艾耶父子广告公司，1921

47. Wendy's, "Where's the beef?", Dancer-Fitzgerald-Sample, 1984
   温迪汉堡，"牛排在哪儿？"，丹瑟尔-菲茨捷拉德-山普公司，1984

48. Listerine, "Always a bridesmaid, but never a bride", Lambert & Feasley, 1923
李斯特林口气清新剂，"总是伴娘，从未当过新娘"，蓝伯特暨菲斯利公司，1923

49. Cadillac, "The penalty of leadership", MacManus, John & Adams, 1915
卡迪拉克汽车，"出人头地的代价"，麦克玛纳斯、约翰暨亚当公司，1915

50. Keep America Beautiful, "Crying Indian", Advertising Council/Marstellar Inc., 1971
让美国更美，"哭泣的印第安人"，广告协会/马斯泰勒联合公司，1971

51. Charmin, "Please don't squeeze the Charmin", Benton & Bowles, 1964
查尔明，"请不要挤查尔明"，本顿暨鲍尔斯，1964

52. Wheaties, "Breakfast of champions", Blackett-Sample-Hummert, 1930s
小麦公司，"冠军的早餐"，布莱卡特，20 世纪 30 年代

53. Coca-Cola, "It's the real thing", McCann-Erickson, 1970
可口可乐，"这就是可口可乐"，麦肯，1970

54. Greyhound, "It's such a comfort to take the bus and leave the driving to us", Grey Advertising, 1957
灰狗巴士，"乘坐巴士如此舒适，驾驶的工作由我们来做"，精信广告，1957

55. Kellogg's Rice Krispies, "Snap! Crackle! and Pop!", Leo Burnett Co., 1940s
家乐氏脆米片，"噼啪！咯吱！和砰砰！"，李奥贝纳公司，20 世纪 40 年代

56. Polaroid, "It's so simple", Doyle Dane Bernbach, 1977
宝利来相机，"如此简单"，多乐·戴恩·伯恩巴克广告公司，1977

57. Gillette, "Look sharp, feel sharp", BBDO, 1940s
吉列剃须刀，"外表锋利，感觉敏锐"，BBDO，20 世纪 40 年代

58. Levy's Rye Bread, "You don't have to be Jewish to love Levy's Rye Bread", Doyle Dane Bernbach, 1949
莱维斯燕麦面包，"喜爱莱维斯燕麦面包，你不必非得是犹太人"，多乐·戴恩·伯恩巴克广告公司，1949

59. Pepsodent, "You'll wonder where the yellow went", Foote, Cone & Belding, 1956
佩索登牙膏，"你会奇怪黄牙齿去哪儿了"，富·康·贝尔丁公司，1956

60. Lucky Strike cigarettes, "Reach for a Lucky instead of a sweet", Lord & Thomas, 1920s
好彩牌香烟，"为了运气而不是高兴"，洛托公司，20 世纪 20 年代

61. 7 UP, "The Uncola", J. Walter Thompson, 1970s
七喜饮料，"非可乐"，智威汤逊公司，20 世纪 70 年代

62. Wisk detergent, "Ring around the collar", BBDO, 1968
威斯克洗衣剂，"在领口边闪亮"，BBDO，1968

63. Sunsweet Prunes, "Today the pits, tomorrow the wrinkles", Freberg Ltd., 1970s
阳光甜美葡萄干，"今天水盈盈明天皱巴巴"，弗莱博格有限公司，20 世纪 70 年代

64. Life cereal, "Hey, Mikey", Doyle Dane Bernbach, 1972
生活麦片，"嗨，米奇"，多乐·戴恩·伯恩巴克广告公司，1972

65. Hertz, "Let Hertz put you in the driver's seat", Norman, Craig & Kummel, 1961
亨氏，"让亨氏助您坐上驾驶员的位置"，诺曼·克瑞格暨卡美尔公司，1961

66. Foster Grant, "Who's that behind those Foster Grants?", Geer, Dubois, 1965
助养基金会，"那些助养基金后面是谁？"，基尔与杜波伊斯公司，1965

67. Perdue chicken, "It takes a tough man to make tender chicken" Scali, McCabe, Sloves, 1971

泼杜尔鸡肉，"松软的鸡肉由强壮的男士来做"，斯嘉利·麦克凯比·斯卢弗斯，1971

68. Hallmark, "When you care enough to send the very best", Foote, Cone & Belding,1930s

贺曼贺卡，"关切备至，送最好的贺卡"，富·康·贝尔丁，20世纪30年代

69. Springmaid sheets, "A buck well spent", In-house, 1948

春天少女床单，"分分物有所值"，企业内部广告公司，1948

70. Queensboro Corp., Jackson Heights Apartment Homes, WEAF, NYC, 1920s

皇后波洛公司，杰克森高度公寓家庭，纽约WEAF公司，20世纪20年代

71. Steinway & Sons, "The instrument of the immortals", N.W. Ayer & Sons, 1919

斯坦威父子公司，"不朽的乐器"，N·W·艾耶父子广告公司，1919

72. Levi's jeans, "501 Blues", Foote, Cone & Belding, 1984

李维斯牛仔裤，"501蓝"，富·康·贝尔丁，1984

73. Blackglama-Great Lakes Mink, "What becomes a legend most?", Jane Trahey Associates, 1960s

黑色格拉玛－大湖水貂皮，"什么成就了传说？"，简·崔西联合公司，20世纪60年代

74. Blue Nun wine, Stiller & Meara campaign, Della Famina, Travisano & Partners, 1970s

蓝色修士葡萄酒，斯蒂乐暨米拉战役，德拉·范米那、卓维萨诺暨伙伴公司，20世纪70年代

75. Hamm's beer, "From the Land of Sky Blue Waters", Campbell-Mithun, 1950s

汉姆啤酒，"来自天蓝水域"，康贝尔－米松公司，20世纪50年代

76. Quaker Puffed Wheat, "Shot from guns", Lord & Thomas, 1920s

桂格膨化麦片，"从大炮中喷射出来的"，洛德暨托马斯公司，20世纪20年代

77. ESPN Sports, "This is Sports Center", Wieden & Kennedy, 1995

ESPN体育频道，"这里就是体育中心"，维登暨肯尼迪公司，1995

78. Molson Beer, "Laughing Couple", Moving & Talking Picture Co., 1980s

莫森啤酒，"大笑的夫妇"，动说图片公司，20世纪80年代

79. California Milk Processor Board, "Got Milk?",1993

加州牛奶促进协会，"喝牛奶了么？"，1993

80. AT&T, "Reach out and touch someone", N.W. Ayer, 1979

美国电报电话公司，"拨出电话，接通某人"，N·W·艾耶公司，1979

81. Brylcreem, "A little dab'll do ya", Kenyon & Eckhardt, 1950s

布莱克里姆，"小达比杜亚"，金勇暨艾克哈德特公司，20世纪50年代

82. Carling Black Label beer, "Hey Mabel, Black Label!", Lang, Fisher & Stashower, 1940s

卡灵黑标啤酒，"我的黑标"，良·费舍尔暨斯塔舒尔公司，20世纪40年代

83. Isuzu, "Lying Joe Isuzu", Della Famina, Travisano & Partners, 1980s

五十铃，"躺在乔五十铃上"，德拉·范米那·卓维萨诺暨伙伴公司，20世纪80年代

84. BMW, "The ultimate driving machine", Ammirati & Puris, 1975

宝马汽车，"终极驾驶机器"，阿姆拉提暨普瑞斯，1975

85. Texaco, "You can trust your car to the men who wear the star", Benton & Bowles, 1940s

得克萨斯克，"你可以信任穿着星标志服装的男人"，本顿暨鲍尔斯公司，20世纪40年代

86. Coca-Cola, "Always", Creative Artists Agency, 1993
  可口可乐，"永远的可口可乐"，创意艺术家代理公司，1993

87. Xerox, "It's a miracle", Needham, Harper & Steers, 1975
  施乐复印机，"这是奇迹"，尼德汉姆、哈伯和斯蒂尔公司，1975

88. Bartles & Jaymes, "Frank and Ed", Hal Riney & Partners, 1985
  巴图斯暨杰米斯，"弗兰克与爱德"，郝瑞尼暨伙伴公司,1985

89. Dannon Yogurt, "Old People in Russia", Marstellar Inc., 1970s
  达能酸奶，"俄罗斯老人"，马斯特拉联合公司，20 世纪 70 年代

90. Volvo, "Average life of a car in Sweden", Scali, McCabe, Sloves,1960s
  沃尔沃汽车，"在瑞典的普通生活"，斯嘉利、麦克凯比、斯卢弗公司，20 世纪 60 年代

91. Motel 6, "We'll leave a light on for you", Richards Group, 1988
  6 号汽车旅馆，"我们为您留好一盏灯"，里查德集团，1988

92. Jell-O, "Bill Cosby with kids", Young & Rubicam, 1975
  杰利奥嗜哩，"比尔·科思比与孩子"，扬·卢比肯公司，1975

93. IBM, "Chaplin's Little Tramp character", Lord, Geller, Federico, Einstein, 1982
  IBM 公司，"查普林的小流浪人"，洛德·盖勒·费德瑞克·爱因斯坦公司，1982

94. American Tourister, "The Gorilla", Doyle, Dane Bernbach, late 1960s
  美国旅游局，"大猩猩"，多乐·戴恩·伯恩巴克广告公司，20 世纪 60 年代晚期

95. Right Guard, "Medicine Cabinet", BBDO, 1960s
  正卫，"药箱"，BBDO，20 世纪 60 年代

96. Maypo, "I want my Maypo", Fletcher, Calkins & Holden, 1960s
  美波，"我想要我的美波"，弗莱彻尔、考尔金斯暨豪登公司，20 世纪 60 年代

97. Bufferin, "Pounding heartbeat", Young & Rubicam, 1960
  百服宁，"跳动的心脏"，扬·卢必肯公司，20 世纪 60 年代

98. Arrow Shirts, "My friend, Joe Holmes, is now a horse", Young & Rubicam, 1938
  箭牌衬衫，"我的朋友乔·赫莫斯现在变成了一匹马"，扬·卢必肯公司，1938

99. Young & Rubicam, "Impact", Young & Rubicam, 1930
  扬·卢必肯公司，"影响力"，扬·卢必肯公司，1930

100. Lyndon Johnson for President, "Daisy", Doyle Dane Bernbach, 1964
  林登·强生竞选总统，"戴茜"，多乐·戴恩·伯恩巴克广告公司，1964
  资料来源：《广告时代》杂志，1999 年 3 月 29 日

中华人民共和国广告法及解读

1994 年 10 月 27 日第八届全国人民代表大会常务委员会第十次会议通过
2015 年 4 月 24 日第十二届全国人民代表大会常务委员会第十四次会议修订

目　录

中华人民共和国广告法修订亮点解读

新广告法亮点一：完善广告准则。

新的广告法内容更加丰富，如完善了保健食品、药品、医疗、医疗器械、教育培训、招商投资、房地产、农作物种子等广告的准则。原来广告法只有 7 种商品和服务的广告准则，这次增加到 19 种。

广告法没有新增内容时，也有一些规章制度对这些新加的种类进行管理，但是没有明确的法律来规范，执行起来就比较困难。现在新法把规章相关内容纳入其中，加大了对消费者的保护力度。

新广告法亮点二：明确虚假广告定义。

新法明确虚假的宣传、引人误导的内容等均属虚假广告。

按新法对虚假广告的界定，查处的虚假广告数量将会增多，这对违法行为将起到很大程度的震慑作用。

新广告法亮点三：约束广告代言人。

旧广告法没有针对代言人的法律规制。这次广告法修订当中对明星代言也作了法律责任规定，明星代言不能只收钱而不担责。只要明星代言的是虚假广告，同样负有连带责任。对因在虚假广告中作推荐、证明而受到行政处罚未满 3 年的自然人、法人或者其他组织，不得将其作为广告代言人。

老百姓对明星代言虚假广告比较反感。为保护消费者合法权益，广告代言人的责任应进一步强化，代言活动也应更加严格规范，这是国家的一种态度——限制和约束明星代言。

新广告法亮点四：禁止烟草变相广告。

新广告法中对烟草广告作了更加严格的规定，禁止在一切大众媒体和公共场所发布烟草广告，禁止变相发布违法广告。烟草制品生产者或者销售者不得利用其他商品或者服务的广告、公益广告，宣传烟草制品名称、商标、包装、装潢以及类似内容。

新广告法颁布后，想通过其他商品的广告或公益广告等变相发布烟草广告行不通了，但这对市场影响不大，因为此前国家对于烟草广告的规定、执行就非常严格。

新广告法亮点五：10 岁以下不能代言。

新法规定 10 岁以下未成年人不能代言广告。例如，在学校、幼儿园及少年儿童经常活动的场所，不能做广告，特别是在教材中不能做广告，以便为孩子的成长创造一个干净的环境。

新广告法亮点六：规范互联网广告。

在旧广告法中没有关于互联网广告的章节。这次修订对互联网广告有了规定，例如，互联网广告应一键关停，电子邮件未经同意不能发送。

新广告法亮点七：加强了对媒体的监管。

传媒作为载体，发布广告时承担重要责任。这次对发布广告的媒体和平台也作了严格规定，并且加大了处罚力度。媒体发布违法虚假广告，过去根据广告费用罚款 1 到 5 倍，现在最高可以处罚 200 万元，加强了对违法广告的震慑。

此次新法增加了资格处罚，对于发布虚假广告的可以吊销营业执照，比如，医院违法发布虚假广告则吊销其营业执照。

新广告法亮点八：公益广告成责任。

这次把公益广告写到法律条文里，媒体作为一种法定的职责要发布公益广告，并要承担发布公益广告的责任。

公益广告发布应该大力发展，这对塑造社会价值观起到了重要作用。

新广告法亮点九：监管不到位将追责。

除了工商部门之外，其他部门也有监管之责。新闻出版广电总局以及其他有关部门对有广告违法行为的广播电台、电视台、报刊音像出版单位，不依法予以处理的，对负有责任的主管人员和直接责任人员，依法给予处分。

治理违法广告需部门联动。例如，发布医药广告先要到食品药品监督管理局或卫生厅审批。除工商部门要加强监管外，新闻出版广电总局等媒体主管部门也需切实履行对媒体活动的监管职责。

新广告法亮点十：可让广告业主自证清白。

这次新法增加了操作方面的一个亮点，就是工商部门有权让广告业主自证清白。

以前工商部门要证明广告业主违法还要自己去寻找证据，现在工商部门则有权让业主自证清白，不能证明就可依法处理，这样就使工商部门在执法方面拥有了很大的便利。

第一章　总则

第一条　为了规范广告活动，保护消费者的合法权益，促进广告业的健康发展，维护社会经济秩序，制定本法。

第二条　在中华人民共和国境内，商品经营者或者服务提供者通过一定媒介和形式直接或者间接地介绍自己所推销的商品或者服务的商业广告活动，适用本法。

本法所称广告主，是指为推销商品或者服务，自行或者委托他人设计、制作、发布广告的自然人、法人或者其他组织。

本法所称广告经营者，是指接受委托提供广告设计、制作、代理服务的自然人、法人或者其他组织。

本法所称广告发布者，是指为广告主或者广告主委托的广告经营者发布广告的自然人、法人或者其他组织。

本法所称广告代言人，是指广告主以外的，在广告中以自己的名义或者形象对商品、服务作推荐、证明的自然人、法人或者其他组织。

第三条　广告应当真实、合法，以健康的表现形式表达广告内容，符合社会主义精神文明建设和弘扬中华民族优秀传统文化的要求。

第四条　广告不得含有虚假或者引人误解的内容，不得欺骗、误导消费者。

广告主应当对广告内容的真实性负责。

第五条　广告主、广告经营者、广告发布者从事广告活动，应当遵守法律、法规，诚实信用，公平竞争。

第六条　国务院工商行政管理部门主管全国的广告监督管理工作，国务院有关部门在各自的职责范围内负责广告管理相关工作。

县级以上地方工商行政管理部门主管本行政区域的广告监督管理工作，县级以上地方人民政府有关部门在各自的职责范围内负责广告管理相关工作。

第七条　广告行业组织依照法律、法规和章程的规定，制定行业规范，加强行业自律，促进行业发展，引导会员依法从事广告活动，推动广告行业诚信建设。

第二章　广告内容准则

第八条　广告中对商品的性能、功能、产地、用途、质量、成分、价格、生产者、有效期限、允诺等或者对服务的内容、提供者、形式、质量、价格、允诺等有表示的，应当准确、清楚、明白。

广告中表明推销的商品或者服务附带赠送的，应当明示所附带赠送商品或者服务的品种、规格、数量、期限和方式。

法律、行政法规规定广告中应当明示的内容，应当显著、清晰表示。

第九条　广告不得有下列情形：

（一）使用或者变相使用中华人民共和国的国旗、国歌、国徽，军旗、军歌、军徽；

（二）使用或者变相使用国家机关、国家机关工作人员的名义或者形象；

（三）使用"国家级""最高级""最佳"等用语；

（四）损害国家的尊严或者利益，泄露国家秘密；

（五）妨碍社会安定，损害社会公共利益；

（六）危害人身、财产安全，泄露个人隐私；

（七）妨碍社会公共秩序或者违背社会良好风尚；

（八）含有淫秽、色情、赌博、迷信、恐怖、暴力的内容；

（九）含有民族、种族、宗教、性别歧视的内容；

（十）妨碍环境、自然资源或者文化遗产保护；

（十一）法律、行政法规规定禁止的其他情形。

第十条　广告不得损害未成年人和残疾人的身心健康。

第十一条　广告内容涉及的事项需要取得行政许可的，应当与许可的内容相符合。

广告使用数据、统计资料、调查结果、文摘、引用语等引证内容的，应当真实、准确，并表明出处。引证内容有适用范围和有效期限的，应当明确表示。

第十二条　广告中涉及专利产品或者专利方法的，应当标明专利号和专利种类。

未取得专利权的，不得在广告中谎称取得专利权。

禁止使用未授予专利权的专利申请和已经终止、撤销、无效的专利作广告。

第十三条　广告不得贬低其他生产经营者的商品或者服务。

第十四条　广告应当具有可识别性，能够使消费者辨明其为广告。

大众传播媒介不得以新闻报道形式变相发布广告。通过大众传播媒介发布的广告应当显著标明"广告"，与其他非广告信息相区别，不得使消费者产生误解。

广播电台、电视台发布广告，应当遵守国务院有关部门关于时长、方式的规定，并应当对广告时长作出明显提示。

第十五条　麻醉药品、精神药品、医疗用毒性药品、放射性药品等特殊药品，药品类易制毒化学品，以及戒毒治疗的药品、医疗器械和治疗方法，不得作广告。

前款规定以外的处方药，只能在国务院卫生行政部门和国务院药品监督管理部门共同指定的医学、药学专业刊物上作广告。

第十六条　医疗、药品、医疗器械广告不得含有下列内容：

（一）表示功效、安全性的断言或者保证；

（二）说明治愈率或者有效率；

（三）与其他药品、医疗器械的功效和安全性或者其他医疗机构比较；

（四）利用广告代言人作推荐、证明；

（五）法律、行政法规规定禁止的其他内容。

药品广告的内容不得与国务院药品监督管理部门批准的说明书不一致，并应当显著标明禁忌、不良反应。处方药广告应当显著标明"本广告仅供医学药学专业人士阅读"，非处方药广告应当显著标明"请按药品说明书或者在药师指导下购买和使用"。

推荐给个人自用的医疗器械的广告，应当显著标明"请仔细阅读产品说明书或者在医务人员的指导下购买和使用"。医疗器械产品注册证明文件中有禁忌内容、注意事项的，广告中应当显著标明"禁忌内容或者注意事项详见说明书"。

第十七条　除医疗、药品、医疗器械广告外，禁止其他任何广告涉及疾病治疗功能，并不得使用医疗用语或者易使推销的商品与药品、医疗器械相混淆的用语。

第十八条　保健食品广告不得含有下列内容：

（一）表示功效、安全性的断言或者保证；

（二）涉及疾病预防、治疗功能；

（三）声称或者暗示广告商品为保障健康所必需；

（四）与药品、其他保健食品进行比较；

（五）利用广告代言人作推荐、证明；

（六）法律、行政法规规定禁止的其他内容。

保健食品广告应当显著标明"本品不能代替药物"。

第十九条　广播电台、电视台、报刊音像出版单位、互联网信息服务提供者不得以介绍健康、养生知识等形式变相发布医疗、药品、医疗器械、保健食品广告。

第二十条　禁止在大众传播媒介或者公共场所发布声称全部或者部分替代母乳的婴儿乳制品、饮料和其他食品广告。

第二十一条　农药、兽药、饲料和饲料添加剂广告不得含有下列内容：

（一）表示功效、安全性的断言或者保证；

（二）利用科研单位、学术机构、技术推广机构、行业协会或者专业人士、用户的名义或者形象作推荐、证明；

（三）说明有效率；

（四）违反安全使用规程的文字、语言或者画面；

（五）法律、行政法规规定禁止的其他内容。

第二十二条　禁止在大众传播媒介或者公共场所、公共交通工具、户外发布烟草广告。禁止向未成年人发送任何形式的烟草广告。

禁止利用其他商品或者服务的广告、公益广告，宣传烟草制品名称、商标、包装、装潢以及类似内容。

烟草制品生产者或者销售者发布的迁址、更名、招聘等启事中，不得含有烟草制品名称、商标、包装、装潢以及类似内容。

第二十三条　酒类广告不得含有下列内容：

（一）诱导、怂恿饮酒或者宣传无节制饮酒；

（二）出现饮酒的动作；

（三）表现驾驶车、船、飞机等活动；

（四）明示或者暗示饮酒有消除紧张和焦虑、增加体力等功效。

第二十四条　教育、培训广告不得含有下列内容：

（一）对升学、通过考试、获得学位学历或者合格证书，或者对教育、培训的效果作出明示或者暗示的保证性承诺；

（二）明示或者暗示有相关考试机构或者其工作人员、考试命题人员参与教育、培训；

（三）利用科研单位、学术机构、教育机构、行业协会、专业人士、受益者的名义或者形象作推荐、证明。

第二十五条　招商等有投资回报预期的商品或者服务广告，应当对可能存在的风险以及风险责任承担有合理提示或者警示，并不得含有下列内容：

（一）对未来效果、收益或者与其相关的情况作出保证性承诺，明示或者暗示保本、无风险或者保收益等，国家另有规定的除外；

（二）利用学术机构、行业协会、专业人士、受益者的名义或者形象作推荐、证明。

第二十六条　房地产广告，房源信息应当真实，面积应当表明为建筑面积或者套内建筑面积，并不得含有下列内容：

（一）升值或者投资回报的承诺；

（二）以项目到达某一具体参照物的所需时间表示项目位置；

（三）违反国家有关价格管理的规定；

（四）对规划或者建设中的交通、商业、文化教育设施以及其他市政条件作误导宣传。

第二十七条 农作物种子、林木种子、草种子、种畜禽、水产苗种和种养殖广告关于品种名称、生产性能、生长量或者产量、品质、抗性、特殊使用价值、经济价值、适宜种植或者养殖的范围和条件等方面的表述应当真实、清楚、明白，并不得含有下列内容：

（一）作科学上无法验证的断言；

（二）表示功效的断言或者保证；

（三）对经济效益进行分析、预测或者作保证性承诺；

（四）利用科研单位、学术机构、技术推广机构、行业协会或者专业人士、用户的名义或者形象作推荐、证明。

第二十八条 广告以虚假或者引人误解的内容欺骗、误导消费者的，构成虚假广告。

广告有下列情形之一的，为虚假广告：

（一）商品或者服务不存在的；

（二）商品的性能、功能、产地、用途、质量、规格、成分、价格、生产者、有效期限、销售状况、曾获荣誉等信息，或者服务的内容、提供者、形式、质量、价格、销售状况、曾获荣誉等信息，以及与商品或者服务有关的允诺等信息与实际情况不符，对购买行为有实质性影响的；

（三）使用虚构、伪造或者无法验证的科研成果、统计资料、调查结果、文摘、引用语等信息作证明材料的；

（四）虚构使用商品或者接受服务的效果的；

（五）以虚假或者引人误解的内容欺骗、误导消费者的其他情形。

第三章　广告行为规范

第二十九条 广播电台、电视台、报刊出版单位从事广告发布业务的，应当设有专门从事广告业务的机构，配备必要的人员，具有与发布广告相适应的场所、设备，并向县级以上地方工商行政管理部门办理广告发布登记。

第三十条 广告主、广告经营者、广告发布者之间在广告活动中应当依法订立书面合同。

第三十一条 广告主、广告经营者、广告发布者不得在广告活动中进行任何形式的不正当竞争。

第三十二条 广告主委托设计、制作、发布广告，应当委托具有合法经营资格的广告经营者、广告发布者。

第三十三条 广告主或者广告经营者在广告中使用他人名义或者形象的，应当事先取得其书面同意；使用无民事行为能力人、限制民事行为能力人的名义或者形象的，应当事先取得其监护人的书面同意。

第三十四条 广告经营者、广告发布者应当按照国家有关规定，建立、健全广告业务的承接登记、审核、档案管理制度。

广告经营者、广告发布者依据法律、行政法规查验有关证明文件，核对广告内容。对内容不符或者证明文件不全的广告，广告经营者不得提供设计、制作、代理服务，广告发布者不得发布。

第三十五条 广告经营者、广告发布者应当公布其收费标准和收费办法。

第三十六条 广告发布者向广告主、广告经营者提供的覆盖率、收视率、点击率、发行量等资料应当真实。

第三十七条 法律、行政法规规定禁止生产、销售的产品或者提供的服务，以及禁止发布广告的商品或者服务，任何单位或者个人不得设计、制作、代理、发布广告。

第三十八条　广告代言人在广告中对商品、服务作推荐、证明，应当依据事实，符合本法和有关法律、行政法规规定，并不得为其未使用过的商品或者未接受过的服务作推荐、证明。

不得利用不满十周岁的未成年人作为广告代言人。

对在虚假广告中作推荐、证明受到行政处罚未满三年的自然人、法人或者其他组织，不得利用其作为广告代言人。

第三十九条　不得在中小学校、幼儿园内开展广告活动，不得利用中小学生和幼儿的教材、教辅材料、练习册、文具、教具、校服、校车等发布或者变相发布广告，但公益广告除外。

第四十条　在针对未成年人的大众传播媒介上不得发布医疗、药品、保健食品、医疗器械、化妆品、酒类、美容广告，以及不利于未成年人身心健康的网络游戏广告。

针对不满十四周岁的未成年人的商品或者服务的广告不得含有下列内容：

（一）劝诱其要求家长购买广告商品或者服务；

（二）可能引发其模仿不安全行为。

第四十一条　县级以上地方人民政府应当组织有关部门加强对利用户外场所、空间、设施等发布户外广告的监督管理，制定户外广告设置规划和安全要求。

户外广告的管理办法，由地方性法规、地方政府规章规定。

第四十二条　有下列情形之一的，不得设置户外广告：

（一）利用交通安全设施、交通标志的；

（二）影响市政公共设施、交通安全设施、交通标志、消防设施、消防安全标志使用的；

（三）妨碍生产或者人民生活，损害市容市貌的；

（四）在国家机关、文物保护单位、风景名胜区等的建筑控制地带，或者县级以上地方人民政府禁止设置户外广告的区域设置的。

第四十三条　任何单位或者个人未经当事人同意或者请求，不得向其住宅、交通工具等发送广告，也不得以电子信息方式向其发送广告。

以电子信息方式发送广告的，应当明示发送者的真实身份和联系方式，并向接收者提供拒绝继续接收的方式。

第四十四条　利用互联网从事广告活动，适用本法的各项规定。

利用互联网发布、发送广告，不得影响用户正常使用网络。在互联网页面以弹出等形式发布的广告，应当显著标明关闭标志，确保一键关闭。

第四十五条　公共场所的管理者或者电信业务经营者、互联网信息服务提供者对其明知或者应知的利用其场所或者信息传输、发布平台发送、发布违法广告的，应当予以制止。

第四章　监督管理

第四十六条　发布医疗、药品、医疗器械、农药、兽药和保健食品广告，以及法律、行政法规规定应当进行审查的其他广告，应当在发布前由有关部门（以下称广告审查机关）对广告内容进行审查；未经审查，不得发布。

第四十七条　广告主申请广告审查，应当依照法律、行政法规向广告审查机关提交有关证明文件。

广告审查机关应当依照法律、行政法规规定作出审查决定，并应当将审查批准文件抄送同级工商行政管理部门。广告审查机关应当及时向社会公布批准的广告。

第四十八条　任何单位或者个人不得伪造、变造或者转让广告审查批准文件。

第四十九条　工商行政管理部门履行广告监督管理职责，可以行使下列职权：

（一）对涉嫌从事违法广告活动的场所实施现场检查；

（二）询问涉嫌违法当事人或者其法定代表人、主要负责人和其他有关人员，对有关单位或者个人进行调查；

（三）要求涉嫌违法当事人限期提供有关证明文件；

（四）查阅、复制与涉嫌违法广告有关的合同、票据、账簿、广告作品和其他有关资料；

（五）查封、扣押与涉嫌违法广告直接相关的广告物品、经营工具、设备等财物；

（六）责令暂停发布可能造成严重后果的涉嫌违法广告；

（七）法律、行政法规规定的其他职权。

工商行政管理部门应当建立健全广告监测制度，完善监测措施，及时发现和依法查处违法广告行为。

第五十条　国务院工商行政管理部门会同国务院有关部门，制定大众传播媒介广告发布行为规范。

第五十一条　工商行政管理部门依照本法规定行使职权，当事人应当协助、配合，不得拒绝、阻挠。

第五十二条　工商行政管理部门和有关部门及其工作人员对其在广告监督管理活动中知悉的商业秘密负有保密义务。

第五十三条　任何单位或者个人有权向工商行政管理部门和有关部门投诉、举报违反本法的行为。工商行政管理部门和有关部门应当向社会公开受理投诉、举报的电话、信箱或者电子邮件地址，接到投诉、举报的部门应当自收到投诉之日起七个工作日内，予以处理并告知投诉、举报人。

工商行政管理部门和有关部门不依法履行职责的，任何单位或者个人有权向其上级机关或者监察机关举报。接到举报的机关应当依法作出处理，并将处理结果及时告知举报人。

有关部门应当为投诉、举报人保密。

第五十四条　消费者协会和其他消费者组织对违反本法规定，发布虚假广告侵害消费者合法权益，以及其他损害社会公共利益的行为，依法进行社会监督。

第五章　法律责任

第五十五条　违反本法规定，发布虚假广告的，由工商行政管理部门责令停止发布广告，责令广告主在相应范围内消除影响，处广告费用三倍以上五倍以下的罚款，广告费用无法计算或者明显偏低的，处二十万元以上一百万元以下的罚款；两年内有三次以上违法行为或者有其他严重情节的，处广告费用五倍以上十倍以下的罚款，广告费用无法计算或者明显偏低的，处一百万元以上二百万元以下的罚款，可以吊销营业执照，并由广告审查机关撤销广告审查批准文件、一年内不受理其广告审查申请。

医疗机构有前款规定违法行为，情节严重的，除由工商行政管理部门依照本法处罚外，卫生行政部门可以吊销诊疗科目或者吊销医疗机构执业许可证。

广告经营者、广告发布者明知或者应知广告虚假仍设计、制作、代理、发布的，由工商行政管理部门没收广告费用，并处广告费用三倍以上五倍以下的罚款，广告费用无法计算或者明显偏低的，处二十万元以上一百万元以下的罚款；两年内有三次以上违法行为或者有其他严重情节的，处广告费用五倍以上十倍以下的罚款，广告费用无法计算或者明显偏低的，处一百万元以上二百万元以下的罚款，并可以由有关部门暂停广告发布业务、吊销营业执照、吊销广告发布登记证件。

广告主、广告经营者、广告发布者有本条第一、第三款规定行为，构成犯罪的，依法追究刑事责任。

第五十六条 违反本法规定，发布虚假广告，欺骗、误导消费者，使购买商品或者接受服务的消费者的合法权益受到损害的，由广告主依法承担民事责任。广告经营者、广告发布者不能提供广告主的真实名称、地址和有效联系方式的，消费者可以要求广告经营者、广告发布者先行赔偿。

关系消费者生命健康的商品或者服务的虚假广告，造成消费者损害的，其广告经营者、广告发布者、广告代言人应当与广告主承担连带责任。

前款规定以外的商品或者服务的虚假广告，造成消费者损害的，其广告经营者、广告发布者、广告代言人，明知或者应知广告虚假仍设计、制作、代理、发布或者作推荐、证明的，应当与广告主承担连带责任。

第五十七条 有下列行为之一的，由工商行政管理部门责令停止发布广告，对广告主处二十万元以上一百万元以下的罚款，情节严重的，并可以吊销营业执照，由广告审查机关撤销广告审查批准文件、一年内不受理其广告审查申请；对广告经营者、广告发布者，由工商行政管理部门没收广告费用，处二十万元以上一百万元以下的罚款，情节严重的，并可以吊销营业执照、吊销广告发布登记证件：

（一）发布有本法第九条、第十条规定的禁止情形的广告的；

（二）违反本法第十五条规定发布处方药广告、药品类易制毒化学品广告、戒毒治疗的医疗器械和治疗方法广告的；

（三）违反本法第二十条规定，发布声称全部或者部分替代母乳的婴儿乳制品、饮料和其他食品广告的；

（四）违反本法第二十二条规定发布烟草广告的；

（五）违反本法第三十七条规定，利用广告推销禁止生产、销售的产品或者提供的服务，或者禁止发布广告的商品或者服务的；

（六）违反本法第四十条第一款规定，在针对未成年人的大众传播媒介上发布医疗、药品、保健食品、医疗器械、化妆品、酒类、美容广告，以及不利于未成年人身心健康的网络游戏广告的。

第五十八条 有下列行为之一的，由工商行政管理部门责令停止发布广告，责令广告主在相应范围内消除影响，处广告费用一倍以上三倍以下的罚款，广告费用无法计算或者明显偏低的，处十万元以上二十万元以下的罚款；情节严重的，处广告费用三倍以上五倍以下的罚款，广告费用无法计算或者明显偏低的，处二十万元以上一百万元以下的罚款，可以吊销营业执照，并由广告审查机关撤销广告审查批准文件、一年内不受理其广告审查申请：

（一）违反本法第十六条规定发布医疗、药品、医疗器械广告的；

（二）违反本法第十七条规定，在广告中涉及疾病治疗功能，以及使用医疗用语或者易使推销的商品与药品、医疗器械相混淆的用语的；

（三）违反本法第十八条规定发布保健食品广告的；

（四）违反本法第二十一条规定发布农药、兽药、饲料和饲料添加剂广告的；

（五）违反本法第二十三条规定发布酒类广告的；

（六）违反本法第二十四条规定发布教育、培训广告的；

（七）违反本法第二十五条规定发布招商等有投资回报预期的商品或者服务广告的；

（八）违反本法第二十六条规定发布房地产广告的；

（九）违反本法第二十七条规定发布农作物种子、林木种子、草种子、种畜禽、水产苗种和种养殖广告的；

（十）违反本法第三十八条第二款规定，利用不满十周岁的未成年人作为广告代言人的；

（十一）违反本法第三十八条第三款规定，利用自然人、法人或者其他组织作为广告代言人的；

（十二）违反本法第三十九条规定，在中小学校、幼儿园内或者利用与中小学生、幼儿有关的物品发布广告的；

（十三）违反本法第四十条第二款规定，发布针对不满十四周岁的未成年人的商品或者服务的广告的；

（十四）违反本法第四十六条规定，未经审查发布广告的。

医疗机构有前款规定违法行为，情节严重的，除由工商行政管理部门依照本法处罚外，卫生行政部门可以吊销诊疗科目或者吊销医疗机构执业许可证。

广告经营者、广告发布者明知或者应知有本条第一款规定违法行为仍设计、制作、代理、发布的，由工商行政管理部门没收广告费用，并处广告费用一倍以上三倍以下的罚款，广告费用无法计算或者明显偏低的，处十万元以上二十万元以下的罚款；情节严重的，处广告费用三倍以上五倍以下的罚款，广告费用无法计算或者明显偏低的，处二十万元以上一百万元以下的罚款，并可以由有关部门暂停广告发布业务、吊销营业执照、吊销广告发布登记证件。

第五十九条 有下列行为之一的，由工商行政管理部门责令停止发布广告，对广告主处十万元以下的罚款：

（一）广告内容违反本法第八条规定的；

（二）广告引证内容违反本法第十一条规定的；

（三）涉及专利的广告违反本法第十二条规定的；

（四）违反本法第十三条规定，广告贬低其他生产经营者的商品或者服务的。

广告经营者、广告发布者明知或者应知有前款规定违法行为仍设计、制作、代理、发布的，由工商行政管理部门处十万元以下的罚款。

广告违反本法第十四条规定，不具有可识别性的，或者违反本法第十九条规定，变相发布医疗、药品、医疗器械、保健食品广告的，由工商行政管理部门责令改正，对广告发布者处十万元以下的罚款。

第六十条 违反本法第二十九条规定，广播电台、电视台、报刊出版单位未办理广告发布登记，擅自从事广告发布业务的，由工商行政管理部门责令改正，没收违法所得，违法所得一万元以上的，并处违法所得一倍以上三倍以下的罚款；违法所得不足一万元的，并处五千元以上三万元以下的罚款。

第六十一条 违反本法第三十四条规定，广告经营者、广告发布者未按照国家有关规定建立、健全广告业务管理制度的，或者未对广告内容进行核对的，由工商行政管理部门责令改正，可以处五万元以下的罚款。

违反本法第三十五条规定，广告经营者、广告发布者未公布其收费标准和收费办法的，由价格主管部门责令改正，可以处五万元以下的罚款。

第六十二条 广告代言人有下列情形之一的，由工商行政管理部门没收违法所得，并处违法所得一倍以上二倍以下的罚款：

（一）违反本法第十六条第一款第四项规定，在医疗、药品、医疗器械广告中作推荐、证明的；

（二）违反本法第十八条第一款第五项规定，在保健食品广告中作推荐、证明的；

（三）违反本法第三十八条第一款规定，为其未使用过的商品或者未接受过的服务作推荐、证明的；

（四）明知或者应知广告虚假仍在广告中对商品、服务作推荐、证明的。

第六十三条　违反本法第四十三条规定发送广告的，由有关部门责令停止违法行为，对广告主处五千元以上三万元以下的罚款。

违反本法第四十四条第二款规定，利用互联网发布广告，未显著标明关闭标志，确保一键关闭的，由工商行政管理部门责令改正，对广告主处五千元以上三万元以下的罚款。

第六十四条　违反本法第四十五条规定，公共场所的管理者和电信业务经营者、互联网信息服务提供者，明知或者应知广告活动违法不予制止的，由工商行政管理部门没收违法所得，违法所得五万元以上的，并处违法所得一倍以上三倍以下的罚款，违法所得不足五万元的，并处一万元以上五万元以下的罚款；情节严重的，由有关部门依法停止相关业务。

第六十五条　违反本法规定，隐瞒真实情况或者提供虚假材料申请广告审查的，广告审查机关不予受理或者不予批准，予以警告，一年内不受理该申请人的广告审查申请；以欺骗、贿赂等不正当手段取得广告审查批准的，广告审查机关予以撤销，处十万元以上二十万元以下的罚款，三年内不受理该申请人的广告审查申请。

第六十六条　违反本法规定，伪造、变造或者转让广告审查批准文件的，由工商行政管理部门没收违法所得，并处一万元以上十万元以下的罚款。

第六十七条　有本法规定的违法行为的，由工商行政管理部门记入信用档案，并依照有关法律、行政法规规定予以公示。

第六十八条　广播电台、电视台、报刊音像出版单位发布违法广告，或者以新闻报道形式变相发布广告，或者以介绍健康、养生知识等形式变相发布医疗、药品、医疗器械、保健食品广告，工商行政管理部门依照本法给予处罚的，应当通报新闻出版广电部门以及其他有关部门。新闻出版广电部门以及其他有关部门应当依法对负有责任的主管人员和直接责任人员给予处分；情节严重的，并可以暂停媒体的广告发布业务。

新闻出版广电部门以及其他有关部门未依照前款规定对广播电台、电视台、报刊音像出版单位进行处理的，对负有责任的主管人员和直接责任人员，依法给予处分。

第六十九条　广告主、广告经营者、广告发布者违反本法规定，有下列侵权行为之一的，依法承担民事责任：

（一）在广告中损害未成年人或者残疾人的身心健康的；

（二）假冒他人专利的；

（三）贬低其他生产经营者的商品、服务的；

（四）在广告中未经同意使用他人名义或者形象的；

（五）其他侵犯他人合法民事权益的。

第七十条　因发布虚假广告，或者有其他本法规定的违法行为，被吊销营业执照的公司、企业的法定代表人，对违法行为负有个人责任的，自该公司、企业被吊销营业执照之日起三年内不得担任公司、企业的董事、监事、高级管理人员。

第七十一条　违反本法规定，拒绝、阻挠工商行政管理部门监督检查，或者有其他构成违反治安管理行为的，依法给予治安管理处罚；构成犯罪的，依法追究刑事责任。

第七十二条　广告审查机关对违法的广告内容作出审查批准决定的，对负有责任的主管人员和直接责任人员，由任免机关或者监察机关依法给予处分；构成犯罪的，依法追究刑事责任。

第七十三条　工商行政管理部门对在履行广告监测职责中发现的违法广告行为或者对经投

诉、举报的违法广告行为，不依法予以查处的，对负有责任的主管人员和直接责任人员，依法给予处分。

工商行政管理部门和负责广告管理相关工作的有关部门的工作人员玩忽职守、滥用职权、徇私舞弊的，依法给予处分。

有前两款行为，构成犯罪的，依法追究刑事责任。

第六章　附则

第七十四条　国家鼓励、支持开展公益广告宣传活动，传播社会主义核心价值观，倡导文明风尚。

大众传播媒介有义务发布公益广告。广播电台、电视台、报刊出版单位应当按照规定的版面、时段、时长发布公益广告。公益广告的管理办法，由国务院工商行政管理部门会同有关部门制定。

第七十五条　本法自 2015 年 9 月 1 日起施行。

广播电视广告播出管理办法

第一章 总则

第一条 为了规范广播电视广告播出秩序，促进广播电视广告业健康发展，保障公民合法权益，依据《中华人民共和国广告法》《广播电视管理条例》等法律、行政法规，制定本办法。

第二条 广播电台、电视台（含广播电视台）等广播电视播出机构（以下简称"播出机构"）的广告播出活动，以及广播电视传输机构的相关活动，适用本办法。

第三条 本办法所称广播电视广告包括公益广告和商业广告（含资讯服务、广播购物和电视购物短片广告等）。

第四条 广播电视广告播出活动应当坚持以人为本，遵循合法、真实、公平、诚实信用的原则。

第五条 广播影视行政部门对广播电视广告播出活动实行属地管理、分级负责。国务院广播影视行政部门负责全国广播电视广告播出活动的监督管理工作。县级以上地方人民政府广播影视行政部门负责本行政区域内广播电视广告播出活动的监督管理工作。

第六条 广播影视行政部门鼓励广播电视公益广告制作和播出，对成绩显著的组织、个人予以表彰。

第二章 广告内容

第七条 广播电视广告是广播电视节目的重要组成部分，应当坚持正确导向，树立良好文化品位，与广播电视节目相和谐。

第八条 广播电视广告禁止含有下列内容：

（一）反对宪法确定的基本原则的；

（二）危害国家统一、主权和领土完整，危害国家安全，或者损害国家荣誉和利益的；

（三）煽动民族仇恨、民族歧视，侵害民族风俗习惯，伤害民族感情，破坏民族团结，违反宗教政策的；

（四）扰乱社会秩序，破坏社会稳定的；

（五）宣扬邪教、淫秽、赌博、暴力、迷信，危害社会公德或者民族优秀文化传统的；

（六）侮辱、歧视或者诽谤他人，侵害他人合法权益的；

（七）诱使未成年人产生不良行为或者不良价值观，危害其身心健康的；

（八）使用绝对化语言，欺骗、误导公众，故意使用错别字或者篡改成语的；

（九）商业广告中使用、变相使用中华人民共和国国旗、国徽、国歌，使用、变相使用国家领导人、领袖人物的名义、形象、声音、名言、字体或者国家机关和国家机关工作人员的名义、形象的；

（十）药品、医疗器械、医疗和健康资讯类广告中含有宣传治愈率、有效率，或者以医生、专家、患者、公众人物等形象做疗效证明的；

（十一）法律、行政法规和国家有关规定禁止的其他内容。

第九条　禁止播出下列广播电视广告：

（一）以新闻报道形式发布的广告；

（二）烟草制品广告；

（三）处方药品广告；

（四）治疗恶性肿瘤、肝病、性病或者提高性功能的药品、食品、医疗器械、医疗广告；

（五）姓名解析、运程分析、缘分测试、交友聊天等声讯服务广告；

（六）出现"母乳代用品"用语的乳制品广告；

（七）法律、行政法规和国家有关规定禁止播出的其他广告。

第十条　时政新闻类节（栏）目不得以企业或者产品名称等冠名。有关人物专访、企业专题报道等节目中不得含有地址和联系方式等内容。

第十一条　投资咨询、金融理财和连锁加盟等具有投资性质的广告，应当含有"投资有风险"等警示内容。

第十二条　除福利彩票、体育彩票等依法批准的广告外，不得播出其他具有博彩性质的广告。

第三章　广告播出

第十三条　广播电视广告播出应当合理编排。其中，商业广告应当控制总量、均衡配置。

第十四条　广播电视广告播出不得影响广播电视节目的完整性。除在节目自然段的间歇外，不得随意插播广告。

第十五条　播出机构每套节目每小时商业广告播出时长不得超过12分钟。其中，广播电台在11：00至13：00之间、电视台在19：00至21：00之间，商业广告播出总时长不得超过18分钟。在执行转播、直播任务等特殊情况下，商业广告可以顺延播出。

第十六条　播出机构每套节目每日公益广告播出时长不得少于商业广告时长的3%。其中，广播电台在11：00至13：00之间、电视台在19：00至21：00之间，公益广告播出数量不得少于4条（次）。

第十七条　播出电视剧时，可以在每集（以45分钟计）中插播2次商业广告，每次时长不得超过1分30秒。其中，在19：00至21：00之间播出电视剧时，每集中可以插播1次商业广告，时长不得超过1分钟。播出电影时，插播商业广告的时长和次数参照前款规定执行。

第十八条　在电影、电视剧中插播商业广告，应当对广告时长进行提示。

第十九条　除电影、电视剧剧场或者节（栏）目冠名标识外，禁止播出任何形式的挂角广告。

第二十条　电影、电视剧剧场或者节（栏）目冠名标识不得含有下列情形：

（一）单独出现企业、产品名称，或者剧场、节（栏）目名称难以辨认的；

（二）标识尺寸大于台标，或者企业、产品名称的字体尺寸大于剧场、节（栏）目名称的；

（三）翻滚变化，每次显示时长超过 5 分钟，或者每段冠名标识显示间隔少于 10 分钟的；

（四）出现经营服务范围、项目、功能、联系方式、形象代言人等文字、图像的。

第二十一条　电影、电视剧剧场或者节（栏）目不得以治疗皮肤病、癫痫、痔疮、脚气、妇科、生殖泌尿系统等疾病的药品或者医疗机构作冠名。

第二十二条　转播、传输广播电视节目时，必须保证被转播、传输节目的完整性。不得替换、遮盖所转播、传输节目中的广告；不得以游动字幕、叠加字幕、挂角广告等任何形式插播自行组织的广告。

第二十三条　经批准在境内落地的境外电视频道中播出的广告，其内容应当符合中国法律、法规和本办法的规定。

第二十四条　播出商业广告应当尊重公众生活习惯。在 6：30 至 7：30、11：30 至 12：30 以及 18：30 至 20：00 的公众用餐时间，不得播出治疗皮肤病、痔疮、脚气、妇科、生殖泌尿系统等疾病的药品、医疗器械、医疗和妇女卫生用品广告。

第二十五条　播出机构应当严格控制酒类商业广告，不得在以未成年人为主要传播对象的频率、频道、节（栏）目中播出。广播电台每套节目每小时播出的烈性酒类商业广告，不得超过 2 条；电视台每套节目每日播出的烈性酒类商业广告不得超过 12 条，其中 19：00 至 21：00 之间不得超过 2 条。

第二十六条　在中小学生假期和未成年人相对集中的收听、收视时段，或者以未成年人为主要传播对象的频率、频道、节（栏）目中，不得播出不适宜未成年人收听、收视的商业广告。

第二十七条　播出电视商业广告时不得隐匿台标和频道标识。

第二十八条　广告主、广告经营者不得通过广告投放等方式干预、影响广播电视节目的正常播出。

第四章　监督管理

第二十九条　县级以上人民政府广播影视行政部门应当加强对本行政区域内广播电视广告播出活动的监督管理，建立、完善监督管理制度和技术手段。

第三十条　县级以上人民政府广播影视行政部门应当建立公众举报机制，公布举报电话，及时调查、处理并公布结果。

第三十一条　县级以上地方人民政府广播影视行政部门在对广播电视广告违法行为作出处理决定后 5 个工作日内，应当将处理情况报上一级人民政府广播影视行政部门备案。

第三十二条　因公共利益需要等特殊情况，省、自治区、直辖市以上人民政府广播影视行政部门可以要求播出机构在指定时段播出特定的公益广告，或者作出暂停播出商业广告的决定。

第三十三条　播出机构从事广告经营活动应当取得合法资质，非广告经营部门不得从事广播电视广告经营活动，记者不得借采访名义承揽广告业务。

第三十四条　播出机构应当建立广告经营、审查、播出管理制度，负责对所播出的广告进行审查。

第三十五条　播出机构应当加强对广告业务承接登记、审核等档案资料的保存和管理。

第三十六条　药品、医疗器械、医疗、食品、化妆品、农药、兽药、金融理财等须经有关行政部门审批的商业广告，播出机构在播出前应当严格审验其依法批准的文件、材料。不得播出未经审批、材料不全或者与审批通过的内容不一致的商业广告。

第三十七条　制作和播出药品、医疗器械、医疗和健康资讯类广告需要聘请医学专家作为嘉宾的，播出机构应当核验嘉宾的医师执业证书、工作证、职称证明等相关证明文件，并在广告中据实提示，不得聘请无有关专业资质的人员担当嘉宾。

第三十八条　因广告主、广告经营者提供虚假证明文件导致播出的广告违反本办法规定的，广播影视行政部门可以对有关播出机构减轻或者免除处罚。

第三十九条　国务院广播影视行政部门推动建立播出机构行业自律组织。该组织可以按照章程的规定，采取向社会公告、推荐和撤销"广播电视广告播出行业自律示范单位"等措施，加强行业自律。

第五章　法律责任

第四十条　违反本办法第八条、第九条的规定，由县级以上人民政府广播影视行政部门责令停止违法行为或者责令改正，给予警告，可以并处三万元以下罚款；情节严重的，由原发证机关吊销《广播电视频道许可证》《广播电视播出机构许可证》。

第四十一条　违反本办法第十五条、第十六条、第十七条的规定，以及违反本办法第二十二条规定插播广告的，由县级以上人民政府广播影视行政部门依据《广播电视管理条例》第五十条、第五十一条的有关规定给予处罚。

第四十二条　违反本办法第十条、第十二条、第十九条、第二十条、第二十一条、第二十四条至第二十八条、第三十四条、第三十六条、第三十七条的规定，或者违反本办法第二十二条规定替换、遮盖广告的，由县级以上人民政府广播影视行政部门责令停止违法行为或者责令改正，给予警告，可以并处二万元以下罚款。

第四十三条　违反本办法规定的播出机构，由县级以上人民政府广播影视行政部门依据国家有关规定予以处理。

第四十四条　广播影视行政部门工作人员滥用职权、玩忽职守、徇私舞弊或者未依照本办法规定履行职责的，对负有责任的主管人员和直接责任人员依法给予处分。

第六章　附则

第四十五条　本办法自 2010 年 1 月 1 日起施行。2003 年 9 月 15 日国家广播电影电视总局发布的《广播电视广告播放管理暂行办法》同时废止。

附录4

部分国际 4A 广告公司中国公司名录

SAATCHI&SAATCHI　盛世长城国际广告有限公司

OGILVY & MATHER　奥美广告

Leo Burnett　李奥贝纳广告

BATES　达彼思（达华）广告有限公司

GREY　精信广告有限公司（北京）

TBWA　李岱艾广告公司

FCB　博达大桥国际广告传媒有限公司

DDB　恒美国际传信集团

DY&R　电扬广告公司

Detensu　电通广告有限公司

东方日海广告有限公司

华闻旭通国际广告有限公司

全威第一企划广告公司

美格广告有限公司

国安 DDB 广告公司

博报堂广告公司

麦肯·光明广告有限公司

智威汤逊中乔广告有限公司

LOWE　宝迪广告公司

BBDO　天联广告公司

EURO　灵智大洋广告公司

PUBLICIS　阳狮广告公司

Arnold Worldwide Partners　阿诺国际传播广告公司

M&C SAATCHI　尚奇广告公司

BATEY　百帝广告公司

（说明：名单只包含了部分目前正在中国国内经营的国际 4A 公司，排名不分先后，名单成员随时可能发生变化，仅供学习参考使用）

国内外广告期刊、杂志一览表

杂志名称	杂志简介
	《Shots》：全球最著名的广告影片集，英国出版的双月刊。主要汇集和展示全球顶级广告创意，已有 20 余年的历史。每期杂志都附带 1 张约 90 分钟的 DVD 光盘，收录近 2 个月内全球较新、较有创意和震撼力的广告影片，包括广告、MTV、特效、3D、后期制作等，是公认的获取行业最前沿资讯的重要源泉。杂志读者多为广告创意及电视制作领域内专业读者
	《龙吟榜》：中国香港出版的双月刊，1995 年年初由香港资深广告创作人林俊明先生与志同道合的创意人创办的一本专门收集世界各地出色华文广告精华的杂志。主要收集出色的华文平面、影视、报刊、海报、互动媒体广告，以及广告摄影、广告设计等作品，经编审们精挑细选后再按产品类别辑录，以双语发表。于 2010 年 10 月宣布停办
	《广告档案》：全球广告及海报作品权威杂志，双月刊，创办于 1984 年。专门收录全球近 2 个月内最新的优秀平面广告作品和海报作品，其中包括国际著名广告奖项的获奖作品，按照产品类别分类呈现。作品内容来自全球广告界知名设计师、摄影师及顶级广告公司的投稿精选，以国际版、欧洲版、德国版和中文版 4 种版本发行，发行量逾 38 000 份，读者遍布美国、亚洲、欧洲、澳洲和非洲，是创意人的必备杂志

续表

杂志名称	杂志简介
	Ad Flash：日本著名平面广告作品杂志，月刊。每月汇集日本优秀杂志广告、报纸广告、海报及其他平面广告作品，每期以单一主题作为版面特集，如 CI、LOGO、房地产广告等，每期刊出作品 200 余件
	《美国广告评论》：全球最著名的美国平面广告作品杂志，季刊。该杂志涵盖最全的美国优秀平面广告刊物，每期刊登超过 500 幅按产品类别收录的美国最新、最优秀的杂志、报纸和户外广告。每期杂志都精心挑选 18 件最为杰出的作品，深入访问其创意指导、美术和文案撰稿人，分享他们的创意经验。除单件大幅作品以外，编辑者还会同时收入整个广告活动的所有作品，以帮助读者更好地理解它们是如何被创作出来的
	《第三种人》：由中国香港第三种人俱乐部出版社在 2005 年 9 月首度出版的，为《人物》的姐妹杂志，面向国际 4A 广告公司创意总监、电视制片、广告导演、制作公司总经理等专业人士，专门讨论如何在制作上为广告创意加分，涵盖电视制作和平面制作两个方面
	《媒介》：由中国传媒大学主办，总编辑黄升民、丁俊杰。该杂志是面对国内传媒市场的专业性杂志，围绕媒介主题，立足提供媒介资讯、关注媒介生态、指引媒介实战、领跑媒介思想。宏观上探讨媒介产业的现状、发展和趋势，微观上关注媒介个体的运营、技术、改革、管理等方面的内容，深入剖析新现象、新动态、新观点、新模式、新技术，是国内最具权威性的媒介行业专业出版物之一
	《动脑》：中国台湾地区最著名的广告专业杂志之一，1977 年创刊，以"小动脑，可创造大世界"为口号，以"沟通创意、鼓励创意精神、激发动脑风气"为宗旨，关注广告、营销、创意、沟通等内容，涉及行业发展、广告公司经营、广告策略、媒体应用、创意作品、行销案例、市场调查、热门话题等诸多方面。是广告公司、传播媒体、企业行销公关部门、喜欢动脑、重视创造力的人士必读的杂志
	《广告杂志》：中国台湾地区最著名的广告专业杂志之一，滚石文化出版，是一本具有全球观点的广告专业杂志。以有用、有趣、有深度的观点探讨广告创意表现、营销事件以及具有实效性的案例分析，随时掌握时代潮流、市场机制、业界动向的新趋势，在了解广告演变史的同时，了解新世纪的广告动向

杂志名称	杂志简介
	《中国广告》：创办于 1981 年，由东方出版中心、上海百联（集团）、上海市广告协会联合主办。致力于广告学、广告理论及广告相关科学的研究和探讨，研究各类广告的创意、设计、制作，交流国内外成功广告案例和优秀作品，报道国内外广告动态，介绍广告新技术、新材料、新方法
	《国际广告》：创办于 1985 年，中华人民共和国商务部主管，中国商务广告协会主办，国内外公开发行。1997 年独家购买世界权威广告杂志美国《广告时代》（Advertising Age）周刊中文版权。主要内容涵盖品牌、创意、媒介、营销、沟通 5 大版块，另辟有《中国户外广告副刊》，聚焦户外市场，与《国际广告》杂志同步出版
	《现代广告》：创办于 1994 年，由国家工商行政管理总局主管，中国广告协会主办，杂志在坚持高品质、权威性、专业性和行业指导性的办刊方针的同时，注重实用性和新颖性，每期刊载最新的广告创意作品、实效的营销个案、权威的调查数据、准确的动态信息和强力的重磅专题，每年独家发布全国广告营业额统计数据和广告经营单位排序
	《广告直通车》：由中华全国供销合作总社信息中心、北京广告协会、北京市广告管理服务中心主办，北京北奥广告有限公司承办。以北京为切入点，报道全国广告，阐析北京广告，融资讯性、工具性、新闻性、可读性为一体
	《广告导报》：创办于 1993 年的全国第一份广告行业报纸，1999 年改为杂志，内容以集结行业实用资讯为主，传播优秀的广告创作与媒介经验、经典案例及务实的理论研究，促进广告主、广告公司、传媒的沟通与合作。主要板块包括资讯、媒介、市场、创意。在内容设置上强化 3 个主题方向，即大视野、专媒介和多信息。每期既有关于品牌塑造与市场营销的热点聚焦，也有业内最新观点、案例与资讯
	《市场观察-广告主》：由中国企业家协会主办，央视——索福瑞媒介研究机构协办，是一份面向广告主的广告专业杂志，以服务广大企业为宗旨，剖析评价企业的营销行为、品牌建设、广告行为，力争通过形式多样的深度报道，更具专业性、权威性、前瞻性的文章，引领广大读者及时、快捷地掌握行业动态。主要包括焦点文章、案例与实务、营销论坛、媒介观察、广告主研究、行业动态等

杂志名称	杂志简介
	《广告人》：是一份广告实效传播专业刊物，杂志坚持"大视野、大观点"的办刊理念，为追求实效的全程广告与营销传播服务。栏目包含专题、主体、创意、品牌、沟通、营销、公司、人物、专栏、资讯等10大版块，每个板块下设各种小栏目
	《艺术与设计》：专业设计刊物，主要从艺术的角度报道国内国际设计流行趋势，介绍艺术大师的最新作品和创作经历，同时包容各种流行设计门类，如互动媒体、影像、展示、产品等广泛领域的前沿视觉文化。主要栏目包括图片新闻、视觉城市、外刊速览、特别策划、广告、图形图像、设计等

参考书目

1. 张金海. 经典广告案例评析. 武汉：武汉大学出版社，2000.
2. 叶茂中营销策划机构. 创意就是权力. 北京：机械工业出版社，2003.
3. 张金海. 20 世纪广告传播理论研究. 武汉：武汉大学出版社，2002.
4. 倪宁. 广告学教程（第二版）. 北京：中国人民大学出版社，2004.
5. 何辉. 当代广告学教程. 北京：北京广播学院出版社，2004.
6. 姚力，王丽. 广告创意与案例分析. 北京：高等教育出版社，2004.
7. 高萍. 公益广告初探. 北京：中国商业出版社，1999.
8. 卢泰宏，李世丁. 广告创意——个案与理论. 广州：广东旅游出版社，2000.
9. 卢泰宏等. 中国消费者行为报告. 北京：中国社会科学出版社，2005.
10. 张浩达，萧雁哲. 简明广告学实用教程. 北京：北京大学出版社，2005.
11. 何佳讯. 广告案例教程. 上海：复旦大学出版社，2002.
12. 屈云波，郑宏. 数据库营销. 北京：企业管理出版社，1999.
13. 屈云波. 品牌营销. 北京：企业管理出版社，1996.
14. 《龙吟榜》杂志社. 榜上客——全球 28 位顶级华文创意人谈广告. 北京：中国物价出版社，2001.
15. 何佳讯，卢泰宏. 中国营销 25 年（1979～2003）. 北京：华夏出版社，2004.
16. 余明阳，陈先红. 广告策划学. 上海：复旦大学出版社，2003.
17. 韩光军，贾维光. 广告策划人员培训与管理教程. 北京：经济管理出版社，2004.
18. 沈虹. 广告文案创意教程. 北京：北京大学出版社，2008.
19. 樊志育. 实用广告学. 上海：上海人民出版社，2006.
20. 蔡嘉清. 广告学教程. 北京：北京大学出版社，2009.
21. 陈瑛，姚尧，潘俊鲜. 广告策划与设计. 北京：化学工业出版社，2004.
22. 马中红. 广告整体策划概论. 苏州：苏州大学出版社，2007.
23. 王吉方. 广告策划与实务. 北京：中国经济出版社，2009.
24. 黄文博. 关于创意我有意见. 北京：企业管理出版社，2002.
25. （美）詹姆士·韦伯·扬. 广告传奇与创意妙招. 呼和浩特：内蒙古人民出版社，1998.
26. （美）迈克尔·纽曼. 广告创意法则. 北京：电子工业出版社，2005.
27. （美）弗雷德·汉恩，汤姆·戴维斯，鲍博·克里安，肯·麦基尔著. 广告我来做. 叶巍岭等译. 上海：世纪出版集团上海人民出版社，2007.
28. （美）道恩·亚科布奇. 李雪，刘艳霞，凯洛格论市场营销. 于岩等译. 海南：海南出版社，2003.
29. （美）弗雷德·波普. 世界百家超级公司最新广告剖析. 葛彦，万秀英，戴涛译. 大连：大连出版社，1994.
30. （澳）吉姆·艾奇逊. 亚太地区最成功的广告策略. 间佳译. 北京：机械工业出版社，2005.
31. （新）梅琳，（澳）吉姆·艾勤森. 从营销沟通新人到营销沟通高手. 钟静译. 北京：高等教育出版社，2005.

32.（新）梅琳，（澳）吉姆·艾勒森. 从广告新人到广告高手. 钟静译. 北京：高等教育出版社，2005.

33.（美）威廉·阿伦斯. 当代广告学（第 10 版）. 丁俊杰，程坪等译. 北京：中国人民大学出版社，2009.

34.（美）戴夫·桑德斯. 20 世纪广告. 何盼盼，黄语生，颜可维译. 北京：中国青年出版社，2002.

35.（美）罗瑟·里夫斯. 实效的广告. 张冰梅译. 呼和浩特：内蒙古人民出版社，1999.

36.（美）詹姆斯·B·特威切尔. 震撼世界的 20 例广告. 傅新营，蔚然译. 上海：上海人民美术出版社，2003.

37.（美）汤姆·邓肯. 整合营销传播. 北京：中国财政经济出版社，2004.

38.（美）丹·海金斯. 广告写作艺术.（台）刘毅志译. 北京：中国友谊出版公司，1991.

39.（美）汤·狄龙. 怎样创作广告.（台）刘毅志译. 北京：中国友谊出版公司，1991.

40.（美）大卫·奥格威. 一个广告人的自白. 林桦译. 北京：中国友谊出版公司，1991.

41.（美）大卫·奥格威. 广告大师奥格威——未公诸于世的选集. 庄淑芬译. 北京：生活·读书·新知三联书店，1996.

42.（美）罗伯特·怀特. 如何制作有效的广告影片.（台）邱顺应译. 北京：企业管理出版社，2001.

43.（美）托马斯·C·奥吉恩等. 广告学. 北京：机械工业出版社，2002.

44.（美）舒尔茨，田纳本，劳特朋著. 吴怡国译. 整合营销传播. 呼和浩特：内蒙古人民出版社，1997.

45.（美）菲利普·科特勒. 营销管理——分析、计划和控制. 梅汝和等译校. 上海：上海人民出版社，1996.

46.（美）Rajeev Brtra, John G. Myers, David A. Aaker. 赵平，洪靖，潘越译. 广告管理（第五版）. 北京：清华大学出版社，1999.

47.（美）Thomas C. O'Guinn, Chris T. Allen, Richard J. Semenik. 广告学（原书第 2 版）. 程坪，张树庭译. 北京：机械工业出版社，2002.

48. Bernice Kanner. *The 100 Best TV Commercials*. published by Times Books, a division of Random House, Inc. New York, 1999.

49. Julian Lewis Watkins. *The 100 Greatest Advertisements -Who Wrote Them and What They Did*. Dover Publications, Inc. New York, 1959.

50. James B. Twichell. *Adcult USA-The Triumph of Advertising in American Culture*. Columbia University Press. New York, 1996.